E・トッド

デモクラシー以後

協調的「保護主義」の提唱

石崎晴己＝訳・解説

藤原書店

Emmanuel TODD

APRÈS LA DÉMOCRATIE

日本の読者へ

民主主義をめぐる普遍性と多様性

民主主義の危機

――あなたはこの本の中で、弱体化という危機的状況にある民主主義を描いておられますが、ここであなたがなさっているフランスの社会と政治の分析は、あらゆる国の民主制に当てはまるものでしょうか。

はい、小さな差異はあるにしても、当てはまります。私がここでフランスで起こっているプロセスについて行なった検討は、極めて詳細なものであり、また私はフランス市民である以上、論争的要素も含んでいますが、このようなプロセスは、実は大きな変数をいくつも含むモデルであって、それぞれの国に適用すること、もしくはそれぞれの国の実情に応じて調整することができます。

民主主義の概念に取り組もうとするなら、根源に向かって遡ることが特に重要です。個人主義的民主制の伝統としては、大きなものは三つあります。フランス、イングランド、アメリカ合衆国の三つです。そこで私が他の西洋民主制と比較を行なうとすると、イングランドならびにアメリカ合衆国と比較することになります。ドイツは今日、西洋民主国として分類されていますが、一九三三年〔ナチスの政権奪取の年〕にはそうではありませんでした。

しかしもちろん民主制の衰退の説明変数は、すべての国に適用することができます。文化的・教育的な新たな階層化の出現、集団的信仰の消滅――その根源には宗教的な集団的信仰の消滅があります――、また経済的不平等と不安を増大させる、もしくはその増大を可能にするものとしての、自由貿易の道具化、といったものです。それらはいずれにせよ、高等教育の大衆的発達の段階に達したすべての先進国社会に当てはまります。しかし私が提示するモデルはどれもそうですが、私は風俗慣習のシステムに応じて、価値観の微妙な差異を掬い出します。その価値観の起源は家族の中に見出される、と私は考えるのです。フランス、アメリカ合衆国、イングランドが西洋の三つの基本的な伝統であるとしても、その三つを比較する中で私は一つの差異を確定し、フランス・システムの中には平等主義的変数があり、それは他の二つの中には見られない、ということを指摘するのです。

もちろん、分析をドイツ、スウェーデン、ロシア、もしくは日本に広げると、他の家族システムに直面することになりますので、別の仕方で調整する必要が出てくるでしょう。ちなみに現在、われわれは逆説的な結果に至ることになりそうだ、と私は考えています。ドイツについては本書の中で少しその概要を示しました。私がドイツ、スウェーデン、日本を一緒に扱うのは、偶然ではありません。これらの国は、私が「直系家族社会」と呼ぶもので、この諸国の本来の家族システムは、男性長子相続制であり、兄弟間の不平等、家族内での権威的価値観によって組織づけられていました。これらの社会は当初は、フランスないしアングロサクソン型の個人主義的民主制の発達にある種の抵抗力を発揮するということもあり、それゆえ民主制の発達の中では第二位グループをなしていました。ところが、民主主義の動揺は、どちらかと言うと、これらの国々では小さいのです。これは現在の逆説の一つであるという気がします。そのことは本書の中で、ドイツについて述べていますが。直系家族〔訳者解説参照〕の価値観は、民主主義の興隆に対する抵抗要因と考えられた向きがありますが、民主主義の衰退への抵抗の要因ともなり得るように思われます。

――それはどのように説明されますか。

例えば、今日フランス、イングランド、アメリカ合衆国で民主制の土台を掘り崩している要素には、個人主義の行き過ぎ、アトム化、不平等主義的な教育による階層化の伸張があります。しかし直系家族社会は、いずれもこういうものに対して、実際、集団的価値観に由来する抵抗を示しています。例えばスウェーデンでは、今でも社会民主主義的な政治的伝統がより強く残っています。本書の中でドイツについて同じことを述べましたが、ドイツには今でも労働組合があるのです。もちろん日本については、さらにこの傾向は強いでしょう。集団的なものに対する感覚が非常に発達している国ですから。

直系家族社会の教育能力はより強いので、掘り下げた研究をしたわけではありませんが、教育による階層化においても、初等教育の水準で止まったままの人々と、中等・高等教育の水準の人々との間の隔たりは、他所と比べて小さいはずであり、事実、直系家族社会の大衆寡頭制への分極化（例えば、ルンペン・プロレタリアートが存在する、といった）は、他と比べてはるかに難しいのです。ですから、結果としては全く逆説的なのです。

識字化による興隆と高等教育による衰退

以上が一般的な問題系です。しかし社会はそれぞれ独自のリズムと歴史を持っています。例えば本書の中で私は、識字化の興隆、識字化による知的条件の一様化と均一化を、極めて直接的に民主主義の興隆と結びつけています。私に言わせれば、それは民主主義の興隆を可能にした要因なのです。もちろん識字化は全世界的な現象ですから、世界中至る所で研究することができます。これからはこの現象の研究の主たる対象となるのは、中国と、インドのかなりの部分になると、言っておきましょう。

次に私は、中等・高等教育の発達による文化的再階層化について検討します。本書の中では、フランスとイングランドの比較をいささか系統的に行ない、「格差の追いかけっこ」とも言うべきものを分析しました。そして、例えばフランスには停止現象が起こったことを明らかにしようとしました。フランスは最近の局面において長い間、学生の数ではいささか先を行っていました。イングランドは、大学の数は少なく、学生数も極めて限られるという貴族制的構造を保持していたからです。ところがブレア主義の時代になると、逆に大爆発が起きたのです。ですから英仏海峡の両岸にある二つの国では、変化のテンポは完全に違うのです。

高等教育を国ごとに比較するのは非常に困難です。識字化とはどんなものなのかは、アルファベットではない中国起源の表意文字の国についても、だいたい分かります。ところが高等教育システムとなると、正確な比較を行なうためには、国ごとにどんなものなのかを知らなければ話になりません。私はイングランドのことは分かります。学業の一部をあちらでやりましたから。しかし日本の高等教育システムのことは知りません。そこで『日本統計年鑑』を調べました。驚いたことの一つは、この年鑑で年ごとの新入学生数を調べ、いささか乱暴にそれを一八歳人口ないし一九歳人口と比較すると、全く特殊なテンポが観察されるのです。八〇年代には、大学入学年齢層はおそらく四分の一のレベルに留まっていたのが、一九九〇年から二〇〇七年までの時期には逆に、ほとんど四七%に達する大量の増加が見られるのです。それは人口統計学の観点からは、日本で若者の数が減少した時期に起こっています。そのことは、私がアメリカ合衆国やフランスについて記述した文化的停滞状態に、日本は到達することが全くなかったということを意味しているように思われます。ですから特殊な歴史がここにあるのです。しかし、この変数自体は非常に意味深く重要です。おそらく近い将来に、日本も教育上の停滞状態に入ることでしょう。他の国よりは後になりますが、やはり他の国と同様に。

この本は暗に二つの状態を記述しています。私のモデルでは、民主主義の出現は大衆識字化に結びつき、民主主義のある程度の衰退は、中等・高等教育による社会の教育上の再階層化に結びつきます。民主主義の衰退現象を研究するとなると、私はヨーロッパ全体と日本を一括りにして扱います。しかし中国はどうかと言うと、現在、大衆識字化が完了しつつある段階です。高等教育システムの発達は見られます。それは否定できませんが、過大評価してもいけません。それに高齢の年齢層を見てみると、まだ文盲がいます。中国という国は、民主主義の全世界化の問題をめぐるテストケースです。何しろこの国は民主主義国ではなく、いまだに権威主義的システムの国なのですから。もし中国が民主制に移行することがないのなら、それは、大衆識字化による民主主義の全世界化という観念は不十分なものである、ということを意味することになるでしょう。

さらにスウェーデン型、ドイツ型、日本型の直系家族社会で民主制が相対的に保護されているという点に関しては、別のことがあります。私は本書の中で民主制の民族的起源について、かなりの紙数を費やしています。民主制はフランスやアメリカ合衆国では、普遍的なものとなろうとしましたが、こうした民主制の理想以前の、原初的民主制があります。私はこうした混濁した民主制の構成要素について、アテネやイスラエルの例を挙げて言及しています。民族意識がより強い、というのが、直系家族社会の特徴の一つであることは明らかです。このことは民主主義を防御する要因として働きます。スウェーデン人、ドイツ人、ないし日本人には、国民への帰属意識の独特な形がありますが、これは市民の平等という観念の防衛に通じます。もちろん、自国以外の世界に対して、ということですけれども。これについても本書の中で説明されています。

イデオロギーの消滅と現実の直視

——私は別の機会に、あなたのキーワードの一つは「現実主義」であると指摘したことがあります。あなたは国内外の政治家たちに、何よりもまず国内で起きていることとも国外で起きていることとも接触を途絶えさせてはならないと、訴えようとなさっているように見えますが。

ええ。実際、研究者としての私の生涯の最初から、そうなのです。ある程度の方法論的一貫性をもって、私はそうし続けてきました。一九七六年にソヴィエト・システムの崩壊を予言した本を書いた時からです。当時、誰もがソヴィエト・システムの不滅性に幻想を抱いていました。ところが私はある事実に目を止めました。幼児死亡率が上昇していることに気付き、糸をたぐり寄せたのです。私が政治的発言をするのは、私の研究者としての生涯のかなりの期間に及ぶことになりましたが、私が政治的発言を行なったのは、政治的指導者たちに現実を見ることを何とか受け入れるようにしてもらいたいからだ、というのは確かです。

それは本当に、民主的論争の場に身を置く研究者の倫理なのです。ですから本書はある意味で、完全にアンガジュマン的な本です。私が最悪が起こる可能性を記述するのは、最悪を避けるためです。私の政治的発言は、研究者としての介入ですから、もし私が何も言うべきことを持たない、ささやかな発見すらしていない、論争の中に投じるべき事実（教育上の階層化やイデオロギーについて）を持たないのであるなら、私は発言などしません。ですから、そうなのです。常に現実とは何であるかを言わねばならぬという要請があるのです。

――しかし同時にあなたは、イデオロギーの衰退を強調なさいます。ところがイデオロギーとは、現実を見るための最良の手段ではないでしょうか。

イデオロギーとは、現実を覆い隠す集団的信仰です。しかし実際、現実を組織立て、現実に働きかけることを可能にするのもイデオロギーです。ですから、イデオロギーにはいささか神秘的なところがあるのです。それは偽りのシステムですが、行動は、それによって可能になる。ところが現在発見されつつあるのは、いまやイデオロギーはなくなってしまった、一種の行き詰まり状態になっている、ということです。これが本書の基本的な要素の一つです。集団的信仰としては何もないか、ほとんどない。もしくは、エリート層の自由貿易の信仰は、集団的信仰の最後のものだ、と考えられるかもしれません。しかし私は、自由貿易の信仰とは、むしろ世界に働きかけることをせず、何もしないで、事態が推移するに任せたいという欲求だと考えます。しかしここで明るみに出るのは、イデオロギーのヴェールがなくなっても、指導者たちは相変わらず現実を見ることを受け入れない、ということです。明らかに人間というものは、盲目であるのにイデオロギーの助けなど必要としない、というわけですよ。

世界の普遍性と多様性

――以前あるジャーナリストが、デビュー以来のあなたのお仕事の全体は、平等の探求に貫かれているように思われると、書いていました。この感想にはご賛成ですか。

それは本当であり、かつまた間違いでもあります。一方で私は、提示したすべてのモデルの中で、平等と不平等という価値の人類学的基底を記述しています。フランスには平等主義的システムがあり、それが人々の行動を説明すると、私は述べています。人は己が自由だと思っていますが、実は多元的に決定されています。イングランド人は、この平等という価値を持ちません。こうしたことが国ごとの差異を説明します。ドイツ人と日本人には、元々は不平等という価値がありました。これが、私の中に「研究者としての普遍的寛容」とでも言うべきものを産み出したわけです。私はイングランド的差異と日本的差異を全面的に受け入れます。私が日本やイングランドにいる時、くつろいでいられるのは、この所為です。フランスの知識人の中には、還元主義的普遍主義者で、国際的差異を耐え難いと考える者がいますが、私はフランスの国外に出たとき、こうした知識人の一人になることはありません。私は、万人が「人権宣言」を適用しなければ気が済まないフランス知識人という構えをとることは全くありません。しかし、この点がまさに逆説的なのですが、私はフランス・システムの中にいるときは、平等の観念に非常に執着します。つまりフランスの中にあっては、平等という父祖から受け継いだ価値に、全面的に捕われているわけです。私のフランス国内での政治的アンガジュマンのすべて、マーストリヒト条約、フラン高政策、等々に反対する政治的闘争のすべてにおいて、私が念頭に置く観念は、ブルジョワと労働者は平等であるという観念、すべての人の利益を考慮に入れなければならないという観念です。

私は通貨の平等性が厳密に守られるべしと主張するものでは全くありません。つまり、私は平等主義者ではありません。私が平等主義者なのは、形而上学的平等に関してです。私の平等主義は、経済に適用される時、道理にかなったものとなります。ですから私は、社会的・経済的な領域で妥当な平等主義を持っているということになりましょう。それからまた、民族集団の間、人種の間の関係に関することでは、私は熱烈な反人種主義者です。そのせいで、私はニコラ・サルコジに対して頭に来てかっかとしてしまいます。彼がイスラーム恐怖症を道具として用い、郊外の外国系の若者たちを冷酷に扱うのは我慢がなりません。そうです、私は平等主義者です。ですから二つの次元があるわけです。

——客観的研究者とアンガジュマンを行なう知識人という、二つの次元ですね。

アンガジュマンを行なう知識人ですが、それはフランス国内でのことです。フランスにいる時は、私はフランス的価値観の適用を支持することになります。ですから、実際ニコラ・サルコジは、その価値観そのものからしてフランス人ではない、と言えるでしょう。フランス的価値観が、新たなイデオロギーなり新たな信仰なりに再び結晶化することになれば、彼の登場は不慮の事故だった、と見なされることになるでしょう。古代エジプトで打倒された王朝のファラオの名が、ハンマーで古文書の石版から抹消されたように、彼の名は消されるでしょう。生まれ育った自己形成という点では、私はフランス独自の価値観を持つ、一介の善良なフランス人です。しかし外に向かっては、イングランド人が現に振る舞っているのとは別の振る舞い方をするよう要求したり、ドイツ人がドイツ人であることを止めるよう、中国人が中国人であることを止めるよう、日本人が日本人であることを止めるよう、要求したりすることは全く馬鹿げていると思います。どこかに私は、国際的な面では相対主義的であるイングランド文化の良き基底を抱えているのです。しかし正直言うと、研究をする者であれば、普遍的人間なるものが存在するとしても、自ずと社会的・人類学的システムは多様であると考えるようになりますよ。

自由貿易という戦争、保護主義という協調

――あなたが実現させようとしている保護主義という考えですが、この考えは熱烈に歓迎されるわけではないということもあり得ますね。

私は、保護主義の概念が一寸見には不愉快なものと受けとられることを完全に自覚しています。とくに日本の読者にとって、不愉快であることを。何しろ日本は、世界有数の大輸出国であり、最も輸出に特化した国の一つなのですから。しかしこの本が刊行されてから起こった経済危機の勃発によって、私の見解は理解しやすくなっています。自由貿易に対する私の批判は、国際経済の教科書にも示されているような自由貿易の否定的な要素だけに向けられたものではありません。国際経済の教科書の中に出てくるのは、不平等の拡大です。それに対して、私が一九九八年に『経済幻想』の中で告発したのは、自由貿易が世界需要にもたらす否定的効果であって、私はこれを本書の一つの章〔第6章〕の中で凝縮した形で再び取り上げています。私に言わせると、保護主義の究極の観念とは、他者から身を護ることを本旨とするものではなく(もちろん保護主義のサイクルの第一局面は、そういうものになりますけれども)、給与の再上昇の条件を作りだそうとすること、したがって需要の再始動の条件を作りだそうとすることなのです。そして私が提案していることの逆説とは、

保護主義の採用で保護される地域的総体、例えばEUの中で、給与が再び上昇するなら、最後は輸入が再び増加に転じるに至る、ということなのです。それは以前とは別の形の、別の種類の輸入増加、おそらくより質の高い輸入増加となるでしょう。要するにそういうことなのです。

保護主義が世界貿易を刺激するという考えは、問題をしっかり考え抜かなくなった経済思想の世界では、なかなか受け入れられません。昔なら人々は理解したことでしょう。その点をじっくりと熟慮したからです。しかしいまや自由貿易が実際上、世界需要の崩壊をもたらしたわけですから、この考えは受け入れられやすくなっています。ドイツや日本、それに現在の中国といった、輸出に頼る割合の高い国は、現実には自由貿易の内在的矛盾によって脅かされているわけですから、保護主義に伴う諸問題を懸念するいかなる理由もないのです。現在起こっている世界的危機は、実に古典的で、一九二九年の恐慌の時と同じです。失業という点で最も打撃を受けた国は、最も活力ある産業経済諸国でした。最も大量の失業者は、アメリカ合衆国とドイツで出ました。政治面へのその帰結は、一方がルーズヴェルト、他方がヒトラーと、全く異なりましたが。ですから現在、最も輸出の盛んな国々、外の世界に深く依存する国々、ドイツや日本のような活力ある国々こそ、最も打撃を受けるのは、よく分かるのです（もちろん現実はもっと複雑で、常に他の要因がありますけれども）。このような状況において、景気刺激のための保護主義という私の提唱は、以前よりは冷静に受け止められると思います。どちらにしてもうまくいかないという時こそ、人々はじっくりと考え始めますから。

しかしながらヨーロッパ大陸規模での保護主義という仮説は、実現が困難です。私としては、この目標の実現の実際上の可能性をあまり誇張するつもりはありません。ヨーロッパは政治的には国に分かれていますから、実現は、政治的には難しいでしょうが、ヨーロッパ大陸にはかなりの自己充足性があり、域内勢力の良好な均衡がありますから、実践的には容易です。アメリカ合衆国にとっては、はるかに難しいでしょう。厖大な貿易赤字がありますし、保護主義に移行した当初は、事実上の生活水準の低下が起こりますから。はるかに苦痛を伴うでしょう。アジアの状況は込み入っています。「極東経済地域」と呼ぶべきものが現れつつあるのは、明らかです。中国、日本、韓国の間の相互行動は、ますます強まっていきます。この地域の難問は、人口の不均衡という問題です。日本の人口は、中国のそれの一〇分の一にすぎません。日本経済は、専門化や水準の高さからしてはるかに重要であるとしても、この地域には独特の問題があると、私は真っ先に認めるものです。

――あなたが想定する保護主義とは、長期にわたるプログラムなのでしょうか。

自由貿易主義者と保護主義者の間には、根本的な違いがあります。自由貿易主義者には、イデオローグがいます。自由貿易主義の思想の歴史を見てみると、彼らは極めて単純化された公理系を持った人々で、自分たちが持っているシステムは永遠に良いもので、理想的なシステムであると考えています。極めて単純ないくつかの法則から、彼らはその結論を導き出すのです。保護主義者は、諸要因が複雑に絡み合っており、社会は多様であって、歴史上の時代も多様である、という形で思考する人々です。彼らは常に、歴史上異なる局面が相継いで継起するという考え方をします。保護主義者にとって、永遠に良いシステムは存在しません。フリードリッヒ・リストを読めば、その点は実に明白です。(1)彼には、一つの国は、出発点においては、発展するために抵抗しなければならない、自らを保護しなければならない、それはテイクオフをするためであり、それから次の段階に進んだところで、それが支障を来すことがないようなら、国を開くことになる、という考えがあります。当初の保護主義理論には、保護主義から自由貿易へと移る、ただしいつでも保護主義に戻る可能性は確保しておく、というシークエンスの考えが見られます。我々は歴史の中で生きるのであり、歴史は続きます。私はリストの本のフランス語版に序文を書きましたが、その中で私が到達した結論は、いつの日かわれわれは、唯一最適な態度とは、自由貿易から保護主義へ、保護主義から自由貿易へと際限なく移行を繰り返すのが適切であるとする態度だ、と気づくだろうというものでした。経済に活力を与えるために国を開き、次いで活力を与えるために国を閉ざさなければならない、そうした時期があるのだと。

こう言ったからといって、すべてを言ったわけではありません。どのくらいの期間について保護主義を想定するのかを言わなければなりません。私としては、かなり長い期間を想定します。現在の自由貿易主義は、最初は専門化、市場規模の拡大という良好な効果を発揮したわけですが、それが完全に軌道に乗り、やがて疲弊に至るまでに、二世代の期間を要したことになります。現在は、一九二九年以来、起こったためしのない世界恐慌に立ち至っているわけですから。私の言う景気刺激の保護主義は、一世代の期間にわたる計画です。協調的様態で慎重に事を進め、アメリカ人には――ヨーロッパの観点から論じざるを得ませんので――貿易収支のバランスの適正化に慣れるだけの時間的余裕を与え、中国人には内需の拡大へと方向転換するための時間的余裕を与える、というものです。私は国際機構を維持することに全く賛成です。WTOやG20等々は、私の言う保護主義をゆっくりと施行していくのに役立ちます。これを単なる「景気刺激の保護主義」とは呼ばず、「協調の保護主義」と形容することにしましょう。どちらの側もそれで利益を得るのです。力関係というものはあります。現実から目をそむけてはいけません。しかし、自由貿易の世界は本性からして協調的にはなりえず、万人の万人に対する闘争を組織することしかできない（外国人恐怖症を産み出すのは自由貿易です）のに対して、保護主義の一般的観念は、協調的なものなのです。

（聞き手＝イザベル・フランドロワ）

二〇〇九年五月六日

デモクラシー以後／目　次

デモクラシー以後——協調的「保護主義」の提唱

凡例

一、本書は、Emmanuel Todd, *Après la démocratie*, Éditions Gallimard, 2008. の全訳である。

二、原文でのイタリック強調は、訳文では傍点で示した。

三、原文での« »は、訳文では「 」で示した。これ以外にも必要に応じて「 」を用いた場合もある。

四、原文で大文字で始まる概念語は、〈 〉で示した。機関・施設名を〈 〉で示した場合もある。

五、訳者による補足は、本文中に〔 〕内に記した。

六、（ ）は、原則として原文中に用いられている場合に限って用いた。

七、原註中の書名は、原文のまま示した。

八、本文中、原註は（1）（2）（3）……、訳註は（＊1）（＊2）（＊3）……で示し、註の本文は巻末に載せた。

ルイーズに捧ぐ

序　章　サルコジ局面

ニコラ・サルコジがフランス共和国大統領になるなどということが、どうして可能になったのか？　わさわさとして、喧嘩腰で、自己中心的で、金持ちが大好きでブッシュのアメリカのファンで、経済にも外交にも無能なこの男は、それにしても内務大臣の頃、国家元首の職務を遂行する能力に欠けることを、われわれに見せつけていたのだ。当時、彼の挑発は、フランス国中の都市郊外に火を点けてしまったのだから。(＊1)

一たび大統領に当選すると、彼は予想を裏切ることはなく、われわれは一〇カ月間という長い無重力状態を経験した。いかなる規則も伝統も価値も、この行政権執行者の行動に制約を加えることがなくなったような狂気じみた期間であった。「想像力を政権に就けよ」と叫んだ六八年五月〔五月革命〕から四〇年にして、想像力は政権に就いたわけだが、それは右派の、年老いた想像力だった。シャンゼリゼのレストラン〈フーケ〉で、億万長者の友人たちと勝利を祝ったのち、ニコラ・サルコジは、大特権者たちに税制上のプレゼント(＊2)を与え、次いで停年退職特別規則(＊3)という小特権に襲いかかったのである。呆気にとられたわれわれは、さらに彼が与太者のように、まず漁業者に、それから農業博覧会の見物客に悪態をつくのを目にすることになった。

疲れを知らぬこの男は、ほんの数カ月で、これ見よがしの態度でパートナーたるヨーロッパ諸国、とくにドイツ人の怒りを買い、EU内でのフランスの地位を弱めることとなった。イランに予防爆撃を行なうと脅しをかけ、ペルシャ湾とアフガニスタンにフランス軍を派遣したのは、彼の攻撃的性向と外交に関する無知無能を同時に実行に移したことにほかならない。フランス軍兵士をアメリカの補充兵に変えてしまうというのは、世界の中での我が国の立ち位置を台無しにすることにしかならない。地球は、「超大国に従順」なフランスなど必要としない。外交理論に則るなら、フランスのような中流大国は、支配的大国に同調したら、とたんに存在を止めることになる。おまけにいまやアメリカが、金融化された経済、解けてなくなりつつあるドル、軍事的挫折に土台を蝕まれて、急速に傾きつつあることを考えるなら、われわれの怒りは不安に変わるのである。フランス行政府の長は、沈没する船にわざわざ乗り込もうとするネズミという、あまり見かけない光景を思い起こさせる始末だ。かといって彼は、新興大国の重要性を見抜く能力があるわけでもない。インド訪問の際は、このアメリカ合衆国のちんころは、不作法な言動で、長年の通商上・軍事上の交渉の蓄積を二、三日で台無しにしてしまった。

われわれはこの露出狂のエリゼ宮〔大統領官邸〕への入城が、フランスの政治生活の舞台前面に家族的・感情的ゴタゴタを陳列することになるのは承知していた。しかしまさかこの現象が、セシリアとの不和からカルラとの再婚に至るまで、これほどの規模になるとは予想もつかなかったのである。メディアは、フランスやハリウッドの芸能人たちのせいで、われわれが慣れっこになったものすべてを、その強烈さにおいてはるかに凌駕するような見世物を、われわれに押しつけたのである。その見世物は、政治との相互作用のせいでことさら強烈になったのであるが。「猥褻」というのが、二〇〇八年一月二一・二二日号の『クローザー』誌の表紙を見た時に頭に浮かんだ言葉であった。そこにはセシリアとカルラの水着姿の写真が載っており、年齢順の筋肉の締まり具合を比較するよう人を誘っていた。フランスのテレビと新聞は、生活水準の低下の不安にさいなまれる国民と、新妻の知的・道徳的美点の自慢話をするために急いで記者会見を開く大統領が、同じ空の下に同時に存在するという事態を、なんとかまとめ上げねばならなかった。彼の度重なるテレビへの登場は、己自身に酔い痴れた男の姿を見せつけたが、それはウラジーミル・プーチンとの会見の際には、はっきり言って奇妙キテレツだった。彼は相変わらず、購買力や経済のグローバル化よりは、自分が存在していることへの満足や自分の個人的問題を語りたがっていたのである。

二〇〇七年一〇月から彼の支持率が下落したことは、フランス人はわずか四カ月で、つまり長いひと夏だけで、空虚が政権にあることを理解したということを示している。二〇〇八年三月の統一市議会議員選挙の結果は、UMP〔「民衆運動連合」サルコジ与党〕にとって惨憺たるものとなったが、それは有権者が、実質的に大統領はいない、ニコラ・サルコジはわさわさと動き回るだけで、統治というものを行なっていないということを感じ取ったことを示唆している。ところがこのような選挙による制裁だけでは、彼を静かにさせるには不十分だったようだ。二〇〇八年五月七日のUMPの国民議会議員の面前でのジャック・シラクへの激烈な批判、五月一五日のストライキ中の最低業務保障をめぐる反教員の挑発、これらを見ると、彼の人格の本源的な原動力たる攻撃性は、世論調査での転落にもめげずしぶとく生き残ったと言わざるを得ない。政治の舞台に移し替えられると、攻撃性は、絶えず悪の張本人を指名する行為を産みだす。大統領の手の内は、相変わらずルサンチマンの政治であり、自覚しているか無自覚かは分からないが、フランス人を互いに対立させようとする不断の企てなのである。

行政府の長の将来の心理的・政治的変遷がどうなるかは別にして、彼の当選がフランス史の新たなる時期の開始を告げたことは認めなければならない。サルコジ局面とは、政治的慣習が吹き飛び、イデオロギー的伝統が姿をくらまし、礼節が消え失せるへんてこな局面なのである。議員と活動家たちは、いかなる重力系からも、とりわけ自分自身の歴史から、抜け出しつつあるように見える。当選直後に大統領が採用した左への開放政策は、この観点からすると最も枢要である。エリック・ベッソン〔移民・統合・国民アイデンティティ・連帯開発大臣〕、ジャン＝ピエール・ジュイエ〔前ヨーロッパ問題担当大臣〕、ベルナール・クーシュネール(*4)、ジャン＝マリ・ボッケル〔国防および退役軍人担当大臣〕のような社会党員や、ファデラ・アマラ〔都市政策担当大臣〕やマルタン・イルシュ〔貧困対策高等弁務官・青少年担当高等弁務官〕のような、これまで左派に分類されていた人士が閣僚に指名されたことは、社会党にとってはトラウマとなり、UMPにとってもほとんど同様に手厳しい衝撃であったが、コメンテーターたちはこれを大統領の天才的着想と評した。たしかに彼らが任命されたのは、外務大臣職を別にすれば、あまり重要なポストではなく、実際上の影響はほとんどない。しかし象徴的効果にはまさに破壊的なものがある。何しろそれは、社会党のアイデンティティ、より全般的に、左派のアイデンティティの解体を公然化したからである。

このようにイデオロギー的流動化が観察されるわけだが、その広がりは共和主義的な左派と右派の伝統的対立のみに限られない。まず大統領選挙の前に極右への開放が実行されたのである。これこそ紛れもないニコラ・サルコジの天才的着想で、第一回投票でサルコジの得票が三一・二％に達したのは、そのお蔭である。サルコジ局面とは、遭難した社会党員が政府に漂着するより前に、国民戦線〔極右政党〕の一部がUMPに合流するということが起こったという、へんてこなシークエンスでもあるのだ。

それにまたサルコジ的行動様式には、死人好きの側面があることを忘れないようにしよう。彼は左派から生きている人間を拝借するだけに留まらず、死者も盗み取るのだ。あろうことか、右派の大統領が、少なくとも口先では、ジョレス、ブルム、(*5)それにナチに銃殺された一七歳の共産党員のレジスタンス闘志であるギィ・モケ(*6)を、我がものとして横領しようと企てたのである。それも時あたかも最富裕層に税制上の優遇措置を認めた当のその時期においてなのだ！　精神科医なら、これに対してサディズム（反左派の）と露出症（公然たる公的行為なのだから）とが組み合わさった変態との診断を下さざるを得ないだろう。

左派への開放によって大臣となった者たちは、社会党のイデオロギー上・政治プログラム上の蒸発現象の最も目につく部分にすぎない。かつての国境なき医師、ベルナール・クーシュネールの親米大西洋主義的軍事行動主義への公然たる転向や、かつての経済担当社会党全国書記、エリック・ベッソンのネオ・リベラリズムへの転向にもまして有意的なのは、セゴレーヌ・ロワイヤルが練り上げた教義は、左派の歴史とは縁もゆかりもない混沌たるものであったことである。サルコジは右派の人間であり、彼はそのことを引き受けている。しかし左派の候補として、社会党の活動家の六〇%以上から指名を受けたセゴレーヌ・ロワイヤルは、何とぬけぬけと「正しい秩序」という旗印の下に選挙戦を戦ったのである。この語は左派の闘士にとっては用語上の矛盾であり、伝統的右派文化の標章たるサーベルと聖水盤をいやでも思い出させるものであった。これに加えて、セゴレーヌ・ロワイヤルは、家族に秩序を取り戻そうとしていること、彼女が掲げるテーマの中にいきなり「ラ・マルセイエーズ」とフランス国旗が入り込んできたこと、これらを考え合わせるなら、ニコラ・サルコジが突きつける、いったいどうしてあんな男が存在するのか、という問いが突きつけるのは、現実の一部にすぎない、ということを認めざるを得なくなる。どうしてセゴレーヌ・ロワイヤルなどが存在するという事態に立ち至ったのか、という裏返しの問いが、ただちに念頭に浮かぶことになるのだ。ここでわれわれは、より広い問題系、すなわち政治の解体という問題系に到達するわけである。セゴレーヌ・ロワイヤルとニコラ・サルコジは、別々に切り離しては考えられない。一対をなしているのだ。歴史家と社会学者から見れば、より大きな動向の補足的症候群《シンドローム》にすぎないのである。その動向とは、イデオロギー的空虚というグローバルな状況であり、反民主主義的な、否定的勢力の勢力伸張である。これについての分析こそが、本書の目的にほかならない。

　共和国大統領を歯に衣着せずに批判するのは、必要なことであるが、それだけでは十分ではない。フランス社会の心理的・イデオロギー的・経済的危機状態を暴露する因子として、この男を真剣に取り上げる義務があるのだ。道徳や単なる礼節の通常の基準からすれば、個人としてのサルコジはどうにも我慢ならない人間である。しかし彼は、有効投票の五三%を得て選出されたのであり、しかもその前に、新聞と視聴覚メディアのかなりの部分からの推奨を受けていたのである。彼はUMPの活動家たちのアイドルとなり、国民戦線の支持層のかなりの部分をたらし込むのに成功し、その上、社会党の党員やシンパを歓喜にむせぶ逸脱者に変えることまで為し遂げた。その逸脱者たちは、内輪では「左のサルコジ派」と自己定義することまでやってのけたのである。ところが彼らは皆が皆、最後に残ったポスト、最後の役職者専用自動車、最後のテレビ出演を狙う、海千山千の政治屋ばかりであったわけではない。

状況を理解するためには、次のような根底的な仮説を立てる必要がある。すなわち、サルコジは、その空虚さ、暴力性、下品さにもかかわらず、社会的・歴史的現象として存在しているわけだが、この男が国家の頂点に到達することができたのは、その知的・道徳的欠陥にもかかわらずではなく、まさに知的・道徳的欠陥のお蔭でなのだということを、認めなければならない、ということである。彼の否定性が、人々の心を引きつけたのだ。強い者への敬意、弱者への軽蔑、金銭への愛、不平等への欲求、攻撃の欲望、大都市郊外やイスラーム諸国やブラック・アフリカの人々をスケープゴートに仕立て上げる手口、目くるめく自己陶酔、己の感情生活――ということは暗黙のうちに性生活ということになる――の公衆の面前での公開、これらすべての無軌道な漂流が、フランス社会の総体に働きかけるのである。それらのものは社会生活の全体ではなく、その闇の面を代表するのであり、社会の発作と苦悶の状態を顕現している。二〇〇八年の市議会議員選挙の下した厳しい判断は、まさに時宜を得ていたが、あの悪しき力が制圧され、打破されるのは確実であると断定するのは、まだ早い。サルコジがすべての問題を解決するだろうと、つい先頃まで思い込んでいた者が、今度はサルコジという人間一人が退けば、それらの問題が掻き消すようになくなると想像するのは、早計というものである。とりわけ、サルコジがこのところ世論調査で人気がないからといって、あの男は政治家としてもうお終いだと信じるのは、輪をかけて早計と言うべきだろう。フランス社会が暴走を続けるなら、サルコジが再び飛躍することもあり得るのであり、それもさらに悪い方に飛躍するかもしれない。彼は再び飛躍するために、フランス社会の暴走を手助けすることさえあり得るのだ。われわれが現に生きているこの時代の根本的特徴の一つは、どんな不幸な政治的経験の後にも、さらに惨憺たる経験がわれわれを待っている、ということなのである。

実はわれわれとしては、ニコラ・サルコジには感謝しなくてはならない。彼の率直さと生来の性格が、現代の政治生活に見事に適応したことに対して。なぜなら、彼が当選に成功したのは、われわれの周り、われわれの裡にある最悪のものを体現し、助長することによってであるがゆえに、われわれは彼によって、現実を真向から直視せざるを得なくなったからである。われわれの社会は危機にあり、貧困化と不平等と暴力性と、紛う方なき文化的退行の方向に悪化していく恐れがある。

ニコラ・サルコジの人格を批判する者の中には、例えばジャン＝フランソワ・カーン(*7)のように、狂気を指摘した者もさえいる。私はこの見解は採らない。私の見るところ、大統領は己の行為への責任能力を持つ人間であり、せいぜい不幸で悪質だというだけである。現在のフランスの政治的異常さに対する分析は、もちろん、とくに核兵器を保有する国において考え得るあらゆる仮説——精神医学的なものも含めて——を考慮しなくてはならない。しかし狂気という仮説が採り上げられたとしても、そのことでわれわれの問題系が変わるわけではない。単に歴史学的・社会学的厳密性の要求からして、狂気の概念を、フランス社会全体に拡大する必要が生じるだけである。狂気の大統領を正常と扱うことができるのは、唯一、狂気の社会のみである。サルコジに対する批判は、どんなに徹底的な批判であれ、われわれが自分自身の姿に目をつぶるように仕向けるものであってはならない。この大統領は、フランスが病んでいることの証しなのだ。

したがってニコラ・サルコジは、わが国を蝕む病いの検査を行なうに当たって、図らずもガイドとして役立ち得るのである。彼の素質構成（もしくは素質解体）の五つの顕著な特徴——思考の一貫性の欠如、知的凡庸さ、攻撃性、金銭の魅惑への屈服、そして愛情関係の不安定——、このサルコジ的行動様式の五つの香りのお蔭で、フランス社会の基底的諸問題に取り組むことが可能になる。

——思考の一貫性の欠如の検討は、わが国のイデオロギー的・宗教的空虚の発生を記述することに行き着く。

——知的凡庸さの検討には、フランスが最近入り込むことになった教育の停滞を参照することが不可欠となる。

——攻撃性の検討は、デモクラシーというものの否定的な側面を把握させてくれる。潜在的には、民主制は非市民を排除するメカニズムに立脚している。危機の時期には、排除は明示的になり、スケープゴートを仕立て上げることへと行き着くことがある。

――この国家元首の特徴たる金銭への愛を問題とするとなると、経済を論じることが必要になる。しかし、それはあくまでも心性の現象としての限りにおいてである。それを通して、自由貿易、貧困化、不平等の拡大という問題にエリート層が立ち向かうことができないという現状が、明るみに出る。これは精神病的とまでは言わないまでも、部分的には心理学的問題なのである。

――愛情・家族関係の不安定は、現在の状況の最も根本的な様相、すなわち家族的価値観の変遷の検討へと、われわれを導くことになる。緩慢に進む人類学的漂流が、この国の政治的・社会的漂流の基底にある。


サルコジ的行動様式の五つの成分がこうして抽出されたなら、それによってわれわれは、いくつかの抵抗の極を特定することができるようになる。それらの極の第一線に見出されるのは、中世以来、フランス中心部で支配的であり続けてきた人類学的システムの持つ、平等という価値である。とはいえ、それの恒常性と堅固さがどれほどのものかを測定しようと努める必要があるだろう。

サルコジ局面は、このようにして長期的な社会学的・歴史学的展望の中に置き直すことができる。そうすると表面的な偶発的要素も、一つの意味を帯びてくるのである。するとわれわれは、いかにわれわれの真の問題はサルコジそのものではなく、民主制の全般的動揺であるかを、実感するだろう。

危機の根本的要素——指導諸階級が自由貿易を始末することを肯じないということも含めて——を検討した後に初めて、われわれはわれわれの政治的将来を現実主義的に考察することができるようになるのだ。これから起こるのは、フランスの民族化であろうか、それとも階級闘争の再燃であろうか。とりわけ、危機の不可抗力的な深刻化に直面して、政治家たちはどのように対処するだろうか。

コンテクストは流動的で、多くの点について不確定でさえあるのだから、厳密な意味で予言をすることは不可能である。しかし様々な政治的出口を想定することはできる。それは、民主制の変質、さらには消滅であるかもしれない。研究者たる者は、人類という種の持つ小さな欠点を、しばらくの間、乗り越えるべく努力しなければならない。最悪を考えること、したがって最悪を予見することができないという人類の欠点を。最悪とは、この場合で言えば、デモクラシーの死にほかならない。デモクラシーが生き延びるということは、いくつかの可能性のうちの一つにすぎないのである。

第1章　この空虚は宗教的な空虚である

かくも多くの国民戦線の党員と支持者がＵＭＰへの道をたどり、左派の名士たちがサルコジにかぶれ、社会党の活動家たちが圧倒的多数でセゴレーヌ・ロワイヤルを大統領候補に選出する、というようなことが起こったのは、政治的信念と教義が絶対的解体状態に達したからである。もともとフランスの政党の中で最もイデオロギー的であったフランス共産党の得票は、もはや残留性のものにすぎないが、それは、これまでしばしば予告されてきたイデオロギーの死を示す恰好の兆候にほかならない。この死はいまや完遂されたのである。二〇〇二年の大統領選挙でロベール・ユーの得票は三・四％だったのに対し、二〇〇七年の大統領選挙でマリー＝ジョルジュ・ビュッフェ〔ともに共産党の候補〕が得た有効得票率は一・九％にすぎなかった。

第二次世界大戦末期のドイツの占領からのフランス解放以来、フランスの政治生活は、共産主義、社会民主主義、ド・ゴール主義、カトリック気質の穏健右派という四つの勢力によって構造化されてきたが、〔八〇年代から急速に勢力を伸ばした〕国民戦線は、結局のところ、これらの政治勢力の崩壊の過程の一段階にすぎなかった、ということになりそうである。(＊1) 国民戦線は一時的に、伝統的に共産党支持であった労働者と、ＲＰＲ〔「共和国連合」、ド・ゴール主義政党〕支持だった小商店主を糾合することができた。しかしそれは、あらゆる勢力の溶解の過程の端緒にすぎなかったのであり、その溶解は、現在という時代の特徴である空虚への道程の必然的な一段階であった。現在のこの時点がいかに重要であるかを理解するには、つい先日に消え去ったもの、つまり宗教的起源を持つ強力で安定した集団的信仰というものの本性を把握しなくてはならない。それらの集団的信仰は、地域に根ざしていたのである。

二世紀近くの長きにわたってフランスの政治生活を構造化することになる地域的分布が最初に姿を現わしたのは、一七九一年のことであった。一七九〇年七月一二日に憲法制定議会が採択した聖職者市民基本法への宣誓を承諾した司祭と拒否した司祭の地域的分布を、アメリカの歴史家、ティモシー・タケットが地図化している[1]。この法律は、主任司祭と司教は信者による選挙で選出されるべしと規定し、それによって教皇の権力を排除しようとした、非カトリック的なものであった。

この時、脱キリスト教化されたフランスとカトリックのフランスとの地理的対比が明瞭に姿を現わしたのである。脱キリスト教化されたフランスにおいては、司祭は教会が革命に服従することを受け入れ、それに対してカトリックのフランスは、その後、フランス右派の最も安定した砦となっていく。脱キリスト教化されたフランスは、パリ盆地を中心とする中央部一円という主要部と、地中海沿岸の主要部分とからなり、この中央部は、アルデンヌからボルドーに至る斜めの線に沿ってパリ盆地が引き伸されたような恰好になっている。教会に忠実なフランスは、西部、北部、東部、中央山塊、南西部という、いくつかの周縁部諸州の連なりからなる。その後いくつかの変遷があっただろうが、第二次世界大戦直後に、ガブリエル・ル・ブラが創始した宗教社会学は、主たる傾向として、宗教実践はパリ盆地と地中海沿岸において、一八世紀半ばに見られた崩壊から一度も立ち直ったことがない、ということを示した。一方で周縁部の拠点では、宗教的実践は、六〇年代初頭まで効果的に抵抗し続けた[2]。すでに一九一三年には、アンドレ・シーグフリードが、その『西部フランス政治概観』の中で、周縁部の拠点のうち最も大きな拠点が、多少の差異はあるものの、本質的には保守的な安定性を示すことを分析している。(3) これらの地域においては、カトリック教は衰退するどころか、実際上、一九世紀を通じてかえって勢力を強固にしたのである。こうしてカトリックの勢力が回復したことが恐怖を与えたため、共和国側の人間は、一九〇五年に教会と国家の分離を実現するに至る。

シーグフリードは、その革新的な研究の中で、過去四〇年の普通選挙の経験に依拠している。第三共和国は表現の自由と政治的代表の指名の自由を確立したわけだが、その結果、選挙行動の安定的な地理的分布が姿を現わすこととなったのである。その分布は実に規則的であり、それはまさに、個人はすべてではない、目に見えぬ圧力、目に見えぬ力が、少なくとも統計学的には、市民のイデオロギー的方向性を決定しているのだ、ということを示唆していた。

その後、左派と右派は変転を重ね、外見上の急進化の陰に隠れて、革命もしくは反革命の暴力は終焉を迎える。いくつかの政党が姿を消し、他の政党が生まれる。しかし相変わらず、イデオロギー的勢力同士の対決は、元々の古い地理的分布の枠内に刻み込まれている。一九三六年の人民戦線選挙の際、保守的右派の抵抗のいくつもの極は、相変わらず同じ周縁部の拠点の連なりという図柄を描き出すのである。パリ盆地の脱キリスト教化されたフランスにおいては、一八八〇年から一九八〇年までの間、急進派、ド・ゴール主義、共産主義の優位が、あるいは継起し、あるいは競合した。フランス共産党は、さらに農村部フランスにも、教会と同様にいくつかの拠点を持っていた。リムーザン、マルシュ、ベリィの各州と、地中海沿岸部である。カトリック教と共産主義の相互補完関係は、第二次世界大戦後三〇年間のフランスの政治勢力の地理的分布の、最も印象深い特徴の一つである。一九七八年、フランス共産党が有効投票の二〇・五%をほぼ安定的に確保していた頃、その選挙地盤の主要部分は、脱キリスト教化されたフランスの中に位置していたが、その脱キリスト教化されたフランスというのは、主に六〇年代半ばに関するデータを用いて作成された『宗教実践アトラス』にもそのままの形で姿を現わしている。すなわちエーヌ県からロ・エ・ガロンヌ県にまで至る拡大版パリ盆地と地中海沿岸部である。(4)

「脱キリスト教化されたフランス」と「キリスト教のフランス」という、この見事な宗教的構造化は、ヨハネ二三世によって一九六二年に開かれ、パウロ六世によって一九六五年に閉じられた、ヴァチカン第二宗教会議以後、段階的に崩壊していく。退潮はフランスのみに留まるものではない。それは西欧圏全域に及ぶ、カトリック教の最終的危機を意味していたのである。フランドル、バイエルン、ラインラント、スペインとイタリアとポルトガルの北部、ケベック〔カナダ〕という教会のほとんどすべての金城湯池が、打撃を食らう。アイルランドは八〇年代に、ポーランドは共産主義崩壊の後に、この不可抗力的衰退を経験することになる。

カトリックの宗教実践の緩慢な衰退は、とはいえ、フランスではすでに六〇年代初頭の転換期に目についていた。カトリック信者で規則的にミサに行くと答えた者のパーセンテージは、一九四八年には三七%であったのが、一九六八年には二五%、次いで一九八八年には一三%にまで減少した。

二〇〇七年には八％に落ちている。調査対象は、一般に自分の実践レベルを高く見積もるものであるから、実際の比率はもう少し低くなるはずである。二〇〇七年の八％は、おそらく現実には五％を少し切るぐらいのところになるだろう。しかもその多数はすでに老齢に達した者である。一九四八年の全国平均三七％というのは、カトリックの浸透度の強い周縁部諸州では、五〇％をはるかに越える多数派的実践を意味していたことになる[5]。

政治的解体

カトリック教の最終的危機は、七〇年代初頭以降、フランスの政治システムの変貌のリズムを形づくることになる。それも全く当然なのだ。なぜなら、カトリックの抵抗の極というものが、フランスの政治システムの陰画的《ネガ》拠点をなしていたのだから。カトリック信徒の有権者は、教会から解放されると、まず初めは社会党に支持を向けた。社会党は、一九六七年から一九七八年までの間に、ブルターニュだけでなく、カトリックが強いすべての地域で前進することとなる。それこそが第二の左派の時代、ＣＦＤＴ〔フランス民主主義労働同盟〕の宗教色の払拭（一九六四年）[*2]と、ＰＳＵ〔統一社会党〕とミッシェル・ロカールが新社会党に吸収される時代[*3]にほかならない。カトリック系右派は、これまで正統王朝主義[*4]、教権擁護主義、反ドレフュス主義、ＭＲＰ〔人民共和運動〕、穏健右派、ジスカール・デスタン支持というように変身を繰り返してきたが、ここに来て、フランスの政治生活の自律的な勢力としては、姿を消していく。二〇〇二年のUMPの創設は、それの死亡証書作成にほかならない。その亡霊は時として、フランソワ・バイル〔フランス民主主義連合（UDF）党首〕の得票の地理的分布の中に出現することもある。つまりバイルは、古き良きキリスト教教育の右における、もといい！　中道における最後の具現化なのである。

社会学的見地から最も意味深い現象は、共産党の崩壊である。これはかなり短い時間的間隔をおいて宗教実践の崩壊の後に続いて起こった。一九七八年三月までは、共産党は二〇・五％以上の得票を保っていた。一九六七年三月には二二・五％、一九六八年六月には二〇・〇％だった。ところがフランソワ・ミッテランが大統領に当選した一九八一年の大統領選挙が、真っ逆さまの転落の契機となる。一九六九年のジャック・デュクロの得票率は二一・三％だったのに対して、その時のジョルジュ・マルシェの得票は一五・四％だったのである。まるで共産党と教会は一対を成しており、スターリニズムは、その陰画《ネガ》的分身であるカトリック教会の消滅の後まで生き延びられなかったかのようなのだ。

国民戦線は、一九八四年のヨーロッパ議会選挙の際に浮上し、一九八六年の国民議会選挙の際に確固たる勢力を有する政党となる。これは最初から、フランス東部で強力であったが、それはその選挙地盤が、マグレブ出身の移民の存在によって大いに規定されていたからである。しかし移民の数とは無関係に、国民戦線は、世俗的伝統の浸透した諸県、すなわちパリ盆地の中心部と地中海沿岸で、明らかに強力であるように見えた。それは右からも左からも選挙民を奪い取った。つまり共産主義の地盤であると同時にド・ゴール主義の地盤である地域で、支持を得たのだ。ド・ゴール主義とは、宗教的な熱望でなく、むしろ民族＝国民的な熱望に根ざしたものであり、正統王朝主義ではなく、むしろボナパルティスムの後継者なのである。したがって国民戦線の支持層の地理的分布には、フランスの政治システムの古くからの構造化の残響が窺えたのである。

九〇年代を通じて、伝統的政党の腐食は加速化する。政治指導者たちは、己のプログラムを見失ってしまう。しかし何よりも決定的な現実は、有権者団のアトム化である。民衆とエリート層の対立という図式は、ここではいかなる説明上の便宜も提供しない。選ぶ方と選ばれる方がともに轡を並べて漂流しているのだ。市民は、ますます強固な信念に律されることのない単なる個人として行動するようになっていく。その結果、「ワイパー効果」とでも言うべきものが出現する。今回は右に、次は左にと、ワイパーのように左右に振れる動きが、フランスの政治生活のリズムとなっていくのだ。共産主義とカトリック系右派は、選挙統計から姿を消す。右と左の二極化は、社会党とド・ゴール派政党という二つの政党の対立として固定する。この両党は、イデオロギーの衰弱に対してより抵抗力がある政党だが、それというのも、当初からより柔軟でどんな形にもなり得る性格を持ち、さらに柔軟化し、いかなる形の固有のイデオロギーの消滅にも対応できるものであったからなのである。

一見したところ、社会民主主義と民族＝国民的右派が政党システムの中で生き残っており、全体的に支配的な地位を確保しているようだが、これとても幻想にすぎず、目をくらまされてはならない。もはや政治生活を構造化し組織立てる力のある強固な集団的信仰は、一つもなくなったのである。この真相は、ついに二〇〇二年の大統領選挙の際に表面化するに至った。その時、〔左派の最有力候補〕リオネル・ジョスパンは有効投票の一六・二%にしか達せず、〔右派の最有力候補〕ジャック・シラクも一九・九%そこそこであった。〔極右の国民戦線党首〕ル・ペンが一六・九%に達し、第二回投票の候補として残った。サルコジ局面の五年前に、フランスの政治システムが無重力状態の中に飛び込んだ最初の事例たる、例のシラク局面があったわけである。すなわち、八二・二%に達する得票率でフランス共和国大統領が選ばれるという、(*5) まさに人民民主主義共和国〔東欧の旧共産諸国〕並みの事態である。一見したところ滑稽に見えるが、実はこれは悲劇的なのだ。フランスにおける政権交代制民主主義の最初の完全な挫折を意味していたのだから。

裏切りの比較研究

経済的リベラリズムへの転向、金融資本主義の受容、傘下の高級官僚たちの臆面もない出世主義、という具合に、社会党による左派の価値観への裏切りは明々白々であり、それも政治アナリストたちから見ての話だけではない。一定の間隔をおいて、左派の支持層は崩れ、蒸発していった。一九九四年に世論調査は一時、一九九五年の大統領選挙第二回投票に残るのは、エドゥアール・バラデュールとジャック・シラクとなり、左派の候補が残ることはないだろうという印象を与えていた。(*6)二〇〇二年にそれは現実となり、ジョスパンは第一回投票で敗れ去った。第二回投票には、初めてのことだが、二人の右派の候補、ジャック・シラクとジャン＝マリ・ル・ペンが残ることになった。二〇〇七年の大統領選挙では、セゴレーヌ・ロワイヤルが左派の候補として第二回投票に残ったが、彼女の公約の中には、第二回投票に残ったのは左派の候補だと主張できるような要素は一つもない。こうして三回連続で敗れたため、社会党の指導者たちはもはや、熱にうかされたように右傾化を続けること以外に何も想像できないような有様である。これこそ、ベルトラン・ドラノエが「大胆さ」と名付けるものにほかならない。このタイトルの本は、ローラン・ジョフランによる、パリ市長、ベルトラン・ドラノエのインタビューを集めたものだが、そこでドラノエは、経済思想を持たぬ自由主義的「経営者」として、自己満足しきった姿をぬけぬけと誇示している。メディア・システムによって水増しされた最後のナルシシストよろしく。(6)

国際的な舞台では、社会党員の裏切りは、何の制限もなしに伸び伸びとわが世の春を謳歌している。社会党は、世界システムへの完全な服従の実例を二件も提示している。パスカル・ラミィは、WTO〔世界貿易機関〕の事務局長に就任し、自由貿易の愚直な擁護者として伸び伸びと手腕を発揮している。ドミニック・ストロース＝カーンは、IMF〔国際通貨基金〕専務理事のポストに就き、フランス左派のリーダーたちは、自国を救うことは断念したかもしれないが、我が身を救う能力は失っていないところを見せてくれるのである。

しかし社会党の裏切り——こうした行為が、オリヴィエ・ブザンスノ(*7)のような新左翼主義者たちの営業資産の中身となるわけだが——を嘲笑うのは、あまりに容易い。より興味深いのは、ド・ゴール主義者とその同盟者たちによる、己自身の価値観の放棄である。そのことに思い至るには、やや時間がかかる。金銭と不平等の勝利は今日、右派の勝利と受け取られているからである。しかしカトリックとド・ゴール主義という、フランスの二大右派勢力は、「おぜぜ」を存在理由ならびに究極の正統性とはしていなかった。

古典的右派は、キリスト教的諸価値に立脚していた。それはもちろん社会的服従という価値でもあるが、また責任性、慈悲、私利私欲の放棄といった価値でもあった。カトリック教は金銭を嫌悪する。サルコジ主義は、ほとんど宗教的な意味で金銭を崇めるものであるから、フランス右派の心性に対するキリスト教のいかなる影響も消え去ったことの顕現にほかならないのである。

ド・ゴール主義政党の、国民という価値に背を向けた方向転換も、これに劣らず華々しい。一九七六年に創設され、二〇〇二年に解散したRPR〔共和国連合〕は、社会党が労働者階級を見捨てたように、国民というものを捨て去った。その犯人探しをしようとするなら、選り取り見取りだろう。なにしろRPRの指導者と幹部は誰もが国民という理念の凋落に貢献したからである。すぐに頭に浮かぶのは、ジャック・シラクだ。彼がRPRという新ド・ゴール主義政党を創設したのは、結局はそれがヨーロッパ主義イデオロギーの中に解消してしまうのを取り仕切るためだったように見える。とはいえ、イラク戦争勃発の際のアメリカ合衆国への反対は、当時はまだ、ド・ゴール主義のほのかな微光がこの政治家を明るく照らしていたことを示唆してはいる。ブッシュのアメリカにぞっこんのサルコジは、国民的アイデンティティをめぐる言説を垂れ流しているけれども、その先にある到達点としては、右派固有の価値としての国民という価値の公式の終焉を代表しているのである。しかし、ド・ゴール主義の内部から、ENA〔国立行政学院〕出身の社会党リーダーたちと舞台の上で張り合うことのできる裏切りの立役者を一人名指しする必要があるとしたら、つまり国民という理念を最も見事に失墜させてしまった男として、私はフィリップ・セガン(*8)を選ぶだろう。彼の経歴は、実際のところ全く並外れているのだ。一九九二年に彼は、マーストリヒト条約反対のリーダーとして、共和国的国民という理念の先駆けを自任する者として、前面に乗り出した。国民投票では賛成が勝ったが、僅差であり、セガンとしては大いに安堵したところであった。しかし彼は、このように順調に開始した戦いを続けることをせず、まもなくフランスを、たかだかタバコ屋一軒、いやむしろ相継いで二軒と交換で、引き渡してしまう。一つは一九九三年の国民議会議長のポスト、次いで二つ目は、二〇〇四年の会計検査院院長のポストである。二〇〇五年のヨーロッパ憲法条約をめぐる論争の間は、彼は沈黙を守り、「あれは不機嫌で怒りっぽい男だから、清廉な男に決まっている」という評判を失わぬようにする手段を見出した。しかし現実には、まるまる一世代分の政治家たちに、裏切りの仕方を伝授したのだ。二〇〇七年にサルコジの周辺に、かつてセガンと近かった者たちがあれほど見出されるのも、それほど驚くことではない。例えば、ロジェ・カルーチ〔国会関係調整担当大臣〕は、国民議会でセガンの官房長と政治顧問とを務めていた。アンリ・ゲノ〔サルコジの特別顧問〕は、「単一思考」〔第2章訳註(＊2)参照〕を激しく批判し、反マーストリヒトの論客だった。この他にも、名もない者がわんさといる。万人に対してフィリップ・セガンは、己の行為によって、共和国的国民などというのは、冗談にすぎず、RPR一味内での序列をのし上がっていくための手であることを、証明してみせたのだ。セガン主義とは、ド・ゴール主義出身の政治家が、今日、フランスがアメリカ合衆国の衛星国となることを、眉一つ動かさずに受け入れるために必要な一段階だったのである。それゆえ、社会党の裏切りばかりを強調しすぎたのは、公平ではなかったわけだ。ド・ゴール主義政党もまた、同じ程度に自己を否認したのである。そして一九八六年から二〇〇七年までの間、小商店主、手工業者、農民という、右派支持の民衆が混乱に陥り、次いで分離して国民戦線に結集したのは、これによって説明がつくのである。

最も重要なのは宗教的解体

第三・千年紀の冒頭にあって、政治危機は全面的なイデオロギー的空虚の状況を浮かび上がらせている。二〇〇二年の大統領選挙の際、ド・ゴール派と穏健派の合併によって新たに創設されたUMPと、左において完全に覇権を握った社会党という、二つの政権党の候補者は、二人合わせて三六％の有効投票しか獲得しなかった。これに劣らず常軌を逸した二〇〇七年の大統領選挙の間、主要な候補者は四人いたが、その公約と演説の主題をよく見てみるなら、彼らは実はいずれも右の人間だったのである。極右の候補者、ル・ペン、極端な右派の候補者、サルコジ、中道右派の候補者、バイル、そして社会伝統主義者という突拍子もない右派の女性候補者、ロワイヤル、ということになる。この到達点に達するまでの、一九七〇年から二〇〇七年までの全政治史は、伝統的な政治的・イデオロギー的勢力の漸進的かつ混沌たる解体という言葉で記述することができる。共産主義の危機、ド・ゴール主義の危機、ともにイデオロギー的には不明瞭な、社会党ともう一つの右派政党〔UMP〕との興隆という具合に、諸政党が空虚へ向けて走っていくこの競走には、複雑な時間系列が対応しているが、それを通して明らかに浮かび上がる確実な要素は、たった一つしかない。すなわち、宗教的な解体の方が本源的であるということ、これである。信仰と実践の双方にわたる宗教的解体が先に進行し、その後に政治の世界の解体が続いたのである。

ド・ゴール主義は、リーダーの文化——歓呼の声を浴びるリーダーの後に軍靴を履いた熱狂的な一団が付き従うという——を特徴とするものだった。そのためその衰退の精緻な年代確定は難しい。〔ド・ゴールの跡を継いだ〕ポンピドゥーは、陰の領域の専門技術者という、いささか特殊な部類に属する(*9)ものの、まだド・ゴール主義者と考えることはできた。やがて彼は近代化の象徴となる。ヴァレリィ・ジスカール・デスタンは、一九六九年四月の国民投票の挫折の主たる張本人で、ド・ゴールの辞任の原因を作った人間(*10)だが、一九七四年に彼が大統領に当選したのは、カトリックを基層に持つ穏健右派の勢力伸張の印と考えることはできない。ド・ゴール主義運動の内部分裂と、ジャック・シラクの合流がなかったなら、彼は当選しなかっただろう。それに当選したのも、得票率五〇・

八％というぎりぎりの僅差でだった。その時代の中心的なイデオロギー現象は、カトリック地域の有権者のイデオロギー的解放であった。彼らは、右派から離れて、当時、日の出の勢いだった社会党の方に向かったのである。それはそれとして、ド・ゴール主義運動の分裂は、長い転落過程の始まりであった。その過程は全面的にジャック・シラクの指導の下で進行した。

これらいくつかの年代から、ド・ゴール主義の危機は共産主義の危機よりも時間的に先行したという結論を引き出すとしたら、馬鹿げている。フランス共産党の得票の急激な落ち込みが始まったのは、一九八一年にジョルジュ・マルシェが一挙に四分の一近くの支持票を失った時であるのは確かだ。しかし一九六八年五月（いわゆる五月革命）の際に共産党がさまざまの困難に直面したこと、一九七六年にメディア上に爆発的に登場した「ヌーヴォー・フィロゾフ」（ベルナール＝アンリ・レヴィを筆頭とする「新哲学者」たち）の反スターリン主義的批判文書の数々を見るなら、共産主義の危機は、ド・ゴール主義の危機が顕著になった頃には、すでに始まっていたことが分かる。どちらかが数年早いかどうかは、歴史的には実質的意味を持たない。

この時間的推移からくっきりと浮かび上がってくる唯一の時間的先行とは、宗教的危機のそれである。カトリック教の最終的崩壊は、六〇年代半ばに始まったが、イデオロギー的・政治的システムの動揺が顕著になったのは、一九七四年から一九八一年の期間になってからである。宗教局面と政治局面の接合点に、まさに特徴的なものとして、一九六八年五月の出来事（五月革命）が見出される。それは、時代の転換点として、宗教、イデオロギー、教育、風俗慣習、家族生活など、歴史学的・社会学的分析の考えられるすべてのカテゴリーに関連するのである。

それゆえ、現在の混乱の起源には宗教的危機があるのだ。あたかも、一九六五年から二〇〇七年までの間に、宗教的信仰の最後の拠点が崩壊したことが、全国的な政治的解体を産みだすことになったかのようなのである。大きな政治的信念が宗教的本性を持っているということは、社会学の常識である。いずれも暴力的で至福千年的な共産主義とナチズムは、さまざまな宗派のキリスト教が提唱していた世界と人生のヴィジョンを排して、その代わりに個々人に共産主義社会もしくはアーリア民族の完璧な永遠性を保証する地上型の救済モデルを提唱しようとした、ということは、久しい以前から明白なこととされている。このようにイデオロギーの土台はほとんど宗教的と言えるものだということは、より穏当な民主的・共和的な政治的信念に関しては、それほど承認されていない。しかしフランスにおいては、近代政治が出現するに先立って、宗教的崩壊が起こっているのである。一七八九年〔フランス大革命〕以来、かくも多くの政党と共和国を育むことになった自由・平等のイデオロギーは、脱キリスト教化のわずか数十年後に発生している。脱キリスト教化は、一七三〇年から一七五〇年の間に、フランスの国土の三分の二で起こったのであった。

とはいえ、最近四〇年の展開を見ると、フランスの国土の三分の一に活動的な宗教が存続していたことは、フランスのイデオロギー・システムの良好な作動のために最後まで必要であり続けた、ということが分かる。共和主義、社会主義、共産主義は、実際上は、残存的カトリック教との対抗関係の中で自己定義を行なったのであり、残存的カトリック教は、いわば陰画《ネガ》の形で、それらのイデオロギーを構造化したのである。この宗教の死は、まるでそれが跳ね返ったかのようにして、近代イデオロギーを死に至らしめた。

ここにおいてわれわれは、危機の結節点の一つの間近に迫っている。危機は、事象の政治的な表面にのみ作用するわけでは毛頭なく、現実には社会の形而上学的土台、すなわち理性を越えた無意識の信念という基底に関連するのである。そしてこうした信念は、遠い過去からの歴史に由来する。

無神論の困難

こうして危機の宗教的土台を突き止めることができたとなると、現今の違和感のいくつかの様相を明らかにすることができるようになる。とくに社会が宗教的信仰なしに生きることの難しさが、明瞭に姿を現わすだろう。無神論は勝利した。それはもちろん自由の同意語である。無神論の論理的説明は、単純明快にして確固たる論拠を持っている。すなわち、世界は存在する、人間が知覚できるもの以外のものは存在しない、したがって神が存在しないことは立証の必要さえない、というものである。デカルトがやったようなやり方で神の証明をすることや、パスカルがやったように神が存在することに賭けることは[*11]、何もない、という自明性の前では、まことに他愛のない試みにすぎない。それに無神論が、信仰と無信仰の双方から等距離を保つと称する不可知論を非論理的と告発するのは、間違ってはいない。人が奇跡を信ずることを止めた瞬間から至高の存在が消え失せた、あの無神論者の世界と、強力であるよりは想像上の創造物に満たされた、信仰者たちの形而上学的世界とを、果たして真剣に同列に論じ得るだろうか。幻想から解放されたら、人間はより快適に感じるはずだった。しかし無神論の具体的な歴史は、その論理的説明とは別のことをわれわれに述べている。すなわち、神なき世界の出現は、幸福感につながるどころか、激しい不安、欠落感へと立ち至る。人間の心の世界は、厳しい科学の物質的世界とは違うのだ、と。

人間はずっと以前から信仰を持って生きてきた。その心の持ち方は時とともに習慣となった。無神論は、過去の遺産たる宗教のドグマの後見から精神を解放するために闘ってきた。それは運動であり、対決であった。しかし敵がいなくなるや、それは疑い始め、ぐらつき、崩れるのである。脱キリスト教化は、それゆえ次のような逆説的な状況をもたらすことになる。すなわち、無信仰者は、どうやら、社会の中に神の実在について積極的な信念を抱く教会が少数派的なものとして存続しており、無信仰者はそれを批判し否定することができる、ということでないと、己の確信を違和感なく堅持することができないらしい、という状況である。

ローマ帝国末期において、信仰という不合理なものの中に飛躍することは、安定的にして安心をもたらす説明・道徳システムの構築を可能にした。そこでキリスト教は、人間の条件の理解不可能な次元である死の問題に、心理的な面で解決をもたらしたのである。

信仰の放棄はたしかに、実証できない神話の埒もない堆積から人間を解放してくれる。しかし解放された人間が抜け出した出口とは、己自身の生の無意味にほかならないのである。告発すべき信仰が、解放すべき信仰者がまだ存在する限りは、人間の生存にはまだ一つの意味、形而上学的な意味が残っていた。しかし強固な組織を有する信仰者集団の最後のものが消滅してしまうと、勝利者の不幸が始まる。勝利者たちは、あらゆるものから解放されてしまうと、自分は何者でもない、せめて何らかの意味を持つものでさえないということを、確認することしかできない。教会の死は、再び個人の死の問題を差し迫った生きた問題とすることになる。

神の非存在を理論的土台とするあらゆるイデオロギー的・政治的構築物は、基本的な形而上学的問いかけが終わってしまうと、ぐらついてしまう。天国、地獄、煉獄の消滅は、奇妙なことに、すべての地上の楽園の価値を失墜させてしまうのだ。全世界を目指すスターリン型の楽園であれ、より慎ましい規模の、共和制の楽園であれ。すると意味というものの必死の探求が始まる。それは通常、歴史的には、宗教が統制していた金銭、性行動、暴力という項目に括られる領域における極端な感覚の追求という形で行なわれるのである。

社会的現実を経験的に検証してみるなら、以上のシークエンスが正しいことが分かる。フランス社会はもはや、宗教的信仰によって構造化されてはいない。カトリック教は、存続はしていても、個人的で残存的である。金銭、性行動、暴力が、いまやわれわれの心的・メディア的装置の中心にある。抗不安剤は、集団的信仰の代わりを完全にこなすことはできない。このところ、古代無神論――エピクロス派のこともあるが、大抵はストア派である――の古典が、読書を好む人々の間で人気を呼んでいるが、それも彼らが不安を抱いているからにほかならない。セネカ（紀元前四年―紀元後六五年）とマルクス・アウレリウス帝（一二一年―一八〇年）は、今日、おそらく最もよく読まれているに違いない。というのも今から二〇〇〇年前、古代思想は、古典古代の宗教の崩壊を背景として、生の全く地上的な意味を定義する必要に迫られた。つまり、神々を失った世界で行動するための心身の鍛錬を確定しようとしたのである。しかし忘れてはならないのは、この驚異的な試みは挫折に終わり、その挫折の果ての出口が、すでに述べたように、永遠の生とキリスト教という不合理なものの中への集団的飛躍だったのである。

このような悲観的な見方をあまりに突き詰めるのは、馬鹿げているだろうし、とりわけ現実の経験に反することだろう。いま記述されたのは、人間精神の一つの傾向にすぎず、それは現在、再び浮上しつつあるとはいえ、まだいささかも支配的ではない。フランスのような国では、大部分の世帯は、まずは穏当な生活の枠内で収支のバランスをとることに満足している。個々人の性生活は、たしかに以前よりは実験的で多様になったが、最終的には女性一人当たり子供二人という、完全に満足すべき出生率指数を産みだしている。殺人率も増加していない。フランスは全体として、形而上学的空虚の衝撃に対して持ちこたえているわけである。大量の大衆的無信仰というものがはらむ病原性効果は、支配的ではない。生の本能は存在しており、たとえ意味を失ったとしても、現代の生活はまことに快適であり得るのであり、実のところ、エレクトロニクス時代の輸送と通信手段による世界の開放とともに、ますます興味深いものになっていく可能性もある、ということを認めなければならない。

今日、形而上学的安全はないとしても、せめて社会的安全〔社会保障、社会的治安〕は残っており、またある程度の生活の安楽も残っている。これによって大多数の男女は、この意味を失った生を適当に享受することができるのだ。誰もが形而上学的困難を解決するために、それぞれ自分にできることをやっているわけである。しかしもし、ある程度の所得と社会的安全を中核とする物質的安楽が後退もしくは消滅するとなると、一体どうなるだろう。まさにそのような事態となっているアメリカでは、不合理なものの回帰の可能性が想起されるのである。それがかなり広範な社会的領域にわたって、知的・道徳的退行を引き起こしている。露出嗜好のある病的な宗教傾向が広まり、それが妊娠中絶の自由の終了と、ダーウィン進化説の棄却を要求しているのである。

無信仰からイスラーム恐怖症へ

したがって現在われわれは、十全な自覚はないままに、宗教的危機のただ中にあるのだ。そのような仮説を立てなければ、イスラームへの否定的固着の広範な広がりを理解できない。過去五年ないし一〇年の間、フランスならびに他のヨーロッパ諸国では、ものを考え発言する知的・メディア的諸階層にイスラーム恐怖症が広まった。このイスラーム恐怖症は、国民戦線の支持者たちのアラブ恐怖症という、より大衆的な恐怖症の後を継いで出現したものである。アラブ恐怖症は、八〇年代半ばに浮上し、目につくようになったのだが、その決定因は明瞭である。それは、失業と賃金の圧迫の時代に、極めて異なる習俗システムを持つマグレブ系住民を吸収することがもたらした具体的な困難の結果として出現した。その習俗システムは、女性に厳しく、いとこ同士の結婚〔訳者解説参照〕によって内部に閉ざされたものだったのである。これに対して、現在の上層階層のイスラーム恐怖症は、説明がもっと難しい。

政治家たちの態度には疑問の余地はない。ニコラ・サルコジとUMPの幹部が、テロリズムの危険を誇張することや、アフガニスタンへの圧力を強めることや、トルコのヨーロッパ加入に反対することや、イランに軍事的脅迫を加えること、要するにイスラームを全般的政策の核心に置くテーマ系を活性化することを、国民戦線の支持層に手を伸ばし、その賛同を獲得するための恰好の手段と考えているのは、確実だからである。しかし、知識人やジャーナリストが、大都市郊外の生活でとくに辛い思いをしているわけでもなく、テロ攻撃の脅威にさらされているわけでもないのに、イスラームの本質をめぐって悲憤慷慨し、イスラームが近代性を許容する能力がないと勝手に決めつけ、イスラームには暴力が内在的に付きものだと主張したりするのは、どうしたことだろう。イスラーム圏が全体として、かつてヨーロッパやその他の地域で見られたように、出生率の低下に見舞われているまさにその時に、アラブ諸国やトルコやイランの心性的近代化は考えられないなどと、どうして主張するのだろうか。サミュエル・ハンチントンが一九九三年に『フォーリン・アフェアーズ』誌に掲載した論文で提示した「文明の衝突」理論は、個人と諸国民に宗教的レッテルを貼り付ける。多くの者の意識の中では、この理論は二〇〇一年九月一一日の同時多発テロによってその妥当性が証明されたと受け取られた。しかしアメリカとペルシャ湾の関係の中に現実に存在する暴力は、宗教的でも文明的でもない。アメリカ合衆国がサウジ・アラビアで開始した統制、イラク侵入、イランに対する予防攻撃の脅し、こういったものを記述するには、「帝国主義的衝突」という用語を用いるべきなのだ。それに、軍事力の使用と地元支配層の腐敗とを組み合わせるありふれた帝国的政策は、宗教的衝突ではない。ハンチントンの論文が発表されたのは一九九三年、本が出たのは一九九六年で、九・一一の同時多発テロの八年ないし五年前ということになるが、これは実は、「西洋」のイスラームならびに中国に対するイデオロギー戦争の宣戦布告にほかならない（中国に関する側面は今日いささか忘れられているが、これについては後に論じるつもりである）。[7]『文明の衝突』の発表の年を確認するだけで、イスラーム恐怖症と、より一般的には西洋の新たな文化的ナルシシズムの浮上は、アルカイダの行動開始より時間的に先行することが立証されるのである。[8]〔西洋の民族的一体性に基盤を置く〕民族的大西洋主義は、攻撃的教義である。われわれは侵略者なのだ。それを検証しろと言うなら、アメリカ合衆国、ヨーロッパ、イスラーム圏での紛争の死者の数を計算してみるだけで十分である。われわれのイスラーム恐怖症は、かなり大幅に内因性のものであり、それはわれわれ自身の宗教的動揺の結果にほかならない。

現在、イスラーム圏は移行期危機〔訳者解説参照〕のただ中にあるということは、十分に見て取れる。識字化はまもなく全域で完了するだろうし、宗教的・イデオロギー的混迷が明らかに不安と混乱と暴力を産みだしている。脱イスラーム化は前進しているが、ただし表に現われない。なぜならそれは当初は、近代性によってぐらついた宗教的信仰を再び確証しようとする最後の動きを引き起こすからである。ところがわれわれは、実ははるかに深刻なわれわれ自身の危機を直視することを拒絶している。われわれの危機は、〔移行期危機のように〕教育の上昇運動、要するに進歩の結果ではないのだから、より深刻なのだ。われわれは、過去半世紀の間に穿たれた宗教的な空虚によって、不安に苛まれている。フランスのような国においては、少数派ではあるが、社会的には重要なカトリック教会の存在が、無信仰や無神論、もしくは慎み深い言い方をするなら、〔社会に対する宗教の影響力を排除しようとする〕世俗的主張に、何らかの意味を与えていた。ところがこの目印を失ったために、フランスのイデオロギー的編成の全体が破壊されることとなってしまった。このような文脈において、カトリックという敵の消失によって方向性を失った世俗性が、別の敵を見つけようと努めるのは、驚くことではない。その敵とは、この場合、活動的な宗教的信仰の最後のものと考えられるイスラーム教のことである。これは逆説的な選択である。なにしろ、フランスのイスラーム教徒の宗教実践は旺盛ではなく、女性当たり出生率が子供二人のイランは、イスラーム主義よりははるかに脱イスラーム化に脅かされているのだが、そんなことはお構いなしなのだ。カトリックの宗教実践がいまや社会的重要性を持たなくなったフランスにおいて、世俗性は世俗主義となり、従来の共和派的世俗性に由来する無信仰者と、最終局面になってカトリック教を捨て去ったばかりの無信仰者とが一緒になって、多分にファンタスム的なイスラーム教への共通の敵意を育むことになる。イスラーム教は、スケープゴートとしての、不可欠な敵としてのステータスを帯びる。第三・千年紀初頭のヨーロッパにおいて、イスラーム教は、われわれの形而上学的不幸の生け贄、われわれが神なしに、われわれの近代性のみが唯一可能な、唯一有効な近代性であると喚きながら生きていかなくてはならない、その困難を購うための供物となりつつあるのである。

フランスでは人目につきにくいが、文明の衝突よりさらに古い理論が、イスラームを問題として名指すのに貢献している。それは、一九八五年にマルセル・ゴーシェが提示した、キリスト教とは「宗教から抜け出す宗教」であるという理論であるが、その後これを活用する者たちはこれを単純化し、イスラーム圏を攻撃する武器として転用するに至った。すなわちキリスト教は、自分自身を超出する力を持つがゆえに他の宗教とは異なる、というのだ。この歴史観は、西洋世界に、実際は存在しない独自性を付与するものである。[9] そのことを確かめるには、イスラームについて考察するまでもない。日本は、明治初年に始った宗教危機以前は本質的に仏教国であったが、今日ではヨーロッパと同様に、いかなる宗教的信仰にも無関心である。しかし、われわれは神を信じなくなった後にも、依然としてキリスト教徒であると断言する学者の理論よりさらに先に、われわれはヨーロッパのキリスト教的起源という、より普及している、より政治的操作のしやすいテーマを見つけ出す。それが、キリスト教起源の無信仰のみが唯一価値ある妥当なものである、とするキリスト教世俗主義であるが、これの典型的な表現の一つが、サルコジ派イデオローグでアカデミー・フランセーズ会員のマックス・ガロの小冊子『フランス人であることの誇り』の中に見出される。二〇〇六年、大統領選挙の数カ月前に、ガロは自分自身の大胆さに酔いしれて、こう述べている。「何だと？

世俗的フランスはキリスト教国だ、と敢えて宣言しようというのか？ この国の第二の宗教はイスラーム教であり、信者も訪れない教会があれほど沢山あるというのに。しかも数少ないモスクは一杯で、マホメットの信者たちは、廊下や地下室や倉庫の中で祈りを上げざるを得ないというのに。[10]」マックス・ガロは、パンテオン広場やリュクサンブール公園を離れて、頻繁に郊外を訪れるべきだろう。郊外では現実にはイスラームの宗教実践は、他の場所でのカトリックの宗教実践と同様に旺盛ではない。しかし彼の不安の意味は明瞭である。キリスト教の宗教的空虚の方が、イスラーム恐怖症より先に起こったのだ。

われわれの形而上学的危機は、一七世紀のそれとは逆に、教育の停滞を背景にして展開している。まさにそのために、行動の自由へとつながることがなく、非常に広範な集団的抑鬱症に立ち至るのである。

第2章　教育の停滞と文化的悲観論

リセでも大学でも、ニコラ・サルコジは、優等生ではなかった。第六学級〔中学一年、ただし年齢的には一一歳から一二歳だから、日本の小学六年に該当する〕は留年したし、バカロレアでは何の成績評点も得ておらず、(＊1)法学の学業を修了するのにも、かなり時間がかかっている。この法学の勉強のお蔭で、彼は弁護士になることができたわけだが。〔パリの〕政経学院は出たものの、英語で失格点をとったために修了証書はもらえなかったらしい。(1) ENA〔国立行政学院〕や高等師範学校や理工科学校は、遠くなりにけり、というわけだ〔訳者解説参照〕。大統領当人のことだけでなく、サルコジ局面全体が、共和国の優等生たるENA出身者の現実の権力喪失を示している。移民・統合・国民アイデンティティ・連帯開発大臣のブリス・オルトフゥは、ウィキペディアによれば、シャンス・ポ〔パリ政経学院〕を出たが、修了証書は得ていない。(2) 選挙運動期間に未来の大統領の演説執筆係で、翌年、エリゼ宮の舌先三寸どものチーフとなったアンリ・ゲノは、シャンス・ポを修了したが、ENA出身ではない。(3) 久しい以前から、大統領と首相はENA出身者というのが慣例だったが、大統領も首相もそこを出ていないというのは、初めてのことである。ヴァレリィ・ジスカール・デスタン、ジャック・シラク、アラン・ジュペ〔元首相〕、ドミニック・ド・ヴィルパン〔第6章訳註(＊5)参照〕は、いずれもそこを出ている。第一次および第二次フィヨン内閣では、厳密な意味での大臣の中には、(4) ENA出身者はたった一人、ヴァレリィ・ペクレスがいるだけである。彼女はHEC〔高等商業学校〕の修了証書も持っている。政治家がグランド・エコールを出ておらず、普通のレベルの高等教育しか受けていないからといって、彼らを見下すのは、全く馬鹿げているだろう。しかし変化はあまりにも歴然としているので、考慮せずにはいられないし、内閣の学業レベルの低下は、フランス社会全般に起こっていることと関係があるのではないかと、考えずにはいられないのである。

もっともＥＮＡの入学試験に合格するには、知的能力もさることながら、規則への服従心が必要である。ＥＮＡの影響力を免れる政府は、部分的にはフランス・エリートの体制順応主義から解放されることになる。というのも、単一思考(＊2)の主たる源泉の一つは、「シャンス・ポ＝ＥＮＡ」の組み合わせという知的自己形成経歴にあるのである。これ以外にも、これに匹敵する知的自己形成経歴はあるが、高級官僚＝政治家の世界では、これに属する者が圧倒的に多い。したがって、修了証書なしにシャンス・ポを出るということは、すべての無用な知識から解放された自由な精神をもって政治に入っていく、ということにほかならない。とりわけわれわれの社会のように、教育の危機に蝕まれた社会にあっては、優秀な高等教育機関の修了証書を持たないということは、有権者の前に出た時、利点となり得る。得てしてこういう修了証書を持つ者は、尊大な奴が多いものだから。もしフランス人の中では、学業は思うようにいかなかったと考える者が多いとしたら、ジュペやファビユス〔元首相、第6章訳註（＊3）参照〕のようなタイプの証明書付きの秀才は、賛嘆の念よりは敵意を引き起こすことがあり得る。「ぎんぎらのブランド好き」の大統領の知的一貫性の欠如、何でも出任せを口にし、その正反対のことも口にして、涼しい顔をしていられる資質、礼儀正しさの軽視、要するに彼の教育のなさ、なんとこれが、自分は教育システムの落ちこぼれだと考える市民たちの歓心を買ったのである。逆に、社会党にとって、「優等生」の党であるということは、必ずしも利点ではない。社会党が擁したENA出身者たちの長い行列――ミッシェル・ロカール〔元首相〕、リオネル・ジョスパン〔元首相〕、ローラン・ファビユス〔元首相〕、ジャン＝ピエール・シュヴェヌマン〔元内相〕、マルチーヌ・オーブリィ〔女性初の社会党第一書記〕、エリザベト・ギグー〔元雇用・連帯相〕、ユベール・ヴェドリーヌ〔元外相〕、ミッシェル・サパン〔元財相〕、カトリーヌ・タスカ〔元文化通信相〕、フランソワ・オランド〔前社会党第一書記、ロワイヤルの元・非婚配偶者〕、セゴレーヌ・ロワイヤル、ピエール・モスコヴィッシ〔社会心理学者セルジュ・モスコヴィッシの息子、元ヨーロッパ問題担当相〕等々――は、教育・学歴上のフラストレーションを抱える有権者には苛立たしいこともある。右派のENA出身者は、しばしば、宗教、金銭、ド・ゴールという、政治を志した当初に抱いていた価値観を、自分の優秀な学歴とバランスをとるためのカウンターウェートとして用いている。左派のENA出身者は、純然たる功績至上主義者であることが多く、国家の他に神を持たない。行政を管理統制する技能はこの上なく身に付けているが、自分一人でものを考える素養に欠けるのである。彼らが受けた教育のこのような国家至上主義的単純性が、もしかしたら、彼らがそれから身を解き放とうとした時に、いささか子供っぽい粗暴さでネオリベラリズムに参入してしまうことの、原因なのかもしれない。

サルコジ主義とは、学校的な教義から自らを解放しようとする動きにほかならず、それはサルコジ主義の勝利によってUMP内で勝利を収めたわけだが、セゴレーヌ主義（ロワイヤルは、「国王の」の意味なので、「ロワイヤル主義」と呼ぶのは避けることにする）は、そうした傾向の、社会党内における代表であるということは、あり得ない話ではない。セゴレーヌ・ロワイヤルは、たしかにENAの出身だが、修了時の席次は非常に低く[5]、その結果、フランスの行政システムの中で己惚れ原理の制度化にほかならない、財政監察院、国務院、会計検査院というグラン・コール〔エリート官僚集団が集まる重要機関〕のどれにも属していない。彼女の直属のスタッフには、ジャン＝ルイ・ビヤンコのようなENA出身者が何人かいるが、アドヴァイザーの人選においては、彼女は、よく回転するけれども空回りばかりする頭脳をフォーマットする素晴らしいマシーンにほかならないENAの枠には縛られていないことが感じ取れる。

それにしても、きちんとした着想を抱くには、学校で中くらいの成績を収めていれば十分、などということはあり得ない。現在フランスの政治家階層が抱える問題とは、優秀な学業実績によって麻痺した頭脳と、そのような学業実績に叛逆するが、本質的には不毛で何も産みだす力がなく、おそらくは己の、単に普通というだけの学歴にコンプレックスを抱いているような頭脳とが、併存している、ということなのである。

フランスの政治家階層内部の思想論争の大まかな構図を、次のように戯画化して、学業成績に起因する馬鹿げた対立という形で提示することもできよう。すなわち、順応主義者の優等生たちは、捲まず撓まずネオリベラリズムの信条を唱え続け、その実、経済的・社会的危機をもたらした政策を継続することを提唱している。つまり、さらにいっそうの自由貿易、構造改革、柔軟性、と唱え続けるわけだが、その結果、フランス人の所得はますます減少し、不平等はますます拡大することになる。成績は中くらいだが、学校的教養から解放された生徒たちは、単一思考を斥けようとするのだが、その結果、経済プログラムの悲劇的な不在という事態に立ち至る、というわけである。セゴレーヌ・ロワイヤルの参加型民主主義は、この非優等生型の代表作であって、政治家がプログラムを策定できない仕事を実行する権利を、市民たちに与えるものにほかならない。フランス国民としてのアイデンティティの肯定は、そのソフトな形態は国旗への会釈であり、ハードな形態は移民をスケープゴートに仕立てることであるが、いずれにせよ、経済問題の解決を提出できない非優等生の無能の帰結として最も頻繁に現れるものにほかならないのである。

教育の停滞と文化的悲観論

サルコジ局面は、現にフランスの教育上の発展の特異な一局面に対応している。その局面とは、教育水準の低下を意味するわけではない。このところ文盲の問題がネオリベラルの右派と国民共和主義の双方に共通するテーマとなっており、不断にキャンペーンが行なわれているが、彼らが示唆するように、教育水準が低下したとは、必ずしも言えない。文盲率測定の試みが最初に行なわれたのは一九八八年なので、長期間にわたるその推移を推算しようとする試みは、どんな形のものであれ不可能なのである。現在、文字を書くのが不自由な「機能的文盲」と称される者が、五%から一〇%いるが、教育水準のこうした下の層の傾向についての推算はできないのが現状である。[6]

逆に、より高い教育水準に関する指標はいずれも、フランスが数十年に及ぶ上昇の後、一九九〇年から一九九五年には、ある種の平坦域に達したことを示している。学校システムの「無資格修了者」の数は、一九六五年の三五%から、一九八〇年には一五%、一九九〇年には七・五%と落ちてきたが、その後は低下を止め、安定している。[7] 中等教育の終了時における普通バカロレア取得者の数は、一九九五年以来、上昇を停止している。取得者の対応年齢層内での割合は、一九五〇年には四・八%だったのが、一九六〇年には一一・三%、一九七〇年には一六・七%、一九八〇年には二五・九%、一九九〇年には二七・九%と推移してきたが、[8] 一九九七年から二〇〇六年には、三三%前後で停滞している。二〇〇七年には、三四・三%である。一九五〇年から一九九五年までの間のバカロレア取得数のテイクオフは、紛れもない進歩であった。その実際のレベルについてはとかくの議論があるが、根拠のある議論とは言えない。一九八一年から一九九五年までの新兵に対する推理・論理テストは、知的レベルが全体として一八%近く上昇したことを示している。学歴水準が同じ者では、成績は一定しているが、バカロレア取得者については、軽微な上昇が見られる。[9] 住民中のバカロレア取得者の比率の増大は、全体としての知的能力の水準の上昇を意味するのである。

普通バカロレア取得者の比率が各年齢層の三分の一に止まっているからといって、住民の平均水準の上昇が止まるわけではない。それは、バカロレア取得率が三三％より低かった旧い年齢層がすっかり姿を消すまでは続くはずである。この比率が変わらないとしても、住民の平均教育水準の上昇は、その速度を緩めながらも、二〇五〇年まで続くことになる。

したがって学校的尺度からすれば動きの止まった社会とよく言われるが、その考えは幻想である。しかし強力な幻想であって、社会的・政治的空気には影響を及ぼす。それはそれとして、教育的休止があるのは明らかなことではある。

一〇年以上前から、年齢層ごとに測定される進歩は、停止している。技術バカロレアと職業バカロレアの増大を考察するまでもなく、現在の状況は新しいタイプに属する状況であると断定することはできる。バカロレアの伸張がストップしたというだけで、現今のフランス社会の特徴となった学校絡みの鬱状態が醸成されたのである。文化的悲観論が蔓延し、歴史的現実から離れて、いたずらに衰退感を産みだしている。何もかもうまくいかない、学校も社会も解体していく、過去はあれほど知的であったのに、という具合に、懐旧の念が支配しているのだ。こうした空気の蔓延が、アラン・フィンケルクロートやフィリップ・ミュレイといった評論家の影響力の増大の原因となっている。この二人の著作家の気質と著作が悲観的なのは、フランス青少年の教育上の成績が停滞を始めるよりはるか以前からのことである。フィンケルクロートの『思考の敗北』は一九八七年に刊行され、ミュレイによる風俗慣習批判は、一九八五年から二〇〇六年という長い期間にわたって発表されたものである。[10]

文化的悲観論は、右派の専有物ではない。二〇〇七年のある晩、私はある三十歳代の社会主義者が、フィリップ・ミュレイとセリーヌ〔反ユダヤ主義、対独協力派の作家〕を称讃するのを耳にして、不愉快な驚きに不意を突かれた。彼は社会党内左派に属しており、つまりネオリベラリズムの決り文句からは解放された人物だった。反資本主義の立場ゆえに理論上は左派に数えられるジャン＝クロード・ミシェアのような著作家も、反動的な退行の主題系の流布に完全に参入している。彼の著作、『無知の教育』の中では、教育の破局は、資本主義に内在する必然性というかなり月並みな解釈で説明されている。教育史についての解釈の中には、このような唯物論的、神学的、パラノイア的説明法を特徴とするものが、あまりにも多い。[11]

とはいえ、文化的悲観論の代表作は、必ずしも取り立てて学校に固着しているわけではない。ニコラ・バヴレスの『転落するフランス』の中では、経済、外交、統合、世俗性、軍隊、研究という具合に、ありとあらゆるものが、そのスピードと全面的規模からして、一九四〇年〔のナチスに対するフランスの潰走〕を思い出させる潰走の中で、我先に逃走している。[12] 清潔でかつてなく発達したフランスという国を時速三〇〇キロで縦断するTGVの車中で、この本を読むという鍛錬を実践するなら、誤った自意識という概念がほとんど物質的な手で触れることができるものとなって迫ってくる。それはそれとして、この本がわが国の上中流階級の間でヒットしたというのは、きちんとした世論調査よりも意味深い、重大な兆候であることに変わりはない。フランソワ・ラングレが記しているように、このような類いの悲観論は、われわれを三〇年代、すなわちものを考える諸階層のかなりの部分が絶望的な時代として経験したもう一つの時代へと、われわれを連れ戻すのである[13]。

文化的悲観論は、左と右の概念を超越する、というよりか、一つの空間、左派の者と右派の者が出会うことのできる、まさに「嘆きの壁」と呼ぶべき場所を作りだす。しかしこの崇拝の場所は、やはり右にあるのである。過去を理想化することによって、常に懐旧の念はやがては反動的姿勢を産みだすことになるのであるから。あれの方が良かったのだから、あれに戻ろうではないか、となるのだ。早くも二〇〇二年に、ダニエル・リンデンベルクは、『静粛命令――新たな反動派についての調査[14]』の中で、重要な点を掴んでいた。ただ彼はあいにく、フランスには、右派になるには新たな反動派のやり方以外にも手はあるということを、われわれに思い起こさせるのを忘れてしまった。つまりネオリベラルなヨーロッパ、自由貿易、賃金の圧縮を受け入れるという手が。

空虚VS空虚――国民共和主義VS単一思考

二〇〇八年のフランスでは二つの支配的な政治的・社会的思想が相対峙しているが、そのどちらも、十全な意味でイデオロギーという語に値すると考えることはできない。イデオロギーとは、国民もしくは階級の団結の用具にほかならないが、そもそも未来と行動を志向するものである。宗教と同様に、理想の国の実現を予告し要求する。しかしいわゆる単一思考の存在は、マーストリヒト条約によって明るみに出されたものであるが、この単一思考（もやは「単一」ではなくなった）も、一九九五年から二〇〇〇年の間に、それへの反動として出現した国民共和主義も、未来や行動を語ることがない。

単一思考は基本的にパングロス的なものである。パングロスというのは、ヴォルテールの小説『カンディード』に登場する戯画化されたライプニッツ信奉者であるが、単一思考のネオリベラリズム的信条とは、パングロスのそれと同じく、「この能うかぎりの最善の世界ではすべては申し分なくうまくいく」というものである。自由貿易によって地球上いたるところに拡大した市場は、見えざる神のように調節を行なう、というわけだ。この自動化された世界で人間に依頼されるのは、受動的適応が精々である。通貨の不安定、インフレーションの再来、生活水準の低下を特徴とする、現在の無秩序な経済状態にあって、このような教義は、人々を行動へと動員し、より良き未来を提案すると称することはできない。国民共和主義は、一九九八年から二〇〇七年の間に、これに対抗してバランスを取るためのカウンターウェイトの思想以上のもの、ほとんど支配的思想と言えるものとなったのだが、こうして考えてみるとやはり空虚なものであることに変わりはない。これのトーテムとして使えそうなのは、〔アニメ映画『白雪姫』に登場する小人〕「おこりんぼ」である。ヴォルテールではなくて、ウォルト・ディズニーというわけだ。パングロスの「この能うかぎりの最善の世界では、すべては申し分なくうまくいく」が、単に「能うかぎりの最善の世界では、すべては申し分なくうまくいっていた」に替わっただけの話だ。この素晴らしい世界というのはもちろん、われわれが若かった頃の世界である。なにしろ国民共和主義とは、ある一つの年齢層の思想、と言うよりはむしろ、気分であることに間違いはないのであるから。国民は生き生きと生きていた。共和国も生きていた。学校、世俗性、その他諸々も、生き生きと生きていた。それらすべては今では、過去に固着した国民統合の夢にすぎず、しかもその夢は、スラム街のことも、スターリニズム、教会の聖水盤、非合法堕胎、一九六八年でもまだ二〇‰に達していた幼児死亡率——今日では三・五‰——のことも忘れている。そのことを思い出すのに、なにもわざわざ統計を援用するまでもない。あの五〇年代の薄汚い寄宿学校が描かれている『コーラス』(*3)のような映画の中に、より多くの歴史的真実が見えるのである。国民共和派が構築した懐旧的な言説の数々におけるよりも。

反動的思想というものは、その最も確実な足場を、悪しき歴史認識の中、文化的規範の固定性というファンタスムの中に見出すものである。例えば、今日七〇歳代、六〇歳代、五〇歳代の人は、〔パリ〕郊外のアクセントが耳障りでしようがない。いやいや、否定なさるには及びません。フランス語の発音は変化しており、マグレブ起源のイントネーションの闖入は、熟年以上のフランス語話者を動揺させずにはいない。彼らは、私もそうだが、変化しようとする自負も心積もりさえもないのである。したがって彼らはまことに当然ながら、現在進行中の変化を歪んだ変形、損傷、退行と解釈する。昔はモリエールの言語〔フランス語〕をもっとうまく話していたものだ、というわけである。ところが彼らがもし一七世紀の発音を復元して上演したモリエールの劇の科白を聴かなければならなくなったとしたら、どんな反応を示すだろうか。ノルマンディかニヴェルネの百姓を思わせるような訛りに、彼らの大部分は訳が分からなくなってしまうだろう。Rの発音は巻き舌だし、オワはウエになっている。「ル・ロワ・セ・モワ」（国王は私だ）は、「ル・ルルエ・セ・ムエ」となる。近代の「オワ」は、パリの民衆の訛りから来ており、今日、教育を受けた人々にとって、また全体としての都市住民にとって、正しい形態とされているだけの話である。[15] とはいえ、私は、北アフリカから持ち込まれたイントネーションが長期的に生き延びるとは思わないのだが、それはそれとして、訛りは、フランス文明の安定的中核に含められるものではない。それの変遷は、教育的・文化的変遷に大きく関与するものではない。しかし訛りとは別に、モリエールに登場する侍女たちの行動様式には、人類学的システムから派生する平等主義が顔をのぞかせている。

われわれの世界はもちろん危機にあり、多くの点で滑稽でもあれば心配でもある。しかし現在の変化にはプラスの側面もあることに目をつぶることはできないだろう。歴史とは本質的に矛盾的なものである。先進諸国では、教育は空回りすることはあっても、退行することはない。もしかしたらアメリカ合衆国でしばらくの間、退行することがあるかもしれないが。しかしそれと同時に、技術的革新のお蔭でコミュニケーションはより迅速になり、生活は客観的に言ってより興味深いものとなっていく。新しい世界が作りだされつつあるのだ。それゆえに、貧困化が進行中の青少年は、むざむざと絶望に身を任せてばかりもいられない。住むところを見つけ、適正な賃金の仕事を見つけるのに苦労しているが、それにしてもインターネット、格安航空券、携帯電話で切り開かれる世界は、年長者たちの世界よりははるかに拡大した世界なのである。

このように矛盾が現に存在するがゆえに、グローバリゼーションと世界化とを区別すること(＊4)が不可欠なのである。「グローバリゼーション」は、盲目的な経済金融のメカニズムであり、いまやそのマイナスの結果をわれわれは実感している。「世界化」の方は、それよりははるかに広く拡散的なもので、地球上のさまざまの文化が心性的に互いに開放し合うということである。そしてこの概念は、プラスの含意《コノテーション》を持つのでなければならない。ところが単一思考も国民共和主義も、この区別を明瞭に行なっていないのである。

サルコジ主義は、行動、もとい、無為によって、以下のことを実証するという手柄を立てた。すなわち、単一思考と国民共和主義は互いに対立するものではなく、ともに等しく何の計画も持たないがゆえに、重ね合わせることができる、ということを。大統領候補サルコジのためにアンリ・ゲノが書いた燃えるような演説は、何度も何度も、ほとんど呪文のように、単一思考を諸悪の根源と告発している。新大統領となったサルコジは、国民という観念への復帰を要求し、フランス人としてのアイデンティティとフランス人であることの誇りを称揚する。六八年五月の亡霊に対抗し、秩序と権威を推賞する。しかし実際の政策としては、シラクのように、あるいはどんな社会主義者の財務検査官とも同様に、労働市場の柔軟化、労働コストの下落、したがって所得の下落という、「改革」の道をたどり続けたのである。国民共和派のレトリックは、未来への関わりを持たず、行動への関連を持たない、空疎な決まり文句となってしまった。

歴史の方向——一六九〇年から二〇〇八年までの長期間における教育水準

コンドルセのような啓蒙思想家たち、デュルケムのような一九世紀末の社会学者たちは、教育の発達を自律的で第一義的な変数と考えていた。〈歴史〉の中を〈精神〉が前進するという壮大なヘーゲル的ヴィジョンは、ことさら必要ではなく、経験的なやり方で観察するだけで、識字化のテイクオフが工業化のそれより前に起こったことが見て取れたのである。読み書き計算を習得する社会集団が、ますます増大していくということが、一八世紀・一九世紀の人間に、歴史の推進力とは、知的な面で上昇することができる人間の能力であることを明快に指し示していた。彼らには、経済的発展は、教育水準の上昇の論理的帰結であると見えた。二〇世紀に入ると、マルクス主義が、次いで裏返しのマルクス主義者であるネオリベラリズムの徒が、やがて経済の優位という、今日では支配的な観念を押しつけるに至ったのである。「史的唯物論」という奇妙な教義には、経済の動きの土台をなす技術とは、その本質からして、人間の知性、すなわち精神を、物質と物質的環境の変形のために適用することにほかならないということが、どうやら見えなくなっているらしい。このパースペクティヴの錯誤こそ、スターリニズム、毛沢東主義、ブッシュ主義（時代とシステムをその都度、人物の名の下に示すのなら）の実験に共通の幻想の源泉である。

われわれはこのような幻想に取り込まれることなく、長期間にわたる教育の動きが描く曲線を、まずはフランスについて、極めて単純なやり方でたどることができる。この曲線は、プラスあるいはマイナスの政治的・文化的時代状況を決定する根本的脈動を示してくれるだろう。社会の基底における識字化に関するデータは、一六九〇年頃にまで遡ることができる。その頃から、新郎新婦が婚姻証書に署名しているかいないかによって、二〇歳から三〇歳の青年の教育水準を推定できるようになる。一九世紀初頭からは、新兵の教育水準に関するデータの他、人口調査から引き出された統計によって、より正確な推定が可能になる。やがて統計学の時代になると、中等・高等教育も発展するようになり、資料調査上の困難はほとんどなくなるのである。

婚姻証書への署名に基づく青年の識字率は、一六八六年から一六九〇年のフランスにおいては、男子について二九％、女子については一四％であった。一七八六年から一七九〇年、大革命の勃発の時には、男子は四七％、女子は二七％であった。パリ・コミューヌの直後、一八七一年から一八七五年では、署名能力のある男子は七八％、女子は六六％に上っていた[16]。

一九一一年の国勢調査によって、一八八一年に二〇歳から二四歳であった男女の間での文盲の比率を推算することができる。そこから推計される識字率は、婚姻証書への署名が示唆するよりもさらに高くなっており、男子は八六％、女子は七九％である（一八七六年には、男子八三％、女子七四％だった）[17]。署名による分析は識字率を過小評価する結果になりがちかどうか、人口調査の検討はそれを過大評価する結果になりがちかどうかは、何とも言えない。

一九一一年において、二〇歳から二四歳の識字率は両性について九六％だった。実はこの時から、女性の教育水準が、女性は九六・三％に対して男性は九六・〇％という具合に、男性のそれをやや上回るようになる。文盲についての近年の論争の結果、単に読み書き能力を持つと言明するだけでは、一定の機能的文盲率の存在を覆い隠してしまうことが示唆された。機能的文盲は、すでに一九一四年の戦争〔第一次世界大戦〕の直前に存在していたが、一九八八年以来行なわれた調査によって、明るみに出され、測定されたのである。(18)

教育の行政史をまとめることも、もちろんできる。それは、村ごとに一つの小学校を開設すべきことを定めた一八三三年のギゾー法から、義務教育を一六歳まで延長した一九五九年のベルトワン法、初期中等教育をコレージュ〔中学〕に一本化した一九七五年のアビィ改革にまで及ぶ。とはいえ、長期間にわたるデータを検討するなら、教育と知性の面で上へ上へと高まるというのは、人間個々人本来の最も重要な傾向であるということが、示唆されるのである。マッジョーロによって集められたデータを見ると、一八世紀全体を通してゆっくりと進行し、ついには一七八九年の大革命の直前におけるほとんど過半数の青年の識字化にまで至る、自然発生的成長を観察することができる。この結果をもたらしたのは、国家による政策ではない。一九世紀に入ると成長は加速化し、とくに女子において著しい。この頃から識字化が意識化され自覚されるようになり、また中央集権化された行動が始まる。しかし、国家が法制化する以前に、すでに大筋の動きは実行されていたのである。義務教育は第三共和国によって一八八二年に決定されたが、その時には識字化の大部分はすでに実現していた。上昇のカーブを見る限り、共和国の伝説が語るところとは反対に、ギゾーの方がフェリィより重要であることが分かる。(*5)国家が最小限の資金を家族の用に供するだけで、たちまち前進の速度は速まったのである。この動きの中で作用しているもの、それは根本的には、人間精神の自律的な傾向である。第三共和国は、連綿と続いてきた動きをゴールに至らせたということしかしていない。そしてその動きは、一七世紀から始まっているのではなく、中世から始まっている。印刷術の発明とプロテスタント宗教改革が、ヨーロッパ規模で、アクセルを踏んだわけである。

人間精神の進歩は、初等教育の段階には留まらない。中等教育が第二段階をなすが、その発達は、フランスでは長い休止の後にようやく動き出した。第二次世界大戦直後まで、リセはブルジョワの特権であり、大衆には閉ざされたままだった。第六学級〔中学一年〕への就学率は、一九二五・二六年度には四・六%、一九三八・三九年度には六・四%と、両大戦間でほとんど動いていない。該当年齢層中のバカロレア取得率は、一八八一年の一%から、一九一一年に一・一%、一九二六年に一・六%、一九三六年に二・七%となっただけである。(19)このように若年層ではほとんど停滞と言える状態が続いたにもかかわらず、住民全体の平均教育水準は、高齢の文盲者の死亡によって、上昇を続けた。しかし両大戦間時代は、相対的には教育の停滞期で、その顕著な文化的相関物こそ、まさしく今日と同じような、文化的悲観論の局面であった。しかしそれでも人民戦線の歓喜の爆発は起こったのである。

第二次世界大戦の衝撃は、社会を再び始動させた。平和への復帰は新たな教育的テイクオフの開始を告げた。年齢層ごとのバカロレア取得者比率は、すでに見たように、一九五〇年には五％以下だったのが、一九九五年頃には三三％になった。高等教育の発達が、それへの入口であるバカロレアの発展の後に続いたのは、理の当然である。

大学生の数は、一九五〇年の二〇万人から、一九六〇年には三一万人、一九七〇年には八五万人、一九八〇年には一一七・五万人、一九九〇・九一年度には一七一・七万人となり、一九九五・九六年度には二一七・九万人に達する。その後、大学生の数はほとんど停滞局面に入る、とまでは言わずとも、少なくとも、極めて緩慢な成長局面に入った、と言うべきだろう。二〇〇五・〇六年度になってもまだ二二七・五万人にすぎないのだから。人口の安定性と学校的成果の安定性とが相まって、成長の停止が招来され、社会生活のリズムが産みだされる、というよりは、むしろ社会生活のリズムの不在を産みだす、と言うべきか。一九六八年の直前、人口の増加と高等教育への就学率の上昇とが相まって、社会全体に大躍進の感情、最も高度な組織・機関のレベルに若者が乱入してきたという感情を抱かせることとなった。しかし当時の大学生の数と比率は、今日のそれと比べれば、非常に少なかったのである。一九九五年以来続いている状態は、高止まりの停滞なのである。

アメリカ・モデル

ド・ゴール派と大西洋主義者〔対米協調主義者〕を同時に悲しませることになるかもしれないが、

われわれとしては、教育の停滞への突入については、フランスはトップクラスでさえないということを、認めなければならない。この場合もまた、フランスは、アメリカという見事なモデルの後を、三〇年ほど遅れてついていっているにすぎない。というのもアメリカ合衆国は、早くも一九六五年には、この現象を発見していたのである。それはアメリカの宇宙飛行士が月面を歩くのより、わずか数年前のことであった。良きにつけ悪しきにつけ、やはりアメリカ合衆国は、第二次世界大戦以来トップランナーなのだ。

しかしアメリカ合衆国は、そもそも建国時に、すでに他のいくつかの国々に伍して、教育の領域ではパイオニアであった。他の諸国とはいずれもプロテスタント国の、スウェーデン、プロイセン、スコットランドであり、やや劣るがイングランドである。『アメリカのデモクラシー』の第一巻の中で、トックヴィルは、初等教育に関するアメリカ合衆国の極めて大きな前進を観察している。とはいえ、解釈の面では大した結論を引き出しているわけではないが。彼はこれを、高等教育の分野での同国の遅れと対比している。その語り口はたしかに不器用ではあるけれども。「人口に対する比率を考慮した上で、世界でアメリカほど無知の人間が少ない国はなく、知識のある人間が少ない国もないと、私は考える。アメリカでは初等教育は、誰にも手の届くものであるが、高等教育は、ほとんど誰の手にも届かない。(20)」

トックヴィルは、アメリカが早期に学校的成果を実現したことの宗教的起源を見事に捉えている。

そして一六五〇年のあるピューリタン法典を引用している。「法は次のように述べている。人類の敵、サタンは、人間の無知の中に己の最も強力な武器を見出すのであり、われらの父祖がもたらした知の光明が父祖の墳墓の中に埋もれたままになってはならないことに鑑み、――子供の教育は、主のみそなわす、国家の第一の関心の一つであることに鑑み[21]、……」

一八八〇年に、アメリカ合衆国で生まれた住民総体の識字率は、すでに九二%だった。識字化は、青年にのみ関わることではなく、高齢者にも及んでいたから、すでに古くからの現象となっていたはずである[22]。第二次世界大戦直後、高等教育の発展は、こうした当初から保っていたリードに比例していた。しかし他の諸国をリードしていたがゆえに、アメリカ合衆国は、早くも六〇年代半ばからは、教育上の困難を経験し、実際に天井ないし踊り場に突き当たる。学士を取得する青年の比率は、一九四六年から一九五〇年の間に生まれた世代では、三〇%よりやや上で足踏みしていた。ところが一九五六年から一九六〇年の世代になると、二五%に落ちてしまう。しかしこうして高等教育を受ける青年の比率の安定化によって、平均教育水準の成長そのものが頭打ちになるには、まだしばらくの間があった。この二五%という率はその後三〇%に持ち直したが、いずれにせよこの率そのものが、戦前生まれの世代の率よりははるかに高いものだったからである[23]。

これと並行して、高等教育入学適性試験の成績は、六〇年代半ばから下がり始める。ＳＡＴ〔大学進学適性試験〕スコアは、一九六七年から一九八〇年までの間に、おどろくほどの低下を見せる。文章理解力と推論力の「言語能力《ヴァーバル》」テストでは、五四三点から五〇二点、数学テストでは五一六点から四九二点に落ちているのである。(24) その後、数学については持ち直しがあり、指標は底辺の水準のやや上に戻り、二〇〇五年には五二〇点となってはいる。しかし「言語能力《ヴァーバル》」テストは、二〇〇五年には五〇八点に貼り付いたままで、一九六七年の水準からは三五点も低い。とはいえ、低下は止まっている。この安定化前の低下という現象は、フランスでは観察できない。

しかしアメリカ合衆国でもフランスでも、一種の天井に達してしまっている。だからといって、至福千年説的な用語で、全般的崩壊と言うこともできない。停滞というのが適正な概念だろう。文化的悲観論の効果は、アメリカ合衆国でもフランスでも、広い範囲で同じように感じ取れる。というのも、戦後の楽観論的な前進を疑問視しようとするバックラッシュ（始動のクランクの逆転）が始まるのは一九六七年から一九八〇年までの間であり、それはやがて今日に至って全面的に展開するに至るからである。レーガンが開始した社会的・経済的反動の向こうに、共和党系右派の新反知性主義、広範な分野における抑圧的・退行的な宗教的感性の浮上、政治・文化生活の暗い色調を、想起しなければならないのである。この最後のものは、アメリカの伝統的楽観論よりは、ワイマール共和国時代のドイツの陰鬱な世相を思い起こさせる。

イギリスの楽観論

アメリカ社会とイギリス社会の間の言語的・文化的・ネオリベラリズム的親近性が示唆するとこ

ろとは逆に、イギリスは教育に関する動きでは、アメリカ合衆国に追随していない。もちろん、フランス・モデルも適用できない。

実のところフランスとイングランドは、一七世紀以来、一種の追っかけっこをしており、どちらかが先を行くと、今度は相手が追い越す、という具合だったが、現在に至って、相対的に成績が同等という状況にある。しかしシラク流の無為の後に、サルコジ主義の反知性主義が来るとなると、フランスは、出発点にそうであった遅れの立場に逆戻りする危険がある。

おそらく一七世紀前半に始まった第一段階の間、イングランドと、それに輪をかけてスコットランドという、プロテスタントの二つの国民は、カトリック国のフランスより、まことにはっきりとした差をつけて前進していた。カトリック国では文字を読むことは、異端への特権的近道、と教会から見なされていた。フランス大革命の前夜、婚姻証書に署名することのできる男性の率は、すでに見た通り、フランスでは四七％であったが、イングランドでは六二％だった。女性については、フランスでは識字率は二七％にすぎなかったのに対して、イングランドでは四〇％だった。フランスは、イングランドに追いつく作業の大半を、一九世紀に遂行した。フェリィ法施行の直前において、フランスの男性識字率は七八％で、それに対してイングランドでは八二％、女性識字率は、フランス六六％に対して、イングランド七六％だった。[25] 一九一四年の戦争〔第一次世界大戦〕の直前、両国の青年男子は、ドイツの青年男子と同様に、完全に識字化されており、近代戦の殺戮の知的準備がすっかり整っていた。したがって一九世紀には、フランスでは文化的推進力の加速化が起こったわけである。イングランドでは、逆だった。一七五〇年頃開始した産業革命は、その第一段階では、雇用の非熟練化、生まれ故郷からの剥奪、人口爆発、窮乏化を組み合わせたものであり、そのため男性は、一七五〇年から一八二〇年までの間、教育上の停滞に追い込まれ、その後も一八四〇年まで、極めて緩慢な進歩が続くことになる。女性については、規模の小さいプラスの動きへの復帰が、一八〇〇年には見て取れる。とはいえ、イングランドは、初等教育での競走でフランスに差をつけられることは一度もなかった。

産業革命の国を困難に陥れるのは、次の段階である。中等教育はイングランドでは、フランスにおけるよりもさらに閉ざされたままだった。[26] それはブルジョワジーの特権でさえなかった。それは実際に貴族階層だけに限られており、そのことが第二次世界大戦直後のイングランドの大学の遅れの原因をなしている。一九六〇年代のイギリス社会は、ビートルズ、ストーンズ、ザ・フー、それにミニスカートを産みだした。しかしイギリスでの中等・高等教育の前進は、現実に存在はしたものの、大陸で観察されたものに比べるとささやかなものに留まったのである。大学生の数は、一九七〇・七一年度には六二・一万人、一九八〇・八一年度には、八二・七万人、一九九〇・九一年度で一〇七・九万人である。同じ年度にフランスの大学生数は、一七一・七万人であった。フランスの大学生数を一〇〇とした場合、イギリスのそれは、一九七〇年頃で七五、一九八〇年頃には七〇、一九九〇年頃には六〇にしかならない。比率が減少しているのである。後期労働党主義とサッチャー主義はともに、イギリスの教育の進歩が近隣諸国に比べて極めて緩慢であった同じひとつの時期を代表している。一九七五年頃のイングランドの特徴だった優雅な落ち込み感は、こうした教育上の成績の凡庸さに関連づけて考えないわけにはいかないだろう。その後に来るサッチャーの反動をもたらしたのは、この落ち込み感だったわけだが。しかしその後に起こる再テイクオフの原因は、保守党が実現した産業の破壊に本当に帰すべきなのだろうか？

ブレア時代（一九九七年―二〇〇七年）は、社会的・文化的楽観性を特徴としていたが、この楽観性は、必ずしもあの時期のまことに相対的な経済的繁栄だけが原因ではない。失業率は低下したが、それは極端な低賃金の蔓延、不平等の凄まじい増大、年金受給者となった数十万の人間の労働市場からの退出、これらによって実現したのだった。しかしこの間、教育の動きは、単にプラスに留まったというだけでなく、一九九〇年から二〇〇五年までの間、目覚ましい加速化を記録したのである。まず学生数が大量に増加したが、それは高等教育の改革が行なわれて、「工芸学校」が大学として組込まれるようになったことによる、統計上の錯覚だけでは片付けられない。高等教育の学生総数は、一九九〇・九一年度から二〇〇四・〇五年度では、実に二倍以上に増加している(27)。これをフランスの学生数の増加と比較してみるなら、まさにイギリスは遅れを取り戻し、もしかしたらわずかに追い越したのだということが、直ちに分かるだろう。一八歳から二五歳の人口はほぼ同じなので、数値は直接比較することができる。すなわち、二〇〇四・〇五年度の学生数は、イギリスでは二四九・四万人、フランスでは二二六・九万人である。大学教育のレベルの厳密な比較は、ほとんど不可能なことであるから、イギリスが現実にフランスを追い越したと断定するのは難しい。

確かなのは、ブレア時代の楽観性は、ニュー・レイバー〔新労働党〕がネオリベラリズム的改革を受け入れたことよりは、こうした教育革命のお蔭であるということである。イギリスの実例を真似るというのは、労働市場を際限なく柔軟化し、教員の数を削減することではなく、むしろ教育機構を再び活性化し、公共支出を増やすことなのかもしれないのである。

原因の確定は可能か？

ここまで来ると、上昇、加速化、停滞、再開というこれらの動きの原因は何か、考えなければならない。もちろん私は、現在の停滞の完全な解釈を提出すると称するものではなく、せいぜい一つの仮説を提示するだけである。とりわけ、現在の停滞が一時的なものか、決定的・最終的なものか、断言する勇気はない。過去にも休止は観察された。イングランドでは産業革命の間に、フランスでは両大戦間時代に。そしてその後には、上昇運動が再び前進を始めたのである。だから、現在の天井が決定的なものであると断定するよう仕向けるのは、原則的悲観論くらいなものではなかろうか。

前進の停止の要因としては、フランスでもアメリカ合衆国でも、疑う余地のない明白なものが一つ突き止められるが、それは停滞への突入の直前の期間に統計的に観察することができる。それはテレビにほかならない。テレビというこの革新は、グーテンベルクの時代、すなわち印刷術の時代、読書が余暇の中核を占めていた時代に、終わりを告げた。テレビは、個人を口頭コミュニケーションの文化に連れ戻す傾向がある。娯楽と文化への受動的な関わり方を助長する。この新たな視聴覚用具が教育の進歩を停止させたとする仮説に対する真の経験的検証の端緒は、テレビ受像機の普及の統計を検討することによってもたらされる。アメリカ合衆国の教育停滞への突入が、他所よりも早かったのは、アメリカ合衆国が教育競走の先頭を走っていたから最初に上の天井に達した、というだけではなく、テレビがより早期に大量に発達したからでもある。一九五八年、人口一〇〇〇人に対するテレビ装備率は、アメリカ合衆国では二八七であったのに対して、フランスでは二二であった。アメリカ合衆国は、早くも一九六〇年には三〇〇という率に達するが、イギリスがそれに達するのは一九七二年、ドイツは一九七三年、フランスは一九七八年であった。テレビ競走でフランスはアメリカ・モデルに対して一八年の遅れがあったということが、教育停滞に入るのが三〇年遅かったことを説明する、かなり大きな要因である。

とはいえ、破局説に打ち沈まなければならない謂れはない。何しろテレビ時代は終わりつつあるのだから。インターネットは、若い世代を徐々に文字文化の優位へと立ち戻らせつつある。今日パソコン同士で議論し合っている青少年は、五〇年代の本を読む青少年より、どうやらより沢山の文を書いているらしい。もちろん単純化した綴りを用いて、であるが。綴りが乱れると心配する者は、一七世紀の作品の原稿を参照してみれば良い。われらが古典的伝統の創始者たちは、厳格な規則をあまり気に留めなかったことが確認できて、安心することだろう。

だから、テレビという重要な要因を、挙げることはできる。しかし、一つあるいは複数の原因を探し求めることは、優先事項ではないし、真の問題でさえない。大衆識字化の動きは、今日全地球規模で拡大を完了しつつあるが、この動きのこうした普遍性を直視すると、実のところ、原因という概念に対してある種の謙虚の思いを抱かざるを得ないのである。西暦紀元前第三・千年紀の始めにメソポタミアで文字が発明されてから、一六世紀における大衆識字化のテイクオフまでの間に、文字の普及の過程で多くの停止や退行が起こった。かつてのメソポタミアの空間を今日において占めているイラクが、その識字化を完了するのは、北西ヨーロッパのはるか後のことである。フェニキア人が子音表記文字を考案したシリア・レバノン沿岸部についても、同じことが言えるし、アルファベット文字の最終段階が実現したギリシアについてさえも、同じことが言える。古代における革新者たちは、今日では甚だしい遅れを取ったのである。しかし、最近五〇〇年間では、この動きはもはや退行を印したことはない。世界化とは、おそらくは何よりもまず、普遍的・全世界的なキャッチアップの動きであり、二〇三〇年頃に地球全体で識字化が完成するということなのである。

読み書きと基礎的算術への全般的到達、次いで中等・高等教育のテイクオフは、全体として、〈歴史〉の本質的基軸の一つをなすということは、認めなければならない。大文字の〈人間〉なるものについての理論的考察を行なっても、〈人間〉とは何かの理解を先に進ませてくれはしない。ここにおいて、人間とは何かを教えてくれるのは、〈歴史〉そのものであり、ある意味で、説明しなければならないことなど何もないのだ。加速化や動きの停止の解明に当たっては、本質的に重要なのは、長期間にわたる動きが普遍的にして不可抗力的であるという点にほかならないということを、視野から見失ってはならない。

とはいえ、現在の停滞が、これまでに数多くあったような休止なのか、決定的・最終的な停止なのか、われわれには分からないというのは事実である。この質問に答えるのは、哲学や心理学ではなく、〈歴史〉であろう。

読み書きの能力とは、単なる一つの能力ではない。それは人間の変化を前提とする。その能力の獲得は、外国語の習得と同じで、思春期以前では容易だが、それ以降では困難で大抵は不完全に終わる。外国語の習得が、子供が大人になる以前に実現されなかった場合には、必ず訛りが残るものである。つまりそれは、心的活動の深層に関わる変化なのだ。黙読は、内省の能力を発達させ、内向のポテンシャルを増大させる。読みの習得は、近代性特有の不安に苛まれる人間を作りだす。そのような人間は、まず最初にヨーロッパ人であった。やがて日本人、中国人、アラブ人、インド人、アフリカ人となるであろうが。識字化によって心性的に近代化された、このヨーロッパ人は、つい最近まで、かつての第三世界の住民からは、落ち着きなく動き回る、陰気で陰険な人間と見られていた。自殺率が、一歩ごとに識字化の発展の後をつけて上昇した。実はデュルケムが『自殺論』の中で研究したのは、このような勝利しつつも不幸な個人の出現であった。

原因をめぐるいかなる思弁も、ここに打ち捨てることにしよう。いまやわれわれは、読み書きの普及の最も重要な帰結の一つに、関心を向ける必要がある。識字化は、明白なことだが、民主主義につながっていく。それがなぜ、いかにしてなのかを、理解しなければならない。そして、教育停滞への突入は、現在の民主的価値観と実践の動揺の原因であるのかどうか、考えてみなければならない。

第3章　民主制から寡頭制へ

この第三・千年紀の初頭にあって、民主制は先進国で元気がない。イングランドならびにアメリカ合衆国とともに、近代的な代議的民主制が考案された三つの国の一つであるフランスは、この点で最も具合の悪い国の一つであるのは確実である。その住民は、その統治者たちに構造的に不満を抱いているように見える。選挙での棄権は増大し、実際の投票は、ますます制御不可能になり、選挙ごとにますます予想を越えた結果を産みだすようになっている。とはいえ、右へ右へと横滑りする傾向は見て取れるのである。一九九五年のジャック・シラクの最初の当選から、二〇〇二年のジャン＝マリ・ル・ペンとの決選投票の結果という奇妙奇天烈な彼の再選へ、次いで二〇〇七年のニコラ・サルコジの大統領就任へ、という具合に。

二〇〇二年以来、国民とその代表者とは、どちらが捕食者でどちらが獲物かよく分からない、猫とネズミの追いかけっこをしているように見える。二〇〇二年の大統領選挙の第二回投票に極右の候補〔ル・ペン〕が残ったこと、二〇〇五年五月にヨーロッパ憲法条約への「ノン」が多数を占めたこと、同年一一月の大都市郊外の暴動、これらの出来事は全体として、フランスにおける民主制の危機の公式の開始とも言うべきものを成している。これら三つの出来事が喚起するのは、指導者たちの手からすり抜ける社会、代表することがもはやできなくなった代議制である。コメンテーターの多くは、ニコラ・サルコジの当選を、「選挙を通じた参加の回復」とか「政治というものの危機からの脱出」としてわれわれに売り込もうとした。サルコジ主義はポジティヴな断絶であり、反体制的民衆を再び代議制のシステムに統合すること、国民戦線の支持者たちの共和国への復帰を意味するというのである。それは、代議士〔国民議会議員〕の選挙となると棄権率が一挙に上昇したことを、考慮に入れない言い草である。大統領選挙の第二回投票では一六％だった棄権率は、国民議会議員選挙の第一回投票では、三九・五％に跳ね上がったのである。

フランス人はその時、おそらくあり得るとは思えないものに直面したのだった。すなわち、超活動的なくせに無力な大統領が、家庭用アスレチック・バイクの政治版とも言うべきもののペダルを必死に漕いでいる姿である。移民や鉄道員のような弱者に対する彼の挑発も、教授たち――学校の成績が悪かったのは彼らのせいだとされた――への彼の攻撃も、結婚をめぐる彼の露出狂ぶりも、彼がかくも多くの前任者たちに続いて、以下のように体制の最速下降線をたどることに甘んじたという事実を、覆い隠すことはできなかった。すなわち、富裕者を優遇する、労働の柔軟性を増大させる、退職公務員の二分の一しか補充しない措置によって青年に対して公務員への道を制限する。そして結局、就任十カ月後には必要最低限の政策を始めるという、まことに月並みな仕儀に立ち至ったのである。しかしフランス人はこの出し物をすでに見たことがあった。断絶の男サルコジとは、その経済政策からして、速度の遅いシラクにすぎなかったのだ。「社会的断層」(＊1)の男、シラクは実際、諦めるのが二倍も速かった。何しろ彼の正統への復帰は、早くも一九九五年秋に、単一思考攻撃の大言壮語をたった五カ月続けただけのあとに起こったのであるから。そしてシラクの国民議会解散は、何と勇猛果敢だったことか(＊2)！　自殺行為ではあったが雄大であった。残念ながら今日、それと同じことが起こる気配はない。どう考えても、反体制民衆が近いうちに己の力を取り戻す態勢にあるとは思えないのである。
二〇〇八年二月、国民議会と上院は合同会議を開き、ヨーロッパ憲法条約の簡略化した形態であるリスボン条約を批准した。有権者は、自分たちの投票は今後は停止請求権としての効力しか持たなくなったこと、自分たちの意見が長期にわたって考慮に入れられるなどは論外であることを、理解しなければならなかった。二〇〇八年三月、フランス人は、二〇〇七年の大統領選挙に当たって自らが投じた票を大量に否認した。統一地方選挙の結果、全国の市議会の多数派を社会党候補に委ねることになったのである。これは、大統領とその与党UMPに対する反対票にほかならない。

ギィ・エルメが『民主主義の秋』の中で観察した通り、現在の政治実践は、「ガヴァナンス」と「ポピュリズム」という二つの様相を組み合わせる。この二つはしばしば矛盾的なものと考えられてきたが、それは誤りであり、この政治実践を、エルメは「新レジーム」と名付けるのである。

〔……〕仔細に眺めてみるなら、それは、ポピュリズムとガヴァナンスという二つのトーンの相互補完性が確立されつつあるというよりは、公務の処理の二つのモードの間の役割分担なのではないだろうか。一方には、選挙という競技の場におけるポピュリズム的かつ住民投票的《プレビシット》実践と、部分的には「市民社会」を代表すると自称する者たちの手に委ねられた地方業務における「参加型民主制」への依拠という組み合せ。他方には、全国規模、もしくは〔EUなどの〕地域規模、あるいは全世界規模での経済的、社会的、もしくは政治的な方向性に関わる事柄については、少数者のみが行使し得るガヴァナンスの管轄に属するメソード。こうした方向性は、有権者のあまりにも移ろいやすい気分に左右されることなく、現行メンバー間の選挙《コオプタション》で選出される行為者たちの間の交渉で決められるのである(1)。

エルメはここで、根本的な何かを捉えている。私としては、より伝統的な用語を用いて、民衆とエリート層の間の、民主制と寡頭制の間の緊張という風に言いたい。われわれとしては、これについて説明しなければならない。

教育による階層化とエリート層への拒絶——マーストリヒト条約

マーストリヒト条約は国民投票にかけられ、有効投票五一%をもってその批准が採択されたわけだが、それに先立って展開した論争の中で、「エリート層」と「民衆」の対比が、政治コメンテーターたちの常套句の一つとなった。それから一三年経って、ヨーロッパ憲法条約についての投票の際、それは再び盛んに議論されるようになった。しかしこの対比は、社会・職業カテゴリーを基準とするか、教育水準を基準にとるかによって、解釈が異なることになる。この二つの解釈法は、相互補完的ではあるのだが。

1992 年と 2005 年の反対票

（社会・職業カテゴリー）	マーストリヒト条約 1992 年	ヨーロッパ憲法条約 2005 年	増減率
上級管理職・知的専門職	30	38	+8
中間的専門職	43	54	+11
事務労働者	56	60	+4
生産労働者	58	81	+23
小商店主・手工業者・企業主	56	55	-1
退職者・無職	45	44	-1
（教育水準）			
高等教育修了証書所持者	29	43	+14
バカロレア	39	59	+20
ＢＥＰＣ・ＣＡＰ・ＢＥＰ	60	68	+8
修了証書なし	37	60	+3

ＢＥＰＣ：中等教育前期課程修了証書。
ＣＡＰ：職業適性証書。
ＢＥＰ：職業教育修了証書。

一九九二年のマーストリヒト条約の国民投票においては、社会・職業カテゴリーは確かに満足すべき説明力を持っていた。生産労働者は五八％、事務労働者〔訳者解説参照〕は五六％、手工業者・小商店主・企業主は五六％が反対票を投じた。反対は、中間的専門職では四三％にしか達せず、上級管理職・知的専門職では三〇％そこそこであった。退職者と無職は、反対が四五％にしかならず、賛成の勝利に貢献することになった。しかし教育水準による票の分布は、さらに規則的な様相を呈し、極限値と極限値の隔たりは最大となる。高等教育を受けた有権者では、反対は二九％だが、ＢＥＰＣ〔中等書を持つ者では六〇％になる。ＣＡＰ〔職業適性証書〕もしくはＢＥＰ〔職業教育修了証書〕という最底辺の証教育前期課程修了証書〕、ＣＡＰ〔職業適性証書〕もしくはＢＥＰ〔職業教育修了証書〕という最底辺の証書を持つ者では六〇％になる。〔教育水準が高い者と上層カテゴリーにおいては〕教育水準による票分布と、社会・職業カテゴリーによる分布とは、極めて近い。なぜなら、「上級管理職・知的専門職」カテゴリーは、それ自体、修了証書の水準によって強く規定されるからである。しかし、教育水準による分布は、左派の生産労働者と右派の小商店主という、教育水準の低い二つの社会的・経済的集団を一緒にしているがゆえに、より有意的である。通常、政治の場では対立する姿を見せるこの二つの集団の投票に共通の分母を顕在化させるわけである。

二〇〇五年のヨーロッパ憲法条約についての投票の際、反対は投票数の五五％近くに達し、大差で賛成を上回った。これに対しても二種類の分析手段は、やはり有効性を保っているが、社会・職業カテゴリーによる分布の方が、説明能力における従来通りの優位を確認したと言えよう。生産労働者においては、反対は八一％に達した。この極限的数値は、フランス世論調査会社の調査が出したもので、すべての世論調査機関によって確証されているわけではない。しかし他の機関もこれと大差のない比率を報告している。したがって、一九九二年と二〇〇五年の間の反対票の増加は、生産労働者の世界では二三％となっている。事務労働者においては、反対票は六〇％であるから、増加は四％に留まる。小商店主・手工業者・企業主では、反対票は、五五％という高水準でほとんど変化せず、一九九二年より一ポイント下がっただけである。中間的専門職カテゴリーは、管理職カテゴリーと訣別して反対陣営に移り、五四％の反対票を投じた。一九九二年と二〇〇五年の比較では、一一ポイント増となる。彼らの動向によって、有権者全体による憲法条約の否認が実現したわけである。退職者と無職のみは動きを見せず、反対票はわずか四四％に留まった。上級管理職・知的専門職は、反対票の優勢に最も頑強に抵抗するカテゴリーであり続けたが、弱体化は否めない。何しろ彼らにあっても、反対票が三八％に上り、一九九二年に比べて八ポイントの上昇を示しているのである。年齢ごとのデータは、退職者の投票行動の安定性が示唆するところを確証する。反対へと動いたのは、管理職の中でも若い層だったのだ。

一九九二年には、高等教育の修了証書所持者とＢＥＰＣやＣＡＰやＢＥＰを持つ者との間の差は、三一ポイントという最大値を示していたが、二〇〇五年には、この差は二五ポイントに落ちている。反対票の増加は、高等教育の修了証書所持者においてより大きかったからである。しかし二〇〇五年において、生産労働者と管理職の間の隔たりは、四三ポイントに達している。根本的に社会的・経済的な分極化が起こった印である。

ここでもまた、現在を理解するには、近年のデータだけで済ますことはできない。長い期間を対象とする検討のみが、民主制の開花と現在の危機について、教育上の変化が果たした決定的に重要な役割の測定を可能にしてくれる。出発点においては、教育上の変化の方がはるかに重要なのだ。次の段階になると、社会的・経済的衝突が、政治生活の最も重要な決定因として立ち現れることになるのであるが。文化的断層が、社会的・経済的断層に先行したわけである。

大衆識字化と民主制の出現

フランスでは、政治哲学が民主制に関心を向けた場合、大抵は民主制というものを、何らかの内的論理を持ってはいるのだろうが、どこから由来するとも知れぬ内側に閉ざされたシステム、と定義する。トックヴィルは民主制の到来の中に、「神の摂理による」不可抗力的な現象を見ていた。いくつかの厄介な側面が付随するのは困ったことだが、民主制自体は、確認し、受け入れるほかはない、そうした現象と考えたわけである。彼の考えは今日支配的であるが、その理由には良いのと悪いのがある。『アメリカのデモクラシー』は、相変わらず好んで読まれているが、社会学とジャーナリズムの素晴らしい混淆であるその第一巻は一八三五年の刊行、より思弁的で論理学者然とした第二巻は一八四〇年の刊行である。しかし今日トックヴィルに異論を呈する者より彼の遺産を継承する者の方が数多いのは、平等は自由にとって脅威となるとか、個人主義は自己矛盾に陥る傾向があるといった、いくつかの平凡なテーゼのためでもある。(2) 実情は、不平等感が再び高まっている今日にあって、トックヴィルというノルマンディの貴族がトーテム的形象となった、ということである。彼を流行らせたレイモン・アロン以来、貴族的出自とはほど遠い多くの大学人が、トックヴィルに自己同一化を行なっている。かつてあれほど多くの小ブルジョワ知識人が、カール・マルクスに自己同一化を行なったように。同じ社会集団でも、時代が変われば夢も変わる。昔は平等への熱望を抱いていた彼らは、今日では、己が無教育な平民から脅かされる知識エリート層と感じているのである。

トックヴィルはまた、大西洋の両岸をつなぐ絆の象徴でもある。サルコジのNATO擁護の扇動と、一八三一年のアレクシス・ド・トックヴィルの慧眼で、物憂げで、嫌悪を秘めたアメリカ合衆国研究との間に、インスピレーションの同一性を感じ取るのは難しいが。われらが優雅なノルマンディ人は、〔サルコジのように〕ニュー・ハンプシャーの海岸でヴァカンスを過ごそうなどとは決してしなかっただろう。彼の書簡が示すところだが、民主制的風習にうんざりした彼は、研究旅行の予定を短縮してしまった。つまり彼の称讃すべき点は、民主制が不可避であることをしぶしぶ認めた、ということ以上ではないのである。

さてそこで現代の政治哲学は、民主制の危機の根源を、民主的個人主義がはらむ内的矛盾の中に探し求めようとすることになる。私としては、その目録をここで開陳するつもりはない。ただ、とくに代表的な一例を引くだけに留めよう。それは単純化された、堕落した例でさえあり、一種トックヴィル主義のエントロピー的極限状態とも言うべきものであるが、ギィ・コックの著作から取られたものである。そのタイトルは、『民主主義は教育を不可能にするか』という典型的に文化抑鬱的なものであり、時代の精神に打ってつけである。

民主主義は、疎外から解放された、完[illegible]間、理想的共同体の中にあるより良い人間性を、自動的に作りだすわけではない。民主的社会が出現させる個人というものの、両義性を知覚する必要があるだろう。

トックヴィルを想起しようではないか。彼の考えでは、民主主義はそれ自身に対する危険を含み持っている。それというのも、民主的個人とは、その行動、その態度、その主張そのものからして、新たな専制権力を孕み持つものなのだ[3]。

トックヴィルを正典化してしまうと、われわれは必要な批判的精神を失ってしまう。彼は、民主主義の出現の原因の至近距離すれすれまで接近したかもしれないが、見事に取り逃がしたのである。その原因とは、大衆識字化にほかならない。ヨーロッパの歴史のこの大衆的な中心的現象は、民主主義の進歩をもたらしたが、いささかも「神の摂理による」ものではない。人が読み書きを習うのは、それが何かの役に立つからである。それは無数のことに役立つ。聖書を読むなら、神と対話することができる。使用法を読むなら、機械を使うことができる。他の人間と同等の者になるため、「民主的個人」になるために、読み書きを学ぶわけではない。知的により優れた者になるために学ぶのである。もっとも、すでに見たように、初等教育の発展にとって非常に重要であったギゾー法を制定したギゾーは、プロテスタントの大臣で、一八四八年に、納税額に応じた制限選挙制度の最も偏狭な考え方を強硬に主張したために、失脚した。

何が真相かというと、宗教改革以来、読み書き能力の漸進的普及こそが、民主主義の開花を引き起こしたのである。それは実際上、不可抗力的な動きであった。文書というものは、まず初めは聖職者の特権であった。次いで商人の、貴族の、職人の特権となり、やがて労働者と農民に広がったのである。識字化の過程そのものが、すべての社会集団、すべての個人が、経済的ステータスの差を越えて、何か共通のものを持つ世界が生まれたという感じを抱かせる。極端な言い方をすれば、識字化とは、条件の平等としての限りでの民主制の誕生そのもの「である」と言っても構わない。政治的民主化とは、結果であって、原因ではないのである。

トックヴィルの名誉のために強調しておくなら、識字化の進歩についての統計学的研究は、当時、始まったばかりであった。最初のフランスの識字化分布地図は、一八二六年にデュパン男爵によって作成された。その『フランス民衆教育絵地図』は、大変な反響を呼んだ。活発な論争を巻き起こし、一八三三年のギゾー法制定の理由の一つとなったのである。それらの議論は必ずやトックヴィルの耳に達していたに違いない。彼は、アメリカ社会の教育水準の高さについて記述した時、識字化という変数を念頭に置いていた(4)。しかしフランスの教育の進歩の加速化は、デュパンの分布地図が出た一八二六年から『アメリカのデモクラシー』の第二巻が刊行された一八四〇年までの間には、把握されるべくもなかった。というのも、識字化の動きが加速化して、フランスにおける民主主義の圧力を高めるのは、十九世紀の全期間を通じて進行した事柄であるからである。それは一八三〇年の革命、一八四八年の革命、一八四九年の社会主義的民主派の勢力伸長、パリ・コミューンを、次から次へと引き起こし、やがて世紀末に至って、第三共和制の勝利と、労働運動の開始を招来することとなる。

教育と革命

一九六〇年代を通じて、戦後の教育熱の昂揚によって、歴史家たちの教育への関心は、フランスでも、イングランドでも、アメリカ合衆国でも、再び高まっていた。一九六四年と一九六九年に、ローレンス・ストーンの二つの決定的な論文が発表された。それは、読み書きの普及こそが、一六四〇年のイングランド革命、一七八九年のフランス革命、一九一七年のロシア革命の、基本的条件であるとしていた。

もし識字化に関するわれわれの数値が正しいなら、それは大まかではあっても、イングランド革命、フランス革命、ロシア革命という、西洋の三大近代化革命は、男性の識字率が三分の一と三分の二の間にあり、それ以上でもそれ以下でもない、そうした時に起こっているということを示唆している(5)。

一六四〇年に、当時のメガロポリスたるロンドンの男性住民は、半ば以上が識字化されていた。イングランド革命は、次から次へと、クロムウェル、チャールズ一世の斬首、水平派を産みだした。

この水平派は、数十年前には考えられなかった平等主義的な用語で社会を考えた急進的グループである。[6]「パンフレット」が盛んに出回ったという事実が、イングランドを沸騰させたイデオロギー的・宗教的な熱気の中で、文書というものがいかに重要な役割を果たしたかを証明している。

それから一世紀半、今度はフランスが革命に突入する番であった。一七八九年、全国三部会が招集された時、婚姻証書に署名することのできる個人の比率は、まだ男性では四七%、女性では二七%にすぎなかった。しかしマッジョーロの調査に基づいて作成された分布地図（本質的な部分では、デュパンが作成した最初の分布図を確証している）は、パリ盆地では男性は識字率五〇%のハードルを大幅に越えていることを示していた。[7]一一の県で、署名の比率は七〇%を越えていたのである。ストーンの仮説は、パリ盆地という地方だけを特定するなら、完全に成り立つわけである。十九世紀には、識字化は、とくに西部および南部の諸州で加速化した。パリ盆地以外でもイデオロギー的活発化が見られるのは、これで説明がつく。一八四八年から一八五一年まで、パリの民衆地区が相変わらず主導的役割を果たしたのはもちろんであるが、一八四九年には、ジュラ県からドルドーニュ県とアルデッシュ県へと延びる中央ベルト地帯沿いにも、社会主義的民主派の躍進が観察される。さらには一八五一年一二月二日の〔ルイ＝ナポレオン・ボナパルトの〕クーデタに反対するヴァール県の村々の蜂起も、忘れてはならない。

識字化と革命の結合の例は、中国革命やイラン革命といったより最近の出来事を含めれば、いくらでも挙げることができるだろう。しかしこの結合は、プロテスタント宗教改革によってヨーロッパで始まり、ついには地球全体に広まった大衆識字化の最終段階のみの特徴ではないのである。それ以前にもいくつかの教育上のテイクオフがあり、それらは全地球規模の人類史という展望に立って考えれば、挫折したということになろうが、それでも読み書きと民主制的生活との結びつきを窺わせるものがある。とくに、古代における民主制の観念が誕生したアテネの場合がそうである。アルフレッド・バーンズによれば、アテネ社会はかなり広範に識字化されていた。読み書き能力が十分に広まっていなかったなら、ポリスの民主的諸制度は機能することができなかっただろうし、われわれが理解することもできなかっただろう。(8) 他のところではなくギリシアで、読み書きの日常的慣行が出現したということは、実際のところ驚くべき意外なこととは言えない。ギリシア人は、周知の通り、子音と母音を組み合わせた完全にアルファベット型の文字を用いた最初の民である。この文字が「ギリシアの奇跡」の出発点となったことには、疑いの余地がない。

識字化が民主制の伸張に主導的役割を果たしたことは、もう何年も前にストーンの論文を読んで以来、私には自明のことのように見えた。しかしこの仮説が全体として、フランスの政治哲学の中に不在であることを発見して、私はある種の意外な驚きを禁じ得なかった。マルセル・ゴーシェの民主制の到来に関する一大絵巻の中に、「識字化」が登場するのはずっと後の方なのである。しかも、産業社会が開花するために、人は読み書きを学ばなければならない、というエルネスト・ジェルネールの誤りを、そのまま取り入れているようなのである。(9)

ピエール・ロザンヴァロンは、フランスにおける普通選挙の出現についての見事な著作、『市民の戴冠』の中で、読みの能力と大衆の政治参加との間の関連を観察しているが[10]、教育というものを、啓蒙の時代のイデオローグたちと、あらゆる時代の共和派の関心事の一つとして提示するのみである。つまり彼らは、民衆が国家の生活に参加できるようになるために、民衆を教育しなければならないと判断していた、というわけである。このようにロザンヴァロンは、識字化へと向かう住民の自律的な動きの存在に気づいているようには見えない。しかしこの歴史的現象は、フランス革命のはるか以前に開始しているのである。しかし、一八世紀の啓蒙思想家たちもやはりそれに気づいていないのである。

教育上の階層化の再開と寡頭制の誘惑

フランスは一九一四年〔第一次世界大戦〕の前夜、少なくとも青年男女については普遍的識字化の段階に達した。フランス人は、新聞を読み、ビラやお祈りや、使用法を読むことができるようになっていた。しかしリセ学生、バカロレア取得者、大学生の数は、微々たるものだった。〔中等教育以上の者は、例外的で〕教育上の同質性は最大であった。イデオロギーの黄金時代は、このような知の基礎的民主化に対応する。識字化は個人の確立を可能にする。読みの能力が、個人をより自己集中させ、内省の能力をつけさせるが、個人は新たなタイプの不安に陥りやすくなる。識字化の前進に伴って、自殺率、アルコール消費、精神病院への監禁件数が上昇したことが、その証拠である。しかしそのような個人は、まだ教育上の発達の、文字通り「初等」段階に留まっている。その段階とは、自律的な批判的活動よりも、文書への受動的な賛同を引き起こす方に適した段階である。この個人は、急進主義、無政府主義、共産主義、社会主義、民族主義、カトリック等の政治的・宗教的虚構の中に含まれる単純なイデオロギー的提唱を、受け入れるわけである。一九〇〇年から一九六〇年までの政治文化は、文書を通じてすべての市民が関わるものであったわけだが、ただしそれは受容という様態での関わりであった。識字化は、強力な政党と大規模な戦闘的政治活動の誕生を可能にした。要するに大衆が行進を始めたのである。

六〇年代半ばから、リセ学生、バカロレア取得者、大学生が数を増し、それによってフランスの教育上の同質性が破綻する。中等ならびに高等教育の進歩はもちろん当初は、識字化をきっかけとして始まった「民主化」の継続と受け取られていた。

六八年五月〔いわゆる五月革命〕は、終戦直後に生まれたベビーブーム世代が担ってきた、この新たな教育上の革命の結果であった。この出来事はド・ゴール主義精神の支配するフランスの安寧を揺るがしたが、この爆発は当然のことながら、当初は既成秩序の転覆、あるいはより慎ましく、左派の再生として解釈された。当時は、中等・高等教育システムの発達が、教育の不平等的配分を再び作りだし、フランスを再び階層化しつつあるということに、誰も気づかなかったのである。一度失われた同質的世界の再生を構想するには、高等教育の住民全体への拡大を想像する必要があるだろう。戦後の進展が沈黙していた点とは、中等・高等教育の「民主化」は、「平等は人間に本来的に内在するものである」という仮説を、ここで再び〈歴史〉による検証にかける結果に至るということである。すべての人間は、バカロレアと、その後に続く高等教育に到達する能力を持つのだろうか。教育上の前進が休止している現状にあって、コメンテーターたちは、この問いに対する答えを手にしていると考えている。もちろん、「ノン」という答えを。しかし歴史は長く、最終結論はまだ出ていない。中世において、全世界的に識字化された世界などというものを、一体、誰が考えただろうか。

とはいえ、いずれにせよ、社会が「初等教育修了者」と「中等教育修了者」と「高等教育修了証書所持者」とに分かれる、そうした中間的段階が必要であろう。ちなみに国際的な用語としては、「高等」という語は、否定的な象徴的負荷を帯びるようになりつつある。OECDの刊行物には、代わりに〔中等=第二次教育に続く〕「第三次」教育という用語が用いられるようになっている。「高等」という語が、現実に社会的な問題となっている確実な兆候である。

上昇運動の中にあったときは、文化的不平等が新たな形で再び出現したことは、気づかれぬままでいた。それが九〇年代半ば頃までのフランスの状況だった。それにしても民衆対エリート層の対立は、すでに一九九二年、マーストリヒト条約をめぐる論争の際に姿を現わしていた。あたかも社会は、教育上の階層化がわれわれの政治生活の特徴の一つとなることを予感していた、とでもいうように。早くも一九九五年からは、すでに見たように、年齢層ごとのバカロレア取得者の比率は、それぞれの年齢層の三分の一で止まったように見える。社会は文化的に異種混合的となったのである。

一九九九年の世論調査によれば、六〇歳以上の者では、「バカロレア＋2」(*3)は二・二パーセント、「高等教育修了証書所持者」は六・八％しかいなかった。比率は、四〇から五九歳では「バカロレア＋2」が七・一％、「高等教育修了証書所持者」は一一・六％、三〇から三九歳では、「バカロレア＋2」は一〇・八％、「高等教育修了証書所持者」は一二・八％、二五から二九歳では、「バカロレア＋2」は一四・一％、「高等教育修了証書所持者」は一四・一％、合計で二八・二％となる。この年齢層の教育上の成績が、この後の年齢層でも維持されるとした場合に限って、平均教育水準は、全体として「バカロレア＋2」と「高等教育修了証書所持者」を合わせて二八％という比率に達するまで上昇することになる。もちろんそれにはそれ以前の年齢層が完全に消え失せていなければならない。しかし、こうした二八％への前進は、社会の安定的分割をさらに強めることにしかならないだろう。一九九九年に、六〇歳以上の者にあっては、広い意味での「高等教育修了者」の比率は九％であったが、これは職を有する労働力人口の中での「上級管理職・知的専門職」の比率一〇・一％に近い。

上層の集団をそれ以外の住民と対比するだけで済ますわけにはいかない。教育階層の下の方では、

年齢別教育水準の分布

	修了証書なし	CEP・CAP BEPC・バカロレア	バカロレア＋2 高等教育修了証書所持者
25-29 歳	13%	59%	28%
30-39 歳	16%	60%	24%
40-59 歳	16%	65%	19%
60 歳以上	28%	63%	9%
合　計	19%	63%	18%

「修了証書なし」の比率にもまた意味がある。「修了証書なし」でくくられる集団こそ、不平等主義的な傾向を持つ新たな社会的感性が「下層」と呼ぶ集団に該当しそうだからである。それは、初等教育修了証書も、BEPCも、CAPも、BEPも、それより上の修了証書も持たない、教育革命から取り残された者たちである。一九九九年には、「修了証書なし」の比率は、六〇歳以上では二八%に達していたが、四〇から五九歳と三〇から三九歳では一六%、二五から二九歳では一三%に落ちていた。

もし社会を、ひとまず階層構成の物質的・経済的次元に目を向けず、教育水準によって分布する住民集合と考えるとするなら、一九五〇年から二〇〇〇年の時期の本質的現象とは、いささか矛盾形容的であるが、「大衆的エリート層」と呼び得るものの出現ということになる。貴族のフランスやブルジョワのフランスにあっては、高等教育を受けた者、もしくは家庭教師によってそれと同等の教育水準に達した者は、住民の中のほんの一握りでしかなかった。しかし現在では、最近の用語法によって「高等」もしくは「第三次」と呼ばれる教育水準に、市民の一〇%、一五%、もしくは三〇%が達しているとなると、彼らは厳密にはエリート層とは言えなくなる。エリートとは、少数者という概念を含むものだからである。すでに六〇歳以上でも九％、二五から二九歳で二八％の人間を含むエリート層とは、同時に大衆でもある。何しろ基本的計算単位が、数千から数百万へと変わってしまうからである。

数量がこのレベルに達するとなると、果たしてそれは本物のエリートと言えるのか、ということになる。高等教育受益者は、民主制国家の単なる一構成要素にすぎない、ということになり兼ねない。今日の支配的教義の一つである文化的悲観論は、おそらくこう考えるだろう。新しい修了証書の取得者は本物の〇〇ではない、と。しかしこの〇〇に一体何という言葉を入れるべきなのか。年輩の世代のエリートたちは、自分が保持する資格が平凡なものになってしまうのに耐え難い思いをしている。そこで新世代の大学出の平民を軽蔑する振りをすることになる。ところが現実は全く違うのだ。エリック・モーランが見事に見抜いたように、数多の若い世代の人間が仕掛ける情け容赦ない挑戦によって、エスタブリッシュメントの子供たちは、かつて父親はしないで済んだ学校的競争に引きずり込まれるのである(11)。

逆にエリート層の大衆化は、エリート主義からの脱出を予告するものだと考えることはできるだろうか。私は、それどころか数の多い教育ある文化的階層の到来は、社会の細分化の客観的条件を作りだし、新たな種類の不平等主義的感性の拡散を引き起こしたと考える。これまでになかったことだが、ここに来て初めて「高等教育の受益者」は、同じ者同士で生活し、自分たち自身の文化を消費することができるようになったのである。かつては作家やイデオロギー生産者は、単に識字化されただけの一国の住民全体に話しかけなければならなかった。さもなければ、独り言を言うしかなかったのである。数百万の高等水準の文化消費者の出現は、内側に退行していく退縮の過程を始動させることになりかねない。高等と言われる階層は、自らのうちに閉じこもり、外部から遮断されて生きることになり、自分では気づかぬうちに、大衆や民衆に対して距離を取り軽蔑する態度を発達させていくかもしれない。さらに、そのような態度は、その軽蔑への反動で生まれるポピュリズムに対しても向けられることになる。

一つの階層全体の規模でナルシシスト化現象が起こるわけだが、それが行き着くところは、人間一般への関心を失い、個別的な社会集団の気掛りだけしか反映しなくなった、文化としての程度が低い文化である。小説や映画は、高等教育受益者のちまちました心配事の中に沈み込んでいく。まさに文化的自己中心主義と言うべきで、これは非常に文明化された態度を自任するが、社会の諸問題から遠ざかっていく、ということは、人間から遠ざかっていくことにほかならない。したがって逆説的なことだが、教育水準の上昇は、この段階に至ると、高度な文化からの退行を産みだすのだ。このように断定したものの、これはいささかも最終的なものではない。若年の高等教育受益者たちの貧困化が現在進行中であり、今後数十年のうちに大転換が起こるのは確実なのである。

イデオロギー・ピラミッドの終焉

単なる識字化の段階に相当する社会は、抑えがたいイデオロギー闘争に分断され、その猖獗に踏みにじられていたと考えられていたが、その実、強固に統合されていた。一九四五年から一九六五年のフランスは、イデオロギーによる原初的構造化の見事な実例となっていた。

外見的には、共産主義、社会民主主義、ド・ゴール主義、カトリック的伝統の穏健右派という四大勢力が、果てしなく対決を続けていた。これらの政党が構成するシステムは、まず最初は第四共和制における政府の不安定性を産みだし、その後も相変わらず作動し続けたが、やがて固定化し、第五共和制初期の大きすぎる安定性を産みだした。しかし経済的な用語として理解される「上のフランス」と「下のフランス」というラファラン〔元首相〕の概念を、この時代に遡って適用するなら、当時の社会構造は、極めて濃密でかつ統合されていたことが分かる。

カトリック系の穏健右派は、かつての教会の後を継いで、縦型構造の階級協調の理想を全面的に引き継いでいた。企業主は慈父のごとくであらねばならず、労働者はうやうやしく謙譲でなければならない。他の社会職業カテゴリーもそれぞれ、すべての集団を結合する社会的・宗教的ピラミッドの中にそれなりの位置を占める、というわけである。労働者の中では宗教実践をする者の比率は少ないため、この陣営内では労働者の数はそれほど多くなかった。しかしフランス周縁部のカトリックの強固な地盤においては、労働者の数が少ない西部でも、また鉱工業が盛んで、そのため労働者が大量の構成員からなる階級となっているアルザスやロレーヌ、それにローヌ・アルプ地域圏でも、少なからぬ労働者が日曜のミサに参列し、右派に投票していた。このピラミッドは、それ自身のエリート、政治家階層、評論家、小説家を擁していた。彼らからなる上部の薄い皮膜の下に重なり合う、小企業主、農民、手工業者、小商店主、管理職、それにカトリック系の労働者の共通点は、読み書きができるということで、それ以外にはなかった。高等教育修了証書を持つ多数のエリート階層が、下から三分の二辺りのところでこのピラミッドを分断するなどということはなかったのである。

教会とは反対に、共産党は、階級闘争の言語を声高に語っていた。プロレタリアート独裁という使命を引き受けるよう、プロレタリアに呼びかけていた。しかし共産党もそれ自身のエリートを所有していたのである。彼らは高等師範学校か文学の世界にいたが、この二つの要素を併せ持つ者もいた。麾下の初等・中等教育教員によって、共産党は中産諸階級にも広範に浸透していた。労働者の世界では圧倒的な勢力を有したが、これは言うまでもないことで、それ以外にも、「赤い農民」を配下においていた。それは、とくにアリエ県からリムーザン地域圏の諸県を経てドルドーニュ県に至る、中央山塊の北から西の縁に沿った地域でのことである。フランス共産党は、やがてはそれと知らぬうちに、特異な種類の階級協調を実践する、二つ目のイデオロギー的ピラミッドの骨組となるに至ったのである。アニー・クリージェルは、「共産党という対抗社会」と呼んだが、それはあまりにも正しかった[12]。

フランス社会党型の社会民主主義は、北部と南西部で、きわめて多様な社会職業集団を連合させる、第三のイデオロギー的ピラミッドを形成していた。中産諸階層を中心とした南西部の社会では、穏健社会主義がその役回りを演じるのは容易であり、それは平和裡に急進社会主義を継承した。北部では社会党は、最も伝統的な鉱山・紡績プロレタリアートの代表権を、フランス共産党と分け合っていた。

パリ盆地の純正・強硬ド・ゴール主義もまた、それぞれに異なる社会職業カテゴリーを集め、それらを民族＝国民の統一性の夢の中に包含していた。その社会・経済的重心は、小商店主、手工業者からなり、彼らがその政治闘争の下部をなしていたが、傘下には、大ブルジョワ、教授資格所持者、農民、さらに労働者さえもいた。小企業部門の労働者ではあったが。

これら四大イデオロギー・ピラミッドのそれぞれの内部では、普遍的識字化が同質性の要因であった。異なる階層同士のコミュニケーションの要因であり、明瞭に定義された信念を共にする者たちの一致の要因でもあったのである。

一九六〇年代後半から、中等・高等教育の発達は、これらのピラミッドの文化的同質性を、そして同時にフランスという国全体の文化的同質性をも、破綻させるようになる。数を増やした高等教育修了証書所持者は、いまや他と区別される一つのカテゴリーとなり、これまで民族＝国民、共和国、社会領野を構造化していた強固な系列化のシステムに叛逆するようになる。カトリックの宗教実践は、弱体化する。共産党の実践は、一九六八年五月に突如として疑問に曝される。型通りに一九六八年五月〔五月革命〕と呼ばれるこの事件は、すでに見たように、やがてサルコジ局面によって完了する諸イデオロギーの破壊過程の、社会的・政治的出発点にほかならなかったのである。一九六八年から浸食過程は進行し、一段階進むごとに、あらゆる社会カテゴリーの有権者たちは解放されていき、投票行為の決定に際して、教育的変数がより重要な力を発揮するようになってくるのである。こうした政治的領野における教育による新たな階層化は、国民投票のような投票行為の際に最も強烈に顕在化する。それは全く単純に、左対右、社会党対共産党、ド・ゴール主義対穏健派という、旧来の政党への支持の残滓が、こうした投票の際には括弧に入れられて作動しなくなるからなのである。

伝統的イデオロギーの消滅の結果、それぞれの教育階層、それぞれの職業は、独自の決定行為に送り返されることになった。社会は、まるでミルフィイユのようにいくつもの薄い層が重なる様相を帯びることになる。階層と階層の間のコミュニケーションは希になり、観念や価値や懸念は、水平方向に流通するようになる。職業が本源的な自己同一化の対象となり、社会全体をさらに細かく細分化していく。二〇〇八年に社会主義者がサルコジ主義へと雪崩れ込んだことは、政治家という職業がイデオロギーとは無関係に存在するという事実を顕在化した。しかしすでに今から二〇年前、一九八八年に、フランツ＝オリヴィエ・ジースベールは、〔左派の〕『ヌーヴェル・オプセルヴァトゥール』誌から直接〔右派の〕『フィガロ』紙に移籍して、ジャーナリズムの新時代を開いたのである。

彼こそはこの世界での「イデオロギーの死」の紛れもないパイオニアだった。爾来、色合いが異なるとされる活字メディア間のジャーナリストの流通は、ありふれた実践以上のもの、つまり法則となった。これこそイデオロギー時代の終焉を示すものにほかならない。

社会党の例——平等主義から戦闘的ナルシシズムへ

静かに作用する文化の力は、すべての宗教的・イデオロギー的概念形成を解体させた。それによって教会は、それが社会的勢力として存続していた地域で、その実質的な中身を空にされてしまった。共産党は、段階的に消滅させられてしまった。かつては並外れた歴史的人物〔ド・ゴール〕への忠誠心で固まっていたド・ゴール主義の活動家は、滑稽な政治屋の追っかけになってしまった。レミ・ルフェーヴルとフレデリック・サヴィッキは『社会主義者の社会』[13]で社会党の研究をしているが、社会党のケースは、教育によるフランスの新たな階層化で産みだされた解体作用の典型的な例であろう。党は重なり合ういくつもの文化的階層に細分化されて、ついにはその内部に民衆の代表がいなくなり、全体としての社会構造から大幅に外れた、選挙で当選した者たちの党に変貌するに至る。並外れて良質のこの本の中には、やはり並外れた、意図せざる残酷さを孕んだ引用が見出される。以下は、リール市の社会党の戦闘的女性活動家による、自分の所属する支部の描写である。彼女はフランス・テレコム上級管理職だが、彼女の支部は、かつての社会党の地盤の労働者地域の核心部にある。

　ここでは従来からの区別は、一方にちょっとブルジョワのインテリがいて、もう一方に民衆的なのがいるということです。それは活動家によっても違うし、とりわけ支部によっても違います。こう言うと、ちょっと戯画化してることになるかな、と思いますけれど。でも同時に、私たちのところはインテリの、管理職の、教授たちの支部で、それは否定できません。実のところ、民衆的な活動家というのは、私はうちの支部にいるほんの数人しか知りません。しかし彼らが仕事をしている様を見れば、他のところでもどんな具合なのか想像がつきます。……三、四人います。みな親切で、何でもやってくれる重宝な人たちで、いつでもいます。……支部の下働きのお針子といったところですが、でも活動家というのは本当にそんなものでしょうか。拍手をしたり、賛成したり、サンドウィッチを作ったり、ワインの栓を抜いたりすることでは、彼女たちは働いてくれます。でも討論の場で、何かを考えなければならないとなると、もう誰もいません。……そりゃたしかに彼女たちは陣地を守ってくれます。彼女たちがでんと構えている。しかし陣地というのはそれ自体が目的ではありません。思想がなくては、何か言うことがなければなりません。……私に言わせれば、活動家というのは、じっくり考え、話し、文を書き、議論をし、意見を言い、考えを主張する人間のことです。ワインの栓を抜く人間のことではありません。(14)……

彼女のような理想的な活動家こそが、とりわけ国民戦線の出現を助長し、その後はサルコジ主義を助長したのである。なぜなら左派から民衆諸階層を積極的に排除したのが、この理想的活動家なのだから。

それにしても支部活動の変貌についての描写は、目覚ましいまでに正確である。かつての活動家は、民衆タイプの者であれ、教師タイプの者であれ、教義に対しては受動的な関係にありつつ、自分は党のために働いている、大義のために働いている、と考えていた。件の近年の女性活動家は、かつては教師タイプの者までがそうであったことを知らない。しかしこうした活動家は、ポスター貼りや、ビラ配り、政治集会やフェスティヴァル——これには有難いことに、サンドウィッチ作りやワインの栓抜きも含まれる——の開催などを通しての教義の普及には積極的だった。かつての活動家は、共同体の中で党が生き、党によって共同体が生きるようにさせていたのである。新たな活動家は、たしかに貢献するためにやって来たのだが、しかしとりわけ意見を表明するため、個人的に「自己実現する」ためにやって来たのだ。社会党の支部の中で、こうした活動家は、高等教育革命によって育まれた数百万の新たなナルシシストの一人である。自分は教義の「クリエーター」であると考え、自分の「発言」の独創性が事を前進させると想像している。発言とは行動である、と考える、遂行的活動形態なのだと言うこともできよう。フランスの政治生活の核心部に言葉と行動の混同を据え付けた大統領の演説執筆者、アンリ・ゲノも、同じようなものだと言えるだろう。ニコラ・サルコジと共に、饒舌な露出症が国家の司令塔に君臨することとなったが、この二一世紀初頭にあって、この饒舌な露出症は、フランス社会の上層部全体を浸している。

新人間の心理学――説明は後でいいから、まず確認だけしておこう

ナルシシズムの概念は、いまや社会・文化的分析の中心的概念となりつつある。事態がそのようになったのは、マルクス主義系列のアメリカの知識人、クリストファー・ラッシュ（一九九四年に他界）の功績である(15)。この著作の中では、「高等な」教育を受けたポストモダンのナルシシストたちへの告発がなされるが、それと共にかつての心の持ち方への哀惜の念が表明されている。彼によれば、それは共同体の存在と人間の条件という概念を受け入れた思慮分別ある個人主義だという。このような心の持ち方は、現在でも残滓的様態で民衆の中に残っているが、これに対して、ポストモダンのエリート層は、人間の寿命の越えがたい限界と、各人が社会集団ないし国民集団に統合されるべき必然性を、必死になって否定しようとする。この傲慢で反抗的なエリートたちは、民衆に抗して、死の自明性に抗して、時間と戦うのだが、その手段がジョギングやローラースケートや無酸素ダイエットということになる。その一方で、庶民は慎ましく、老化の宿命と体力の減退の客観的現実性を、賢明な諦観をもって受け入れるのだ、と言うのである。

ジャン＝クロード・ミシェアのような、左派出身のフランスの文化的悲観論者は、ラッシュの考

えを大変高く評価する。実際、ラッシュのような考え方は不可欠である。しかし次のことは承知しておかなくてはならない。すなわち、ナルシシズムという概念は、三〇年前にアメリカ合衆国で姿を現わし、現在のフランスでは至る所で見かけるようになったが、それは描写をするだけで、説明ということをしないのである。教育水準の上昇からは、己の責任性を自覚した、本当に上質の新たな上層階級、すなわちいつでも全体のために献身する構えの数百万の哲人たちが出現すると期待することもできたはずである。ところがわれわれが現に目にしているのは、内側に破裂した上層集団、すなわち、宗教からもイデオロギーからも無縁となり、獰猛なまでに己自身を気にかける、バラバラの個人の群なのである。彼らは肉体的、性的、美学的自己実現への執念に駆り立てられている。文化的悲観論者は、こうした風俗慣習を断罪する。多分、告発さえすれば、それだけでこの事態を変えることができると考えているのだろう。だから説明をしないのである。しかしそれにしても、健康な肉体を維持し、セックスに励み、美術館巡りをすることは、それほど理性にもとる、軽蔑すべきことなのだろうか。

新たな人間は本当に新しい。初等教育六年、中等教育七年、そして二年から七年の高等教育という、一五年から二〇年の連続教育で養成された数百万の人間を含む社会集団の出現というのは、歴史に例を見ない前代未聞の現象である。世に蔓延するナルシシズムの責任を「民主的個人主義」に負わせるのは、とくに馬鹿げているだろう。トックヴィルは、大衆識字化が民主主義の第一義的な媒介手段であることにさえ気づかなかったのであるから、高等教育の大衆化について何かを教えることなどできない。ナルシシスト化は、民主主義とは何の関係もない。ナルシシズムは、本来的に不平等主義的なものであり、当然ながら反民主主義的な帰結をもたらすものである。

歴史学は、おそらくは政治哲学と違って、ある種の社会的・心理的現象に対して、単に記述するのみという慎ましい態度を採ることを許容する。上質でナルシシストの新人間が姿を現わしたのは、歴史的発展によってである。先験的な省察によっては、現にわれわれの目の前で起こっていることを、説明できるようにはならない。いわんや予見することなどできなかっただろう。歴史的記述は、解釈の面では慎重である。しかし現段階において人間がどんなものなのかは、教えてくれる。

ナルシシズムが基本的特徴と認められた以上は、今度はそれを、イデオロギーの内側への破裂の全般的記述の中に組み込んで、社会集団が中へ中へとさまよい込み、やがては全世界的人間集団と外の世界を忘れ去るに至る傾向として、把握することができる。エリート層の成員の個人的ナルシシズムに、エリート層そのものの集団的ナルシシズムが呼応する。それは経済的・社会的責任を否認し、貧しい人々を軽視し、自由貿易主義的経済政策に閉じこもる。この政策は、裕福な者にとっては利益を産みだし、それ以外の者にとっては、所得の停滞、次いでその低下をもたらすものである。しかし中間諸階層、民衆諸階層も、やはり一種、全般化された社会的分離主義のごときものの中で、それぞれの生を営んでいる。大量伝達手段は時として、集団生活の錯覚を再生することを可能にする。例えば、サッカーのワールド・カップやヨーロッパ選手権で、自国チームがすぐに敗退しなかった時などは。上層カテゴリーがかつてなく、元々は民衆のスポーツであったサッカーに熱中することさえ起こるが、それは罪滅ぼしの儀式のようなものなのである。

民衆を理想化するのも、エリートの言い草を大真面目に受け取るのも、同様に馬鹿げているだろう。私としては、肥満と高いコレステロール値が形而上学的幸福につながるとは考えない。昔の賢明な個人なるものがかつて存在したことは認めるとしても、そのような個人は、肉体的にも心的にも、民衆の中からもエリートの間からも、姿を消している。男性のフランス人は、より豊かでより高価な食生活のお蔭で、一〇〇年間で一〇センチ身長が伸びた。もっとも大部分の伸びは、一九五〇年以後に起こったものだが。二〇歳の男性の平均身長は、一九〇〇年には一六五・八センチ、一九五〇年には一六八・三センチ、二〇〇五年には一七五・七センチであった。数十年遅れて、フランス人は横にも太り始めている。もちろんわが国の肥満率九％というのは、アメリカ合衆国（三一％）とイギリス（二三％）の記録にははるか及ばないとしても。[16]

『北の国へようこそ』[*4]のような映画が大ヒットしたことは、単純で力強い価値観を失わない民衆という神話が、ラッシュと彼の読者だけの専売ではないことを示唆している。しかし心理的・社会学的真実とは、経済発展によって数十年にわたって富裕化したのち、虚弱化し、時には破壊された民衆階層は、世界に対する閉鎖性という点では、ENA出身者の世界を羨むには及ばない、ということなのである。少なくとも管理職は、親戚関係の枠を越えた文化的関係および活動のネットワークの中に組み込まれているが、呆れるほど家族中心になっている労働者階層では、ナルシシズムはいまや自閉症となりかねない。[17]エリートを下劣と告発したのちに、民衆を素晴らしいものと描写するのは、もちろん「ポピュリズム」に陥ることであり、また現実を無視することでもある。民衆に勝手にやらせておけば、結局は、エリートの価値観と行動様式のさらに悪質化したヴァージョンを作りだすことしかできない。民衆の理想化は、結局のところ、人間の平等の原則への違反をもう一つ付け加えるだけのことなのだ。なぜなら民衆の理想化は、方向転換を装いながら、新たな不平等的主題系を受け入れているからである。

第4章　フランス人と不平等——人類学からの貢献

大衆識字化は民主制の必要十分条件ではあるが、それは〈歴史〉の長い期間を通して初めて言えることである。ヨーロッパの大国の民主制への到達の順序を検討してみても、教育水準との絶対的な対応を打ち立てることはできない。最初に識字化されたドイツは、現在のドイツ連邦共和国以前には、民主制の一つのモデルと考えられたことはほとんどない。一九世紀のプロイセンは、軍事的独裁の階層社会であったが、文化的な面では、スウェーデンと並んで最も進んだ国の一つであり、身分の同等性を基盤として機能する社会システムという広い意味においても、指導者の指名に全員が平等に参加することを保証する政治制度という狭い意味においても、民主制とは言えなかった。ヨーロッパにおいて自由主義的民主制を共に創設した、イングランドとフランスという西欧の二大国に話を絞るなら、この二国のいずれか一方が、民主制の古典的要素の一切を自分の力だけで出現させることはできなかった、ということを認めなければならない。議会制的代議制と、統治責任と、政権交代の規則的な実践は、イングランドに、権利において平等な市民という観念と、普通選挙は、フランスに帰せられる。

識字化が、完成された民主制が浮上するための十分条件であったとしたら、イングランドは明瞭にフランスより先を行っていたということになる。すでに見たように、例えば一七世紀半ばにイングランドは、教育に関してはフランスより一〇〇年以上も進んでいた。国王の首を斬った一六四〇年のピューリタン革命から、議会制度を確立した一六八八年の名誉革命までの間、人々はこれが歴史の方向であるという感情を抱くことができた。ヴォルテールの『イギリス書簡』は、自らの遅れを自覚したフランスから直に生まれたものである。しかしながら、自由・平等の理念を宣言した一七八九年の革命と、男子直接普通選挙を創始した一八四八年の革命とは、フランスが、識字化に関する相対的な遅れにもかかわらず、平等の方向に動きを加速化させる能力を持っていたことについて、いかなる疑いの余地も許さない。フランスの社会的・心的組成の中にある何ものかが、平等へのこの性向を決定づけたのに違いない。この要因を突き止めなければならない。それは過去を理解するためであるが、それに留まらず、サルコジ主義の実験にどれほどの成功の可能性があるかを推計するためでもあるのだ。というのも、共和国大統領の行動は、まるでフランス特有のあの平等に対する選好はもはや存在しないとでも言うようであり、経済的不平等の勢力伸張は、何とか許容されたというだけではなく、富裕者に有利な税制改革によって助長されたとでも言うようなのである。その任期の一年目に、彼はまるで、今後はフランスがアメリカ合衆国とイギリスに追随して、ネオリベラリズムの道を進んでいっても、大衆の拒絶を引き起こすことはないかのように、行動したのである。大衆の拒絶とは、すなわち、デモとストに続いて、大差での選挙の敗北、そして社会党の政権回復ということである。社会党は相変わらず経済プログラムを持たぬままだが、福祉国家に親近感を抱く、この国の平等主義の最後の砦であるから。

ここでプロイセンを越えて、さらに東に目を転ずるなら、ロシアにおいては、教育のテイクオフと民主制の間に、長いためらいの期間があったことが観察される。第一次世界大戦の直前に青年男子の過半数に達した識字化と、不完全ながら現実に民主制ではあるプーチン流民主制の間には、スターリンと強制収容所があった。ロシアのさらに先へと向かうなら、中国があり、現実のものとなった大衆識字化と、発達しつつある市場経済、しかしながら依然として大筋では一党独裁の政治制度という例を示している。二〇五〇年に、鎮静化し豊かになった中国が、政権交代の民主制を実践しているという想像を禁じるものは何もない。しかしそれにしても、こうしたずれはどのように説明されるのか。とりわけ、フランスと、イングランドにアメリカ合衆国を加えたアングロサクソン二大国との創始者的役割は、どのように説明がつくのか。また、民主制のモデルが地球上のかなりの部分に広がるのに先立って、そのモデルの内容を確定した三大民主国の間の差異は、なぜ生じたのだろうか。

フランス人とアングロサクソン

自由へのイングランドの選好、自由と平等へのフランスの情熱、自由と平等の概念へのドイツの抵抗、自由の観念へのロシアや中国の抵抗——とはいえロシアと中国では華々しい共産主義革命が、ここでは平等という価値に何ものも反対はしなかったことを示している——、こうしたことを理解するためには、社会生活の中により深く潜り込み、風俗慣習システムを分析する必要がある。

これらのその時々の相違は、家族構造の人類学によって説明される。伝統的な農民の家族制度は、互いに異なる、時には相対立する価値によって構造化されているが、こうした家族制度の多様性が、民主制に到達する道の多様性を、その根源において把握することを可能にするのである。

まずイングランドから始めよう。この地において為し遂げられた知的快挙によって、イデオロギーと政治制度の決定において家族というものが果たす役割の理解が可能になった。早くも一九六五年にピーター・ラスレットは、イングランドの農民家族が昔から核家族的であったことを、明らかにした。(1) 議会制を創始したこの国の過去の中には、歴史社会学のバカの一つ覚えであった、拘束と義務の濃密なネットワークの中に個人を閉じ込めてしまう巨大家族集団というものの形跡を確認させるようなものは、何一つないのである。早くも一七世紀には、富裕な農家の息子は、思春期の最初の兆候が現れるや、他家に奉公人として出されていた。婚姻はつねに独立の家庭単位の形成を伴い、世帯は単一の核家族しか含むことがなかった。アラン・マクファーレンは一九七八年に、『イングランド個人主義の起源』の中で、ラスレットが家族構造のレベルに存在することを突き止めた個人主義と、近代イングランドの基本的特徴となっていく社会的・政治的個人主義の間に、何らかの関連があるとする仮説を提起した。(2) 個人の自由は、いずれにせよ、一七世紀の二つの革命の直前に姿を現わしていたイングランドの家族制度の核心部に刻み込まれていたわけである。

しかしイングランドは、数カ月の間はフランス大革命の自由主義的理念に共感を寄せていたのに、なぜその後は、大革命の平等の理念に対するヨーロッパ全体の抵抗の要となったのか。そして当のフランスそれ自体が、一七八九年以降、自由と平等の二つの概念を系統的に連合させる二重理念の担い手として自認するようになったのか。パリ盆地の農民の家族構造のレベルにまで降り立つなら、そのことが理解できるようになる。アラスからオルレアンまで、ル・マンからランスまでの間の地域の農民と日雇い労務者は、少なくとも中世末期より、イングランド・システムに近い核家族システムを営んでいた。しかし北フランスの中心部で支配的であった人類学的モデルは、その親族たるイングランド・モデルとは、強烈なまでに平等主義的な遺産相続規則という点で異なっていた。すなわち、男女を問わず子供はそれぞれ、両親の財産を均等に分割したものを受け取るべきであるとする規則である。イングランドの家族の方は、いささかも平等主義的ではない。近代の黎明期にあってイングランドに見られるのは、長子相続規則が適正に適用されず、実際上は遺言の極めて自由な使用に取って代わられているという形である。両親は平等主義的規範に縛られることなく、自分の好きなように財産を分配するのである。それも大抵は死去の時点よりもずっと以前に、子供たちが所帯を構えるたびに遺産を分け与えるのである。

こうした平等主義的規則と慣行がどれほど決定の力を揮ったものかを実感するには、その威力を具体的に想像してみる必要がある。エクーアンとヴィリエ＝ル＝ベルは、今日ではパリ都市圏の郊外都市となっており、とくに後者は二〇〇七年には、「問題のある」郊外都市という一時的名声を博してしまった。(*1) 一六世紀と一七世紀にはそれは農村の小教区で、これについては、公証人の顧客リストを基にして家族生活を記述したまことに見事な個別研究がある。『価値観と権限——イル＝ド＝フランスの家族的・社会的再生産　エクーアンとヴィリエ＝ル＝ベル（一五六〇年から一六八五年)』の中で、ジェローム＝リュテル・ヴィレは、一切の譲歩なき家族的平等主義の絵巻を描いている。遺産の分配に当たっては、くじ引きで均等な取り分が分けられるのである。動産については、慣習が明記されていない場合でも、分割は均等になされる。[3]

家具などの動産に関して、慣習は全面的な自由な処分を認めているのに、均等な分割がなされるよう細心の注意をはらうのであるから、いわんや不動産の相続においては、平等に配慮されるのは当然であろう。早くも一六世紀半ばからこの地では、凄まじいまでの平等主義が相続慣行の特徴となっており、それは一七世紀半ばまで途切れることなく続いた。

パリ盆地でもロンドン平野でも、識字化は政治的近代性に、社会生活の民主化に、そして最終的には政治的民主制につながった。しかし当初、近代化の過程を開始した移行期危機によって、数世紀前から家族生活を構造化してきた相異なる理念が、取り立てて激烈な形で顕在化したのである。家族生活において自由主義的かつ平等主義的なパリ盆地の農民たちは、自由と平等というフランス大革命のモットーに熱狂した。自由主義的だが平等主義的ではないイングランド人は、当初は限定的代議制に満足した。イングランドは、二大政党による政権交代の寡頭制を発明した。一七世紀末から、ホイッグとトーリーが政権をめぐって対立するようになるが、住民大衆が意見を徴されることはなかった。フランスは非常に早くから普通選挙の実験を行なう。最初は大革命の間に数次にわたって段階的に、次いで一八四八年からは直接にこれを実行したのである。しかし多数政党制や政権交代への道を見出すのには、フランスは苦労するのである。ピエール・ロザンヴァロンが描き出した普通選挙の歴史を見ると、普通選挙は元々、個別の諸政党のどれに代表権を与えるか、どれが多数派となるのを認めるか、それとも拒否するか、という政党指名のためのものではなかったことが分かる。それは、当初は国民全体の票決、人民主権を表現するものであり、国民全体が政党によって分割されることを本当に想定するものではなかったのである。普通選挙〔普遍的投票〕という用語それ自体、〔ナポレオン・ボナパルトの〕ブリュメール一八日のクーデタの直後に姿を現わすのであり、つまり生まれつつあるボナパルティスムに結びついていたわけであるが、ちょっと見では識別できない全員一致の論理を内包していた。(4) 普通選挙は、一八四八年に直接選挙の形で導入されたが、それでもパリの革命は継続し、やがてルイ＝ナポレオン・ボナパルトの大統領指名、議会の麻痺を招来し、ついには一八五一年一二月のクーデタに至ることになる。このクーデタは、保守的な国民議会が規定していた制限選挙を打破して、普通選挙を再建することになるのである。

フランスにおいて直接普通選挙の観念と複数政党制の観念が効果的に連合するに至るのは、第三共和制の下においてであり、それは長い実験の労苦を要した。英仏海峡の向こう岸では、一八三二年、一八六七年、一八八一年と数次にわたる改革を経て、選挙権の拡大が進行し、フランスとは別の道をたどって、複数政党制と普通選挙の連合という同じ結果に到達することになる。

ロザンヴァロンが明らかにした全員一致への傾向は、パリ盆地の人類学的母胎によってかなりうまく説明がつく。子供たちの平等の原則は、やがて人間一般の平等の原則へと発展するわけだが、これは人間は同質的であるはずだという要求へとつながり得るのである。英仏海峡の向こう側でも、同じような、しかし逆方向の決定作用が働いている。イングランドの家族の特徴たる子供たちの差異化は、人間はそれぞれ違うものであるという考え方へと拡大され、複数政党制をより容易にし、より自然にさえするのである。社会・政治システムの中に他性の原理が受け入れられ、それがハイ・チャーチとロウ・チャーチ（プロテスタンティズムの強度が弱いセクトと強いセクト）の間、土地所有者の利害と商人（のちには産業家）の利害の間、ブルジョワとプロレタリアの間の対立として顕現していく。フランスでは中心部のシステムが、二元論的分割を産みだすことができなかった。決してブルジョワは、自分たちは貴族と本性が異なるという観念を受け入れはしなかっただろう。労働者についても同じ原理が働いた。階級なき社会のみが、彼らの最終的解放を保証することができる、というわけである。決してパリ盆地の労働者たちは、自分の内奥の本質において、自分を搾取する当のブルジョワと自分は異なるものであると考えることはあり得なかっただろう。

識字化についてもそうであったが、トックヴィルは家族についても的外れだった。しかし彼が悪いわけではない。この場合も彼は、家族という変数のすぐ近くを通り過ぎながら、それを活用することができなかったが、それは彼の時代には家族構造の研究は、まだ始まってさえいなかったからである。フランスでもヨーロッパでも、家族形態の一覧表作成の作業が始まるのは、一八四八年より後になってからである。フレデリック・ル・プレイ(一八〇六年—一八八二年)の主著、『ヨーロッパの労働者』は、一八五五年に刊行を開始する。つまりトックヴィル(一八〇五年—一八五九年)の死のわずか四年前である。

とはいえ、トックヴィルは『アメリカのデモクラシー』の中で、アメリカ人はイングランド風の長子相続規則(実をいうと、これはイングランドで厳密に適用されたことは一度もない)を廃止してしまったと指摘しており、これは彼が家族とイデオロギーの間の関連を予感していたことの証しである。彼はアメリカ住民の西への移動が、遺産相続規則に影響を与えたと考えた。しかし、後に世界各地からの移民がいずれも採用することになる、アメリカの家族システムは、イングランドのそれをそのまま受け継いだものであるという事実には、思い至る由もなかった。それは、パリ盆地のフランスの家族システムのように、平等主義的要素を含むことは決してないのである。

アングロサクソンというのは、フランスが用いる表現で、アイルランドやイタリアやユダヤ出身のアメリカ人はこれが大嫌いだが、アングロサクソン圏というものは、単に言語だけで定義されるものではない。人類学的基底において同質的で安定的なのである。自由主義的だが平等主義的でない、イングランド風の絶対核家族が、アメリカ合衆国、オーストラリア、ニュージーランド、英語圏カナダを支配している。

権威主義的文化——ドイツ・ロシア・中国

一九三五年頃には、フランスとイングランドの違いは副次的なものと見えたかもしれない。当時、ロシアでは、スターリン体制が、経済の全体を国家に隷従させ、市場という調節機関の代わりに恐怖政治にその機能を代行させることによって、全体主義というものの限界を考え得るぎりぎりのところまで押し込んでいた。地理的に手前にあるドイツは、ナチスの実験にすっぽりとはまり込み、全体主義というものは、生産手段と交換手段の私有を廃止しなくとも、完全に立ち行くことを証明しつつあった。

ドイツのケースは、民主制への関わりにおいて西欧は一つではなく、複数の西欧があることを証明するものであった。ドイツは識字化の出発点であり、それゆえにヨーロッパのテイクオフの出発点であり、文化的・経済的活力を重視するなら、間違いなくヨーロッパの中の西側に属すものであった。しかし一九三五年のドイツが、「西欧民主主義国」の一つであると主張する者はいないだろう。

ロシアとドイツでの民主制への抵抗を理解するには、人類学に頼ることがまたしても必要になる。ドイツとロシアの家族構造は、イングランドと北フランスの家族構造には見られない権威主義的要素を含んでいるのである。

工業化以前のドイツでは、フレデリック・ル・プレイお馴染みの、一子相続を行なう直系家族が支配的であった。大抵の場合、長男が家族の財産を相続した（長子相続制）。ドイツ北部、低地オーストリア、さらにスイスの一部といった、ドイツ語圏全体の周縁部では、末息子が相続人に指名された（末子相続制）。ライン川渓谷のみは例外的で、平等主義的遺産相続の痕跡がうかがえる。いずれの場合も、跡取りの子供は、家産を基盤として両親と同居して、両親の権威の下で暮らし続けなければならなかった。それゆえにこのシステムは、権威主義的と定義することができるのである。帝政ドイツの全域で、農村でも都市民的環境においても、教育規範は当時、病理学的限界を踏み越えるような強度に達した〔『移民の運命』二一七頁、第七章の小見出し「極限への到達――十九世紀ドイツ家族の病理」参照〕。ナチス全体主義が可能になったのは、こうした文脈の中においてであった。ちなみにこの全体主義は、ヒトラー・ユーゲントや親衛隊のメンバーからは、紛う方なき心的解放として経験されたのである。焚書という、伝統的ドイツ文化の否定が、そのことを的確に象徴している。そうした極めて独特の意味において、ナチズムとは、想像力を政権に就けることにほかならなかったのである。子供たち、とくに兄弟同士の不平等という直系家族の特徴、これこそが、直系家族が支配的な地域は自民族中心主義的なイデオロギーに固着し、諸国民、諸民族、そして人間同士の不平等を主張する傾向があるという事実を説明するものにほかならない。ユーラシア大陸の東方、日出ずる辺りにある日本は、このような観点からすれば、ドイツの厳密な等価物である。バスク地方や、カタルニアや、スウェーデンもまた、直系家族に由来する、他に対する差異感を抱いているが、ただドイツほど劇的な帰結に至ってはいない。そのサイズが小さいことで、世界支配の願望を抱かずに済んでいるわけである。しかしサイズが小さいからと言って、自治への強い欲求を抱かないで済むというわけにはいかなかった。その欲求は、カタルニアとバスク地方の場合は、カスティリアへの権力集中に対する反抗に振り向けられている。

ロシアでは、権威主義的要素は平等主義的価値と連合している。一九世紀ロシアの農民家族に典型的な家族モデルは、理想的には父親と既婚の息子たちを組み合わせた、縦には三世代を包含し、横には既婚の兄弟が結合する、父系の巨大な世帯であった。父親が死亡すると、その時点もしくは少し後で、家産は息子たちの間で分割された。娘たちは家族集団の間で交換され、夫の家族の許に居住しなければならなかった（父方居住）。この閉ざされたシステムは、個人を統合するものであると同時に迫害するものでもあったが、これが崩壊すると、まず当初は帝政の崩壊を引き起こすことになるが、同時にまた極めて急速に、共産主義という代替全体主義の暫定的作成をも引き起こす。党、KGB(*2)〔国家保安委員会〕、集権化された経済が、家族に代わって統合と迫害の機能を果たすことになるのである。

ドイツ連邦共和国の良好な運行、ロシア人自身の手による共産主義の打倒は、政治システムが人類学的要因によって決定される――この場合は全体主義の方向へと――のは、一時的な現象にすぎなかったことを明確に示している。したがって問題は、永遠不変の本質的差異を確定することではなく、ドイツとロシアが自由主義的規範に賛同するのが遅れたのはなぜかを理解することである。それにしても、その結果もたらされた民主制の形態は、依然として、出発点の人類学的基底に応じて国によって異なっていることは、きちんと見ておく必要があろう。イスラーム嫌いであると同時にロシア嫌いでもある「西欧派」は、今日、唯一の政治勢力による支配、全員一致主義への一定の傾向、さらには大企業や天然資源を再び国有化しようとする遺憾極まりない性向をあげつらって、プーチン体制の不備を告発している。ロシア民主制の特性の中には、例えばエネルギーと戦略的工業を再び国家が手中にするというように、全世界規模での資本主義の無秩序の時代にあって、私には優れた措置と思えるものもある。しかし良いにせよ悪いにせよ、すべての要素が、権威主義的にして平等主義的な人類学的基底の残存と関連があるのである。

ドイツ連邦共和国と、フランス、イギリス、アメリカ合衆国の三国との間には、やはり相変わらず重要な差異が存在する。戦時を除いては、フランスでの社会党とUMPの大連合だとか、イギリスでの保守党と労働党の大連合だとか、アメリカ合衆国での共和党と民主党の大連合だとかを想像することはできないだろう。ところがドイツでは、最近もキリスト教民主同盟と社会民主党の大連合が成立しており、その第一の目標は、新たな左派、左翼党(*3)を孤立に追い込み、選挙をすれば全体としては左派の方が多数派になるという現実が浮上するのを阻止することなのである。果たしてこういったことは、本当に西欧的民主主義に適うことなのだろうか。ロシアにおいては全体主義の破壊は、ロシア人自身の手によって平和的に実現したということは、忘れてはならない。一方、ドイツの民主制の起源は、ドイツ人民の手によるのではなく、連合国の軍隊によるナチス全体主義の破壊なのである。だからロシア人に対しては、あまりに性急に、あまりに要求がましくならないようにする必要がある。同様にドイツ人に対しても、あまり要求がましくならないようにしよう。何しろわがフランスにおいても、社会党からの脱走者たちが「左派サルコジ主義者」となって、政権交代的民主制を消滅の淵に追い込んでいるように見えるご時世なのだから。今日、先進国全域で、寡頭制的傾向の増大による民主制の動揺が見られ、時として、昔の権威主義の最後の燠火なのか、新たな不平等の最初の火なのかを見分けるのが難しくなっている。現在の大連合は、文化水準の階層化と組み合わさった寡頭制的逸脱の特殊ドイツ的形態にすぎないということも、あり得るのである。

直系家族から派生した現代民主制の完璧な姿を観察しようとするなら、日本に目を向ける必要がある。日本では戦後、一九九三年から一九九六年までの期間を例外として、自由民主党が与党であり、政権をめぐる闘争は、政権党の交代ではなく、自由民主党内の派閥抗争となって現れている。

中国は、ロシアと同様に、まことに見事な共産主義的全体主義の体験をした。権威主義的にして平等主義的な人類学的基底の上に展開する、識字化の過程と組み合わさった移行期局面が観察できる点も、ロシアの場合と同様である。中国の共同体家族は、その古さにおいて比類がない。ロシアの共同体家族がたかだか数世紀の歴史を持つにすぎないのに対して、二〇〇〇年の歴史を持つ。またその核心部には、それ以前に存在した直系家族システムの痕跡も留めている。したがって中国の家族は、ロシアの家族より平等性の度合が低く、権威的な度合は高いのである。(5)

中国は不安定ながらも大規模にグローバル化された経済に参加しているが、人口一三億人のこの国はまだ政治的には移行局面を終了していないことを忘れてはならない。たしかに識字化されているが、ロシアに比べるとその度合は低い。高齢の年齢層にまだ有意的な比率で文盲がいるからである。二〇〇〇年に実施された国勢調査では、男性で一四％、女性で四〇％が文盲であった。六五歳以上では、読みの能力を持たない人間の比率は、男性で二九％、女性で六五％に達する。中国は相変わらず一党独裁が支配している。

一党独裁、市場経済、外国人嫌いの民族主義イデオロギー、こうした点を踏まえて、政治学の慣例からすれば、中国をファシズム体制に支配された国という範疇に分類したいところである。しかし重要な差異もある。歴史上のファシズムとは反対に、この体制には反知性主義の跳梁は見られない。教育というものを信じ、大学制度に大量の投資をしている。また毛沢東主義の支配を経験した中国人にとって、現在の体制はすでに実現された自由そのものであるということも、忘れてはならない。彼らのそのような心情は理解できるし、理解しなければならない。今後何年かの間に、民主制の普遍化は不可避的なのかどうかが、はっきりするだろう。しかし、ここでもまた家族構造の人類学は、その説明力を発揮する。七〇年代半ばから世界を席巻し始め、スペイン、ポルトガル、ギリシア、ラテン・アメリカの権威主義的政体の崩壊をもたらし、ついにはベルリンの壁の破壊と共産主義の崩壊にまで至った民主主義の波に対して、中国共産党が現在もなお抵抗しているのはなぜか、それは、中国の共同体家族の持つ権威主義的要素の力の強さと平等主義的要素の緩和ということで、理解できるのである。

フランスの地域別の多様性——初めは暴力的で次いで穏当なものとなった複数政党制の土台

家族構造の人類学に依拠するなら、最終的には第三共和制の下で完成したフランスの複数政党制が、いかなる点でアングロサクソンの複数政党制と区別されるかということも、理解することが可能になる。イングランドでもアメリカ合衆国でも、二大政党制は社会と政治システムとから自然発生的に浮上してきたように見える。それは単記一回投票による最高得票者当選方式によって時に助長されることはあったかもしれないが、それによって産みだされたのではない。フランスでは事情は全く異なる。フランスでは反対に、平等主義が、政党の差異化の原則そのものを阻止するとまではいかずとも、抑制する力を揮うように見える。人民主権、一般意思、ルソー主義、ボナパルト伝説、ド・ゴールによる救済、バスチーユ奪取から六八年五月に至る、階級を廃止する奇跡の革命前夜、これらの形象はいずれも、フランスという国のシステムの平等主義的基底を参照しなければ理解できないものだが、当のその基底それ自体は、国民議会が、長い政治というボールのやりとりを平和にプレイすることのできる二つの政党に単純に分かれるなどということを、考えつくことがうまくできないのである。

とはいえ、フランスは最後には共和制を産みだすに至った。この第三共和制は、制度的大成功であった。一九四〇年のドイツによる侵攻によって倒れはしたが、第三共和制はそれまでに、表現と代表の基本的自由を確立し、教会と国家の分離に成功し、第一次世界大戦に勝利し、一九三六年の人民戦線とストを耐え抜き、ドイツが反ユダヤ主義に身を任せたまさにその瞬間に、ユダヤ出自の首相、レオン・ブルム〔序章訳註（＊5）参照〕に統治を委ねたのである。第四共和制は、その遺産の大部分を受け継ぎ、フランスの現代化を始動させた。第五共和制は、正常に運行していた時には、一八八〇年から一九一四年の第三共和制期前半以来の、安定的でありながら同時に変遷もする政党システムに、ボナパルティスム的タッチを一筆加えただけにすぎない。しかしこの政党システムは、単一の文化システムの中で二元的分立を組織する政権交代の民主制ではなかった。フランスの複数政党制を理解するには、英仏海峡の彼方には同じ程度で同様のものを見出すことができないある変数、すなわち人類学的システムの複数制というものを組み込まなければならないのである。

フランスの支配的中心部、パリ盆地それ自体は、イングランドと全く同様に同質的である。しかしそれはフランス本土の半分にさえ至らない。両親と子供の関係については自由主義的で、兄弟姉妹間関係の性格決定では平等主義的な、パリ盆地の家族システムは、フランスの西部、北部、東部、南部には見出せないのである。唯一、地中海沿岸部のみが、パリ盆地と同様に平等原則に頑強に執着していた。

地中海沿岸部以外の南仏オック語地方は、直系家族型のシステムに占められていた。それはドイツの直系家族ほど硬直したものではなかったが、しかしもしかしたら、カタルニアからベアルンとバスク地方に及ぶピレネー山脈一帯では、ドイツ並みであったかもしれない。またローヌ・アルプ地域圏にも、性格の差はあっても、やはり直系家族型が見られた。アルザスには、もちろんドイツ的直系家族モデルのインランント型があった。それは平等性の痕跡を留めるものであったが、アルザスの右派の見事な硬直性が証明しているように、極めて強固な直系家族モデルであった。

西部の内陸部（内陸西部）は、イングランド・モデルを連想させないでもない、あまり平等主義的でない核家族システムに覆われていた。ユーラシア大陸の西の果、ブルターニュは、都市化が始まる以前は、中世とそれ以前からの家族形態の混淆で、まさにパズルのようであった。海岸部には直系家族システムが見出された。ブルターニュ半島の内側には、フレデリック・ル・プレイの一覧表にも載っていない、母方居住で母権制の家族型が存続していた。このような独特の家族形態のゆえに、ブルトン人であるという誇りは、バスクにもベアルンにもカタルニアにも、ドイツや日本にもある、ありふれた直系家族などとは別のものに基づく全く例外的なものとなる。この人類学的基底が、ブルトン人とは、ブルトン語とブルトン風バグパイプとは無関係に、何らかの唯一無比の性格を有するとの主張の正当化の根拠となっているのである。

中央山塊の北と西の縁では、農村部で共同体家族型の形態が栄えていた。それは権威主義的にして平等主義的であったが、父方居住の要素がないことで、ロシアと中国のモデルとは区別されるものであった。複合大家族の核は、三分の一以上のケースが、兄ないし弟と姉ないし妹の絆で複数の夫婦が一つ屋根の下に住まうというものだった。ロシアや中国の特徴である、既婚の兄弟同士のみの連合というのは、ここでは規則にはほど遠かったのである。ドルドーニュ県からニエーヴル県に至る一帯では、こうした女権尊重型の共同家族的システムが、農村型ならびに都市型の強力な共産主義の出現を促すこととなった。それはロシアおよび中国の場合と同様、人類学的基底が含み持つ平等主義的にして権威主義的な価値観をイデオロギーのレベルで再現しようとするものだった。この現場から生まれた共産主義は、フランスという国の複合的なシステムの中に取り込まれて、政権を奪取することはできなかったが、もしかしたら一九四四年、大戦末期のフランス解放直後の数週間は、政権奪取が実現したと言えるかもしれない。しかしこの共産主義は、とりわけフランス共産党の安定的選挙地盤の成立という形で姿を現わすことになった。

人類学的なレベルで言えば、フランス人であることの誇りは、それゆえ純粋性のファンタスムを育むことはできにくい。フランスを愛するためには、人類学的総合の選好を持つ必要がある。フランス本土では、自己同一性《アイデンティティ》とは多数性なのである。

こうした地域別の人類学的環境の一つ一つは、一七八九年の大革命に続く一〇〇年の間に、それぞれの識字率の上昇に応じて遅い早いの違いはあるものの、本来自然のイデオロギー的代表者を見出すに至る。カトリック教会は、直系家族と、特別な、しかし排他的とまではいかない親近性を見せている。平等主義的個人主義の穏健形態の急進主義と、その暴力的形態の無政府主義とは、平等主義核家族のフランス中心部で繁栄した。共産主義は、中央山塊の共同体家族地帯を地盤としつつ、二世代の期間にわたって、パリ盆地の平等主義核家族地帯に部分的地盤を見出すことができた。社会民主主義は、南西部と北部の直系家族地帯に土台を据えた。フランスの人類学的組成の複雑さはまた、南西部の急進主義だとか、ジュラ県の無政府主義の伝統のような、混合的ないし雑種的形態の出現にもつながっている。

フランス本土は、単に異種混合的というだけではない。紛れもない対立によって構造化されているのである。平等主義核家族と直系家族は、その各要素が、平等vs不平等、自由vs権威という風に、正反対の関係にある。西部の内陸部に絶対核家族型——平等なき自由——が存在し、中央山塊の北と西の縁には共同体家族型が存在するため、混乱は増大せざるを得ず、そのためフランスの政治的価値観の対立は、正しく仁義なき戦いとなったのである。フランスにおける基本的な政治的区分は、イングランドにおけるように、適正に同質的な人類学的システムの内部での穏やかな二元的分立の結果として産みだされたものではなく、価値観で対立する地域とシステムが同一平面で対決していることの結果なのである[6]。イングランドでは、ホイッグとトーリーは、自由の観念と不平等の観念への無関心とを共通に抱いていた。それは後の、労働党と保守党の場合も全く同じである。

フランスでは早くも一七九一年、聖職者市民基本法の採択が、片や共和国と世俗性、こなた王制と教会が、それぞれ己の領土を有することを顕在化してみせた。内戦の必要にして十分な条件は整っていたのである。第三共和制が為し遂げたことは、実は奇跡とも思えることなのだ。すなわち、すべての地方割拠的勢力が穏健な議会制的統合を受け入れた、ということなのである。これにはローマ教皇の手助けもあった。一八九二年に教皇レオ一三世が命じた、カトリック信徒の共和国への合流《ラリマン》(＊4)のお蔭で、複数政党制の共和国が現実の可能性となったからである。この諦念の複数政党制は、アングロサクソン圏の、いわば自発的な複数政党制とは非常に異なる。対立する人類学的システムの平和共存を組織するものなのである。それが生来のものではないからと言って、バカにしてはならない。単に副次的な差異の共存を受け入れているだけのアングロサクソン的複数政党制よりは、はるかに奥深いものだからである。

平等主義的価値システムはフランスで生き残るか？

農民の家族構造が存在していた時代は、農業者が世帯のわずか一・六％を占めるだけの国では、いまやはるか昔となっている。遺産相続規則も、あまり実際上の意味を持たなくなっている。寿命が延びて、遺産を相続するのは、職業生活の主要部分を実現してしまった後、場合によっては停年退職した後、ということになっているからである。中等・高等教育の発達の結果たる、新たな教育上の階層化は、フランスの文化的同質性を破壊してしまった。だから、パリ盆地のフランスを支配する風俗慣習システムが、今後も不変で、永遠に自由と平等という価値を担い続けると先験的に考えることは、できなくなっている。この問いは、とくにサルコジ主義の時代を迎えた今、重要である。サルコジ主義とは、平等原則の放棄どころか、それへの挑戦を本質的な特徴の一つとするのであるから。サルコジはサルコジなりに廉直な人間であり、それゆえ金銭と金持ちへの愛好、弱者への無情さを、公然とさらけ出してみせた。社会の虚飾の檜舞台たるレストラン〈フーケ〉で、大統領当選祝賀会を行なったことは、うっかりミスではなく、これから始まる大統領としての施政方針の宣言であったと考えねばならない。世論調査によると、当選当時、さらにその後数カ月間、新大統領は非常に人気が高かった、という結果が出ている。私個人としては、各種調査機関による六五%から七〇%という支持率は、四七%の有権者が熱烈に反サルコジの投票をした選挙の直後の、選挙疲れをたっぷり含んでいる、という気がする。とはいえ、六五%という支持率には技術的に疑問の余地があるとしても、フランス人の五三%が、事情を十分心得た上でサ、ル、コ、ジ、に投票したという事実に目をつぶることはできない。極めて政治意識の高い国民であるフランス人が、選挙に先立つ六カ月間に彼が行なった社会的なトーンを帯びたいくつかの演説のご加護によって、資本の味方、ブッシュのアメリカの味方たる前ヌイイ市長〔サルコジ〕について自分たちが知っていたことを、いっさい忘れてしまったというのは、考えられないのである。

だからわれわれは、フランス平等主義が消滅した可能性を検討しないわけにいかない。それも教育、所得、権力に優遇された社会階層の中だけでなく、住民の中間的・下層的階層の中でも消滅したのではないかと、自問する必要があるのだ。教育上の新たな階層化、都市化、第三次産業化は、フランスの古き平等主義的基底を破損してしまったのか。政治システムは、政治的イデオロギーの蒸発を背景として、まんまと歴史の重みをすり抜けてしまったのだろうか。フランス社会は、アメリカ社会が到達した不平等の頂上に向けて、危機を引き起こすこともなく、飛び立つ用意ができているのだろうか。

この仮説は、歴史の変遷に個人的な関わりを持たない研究者の冷静さを持って考察されねばならない。農民の家族構造が完全に消滅しきってしまったとき、人類学的基底によるイデオロギー的諸価値の決定は、いったいどうなるのか。この問題に私が初めて直面したのは、九〇年代の始めに遡る。当時、私は、国民戦線というもののフランス的特殊性を理解しようと試みていた。当時、ヨーロッパ中が、普遍的人間の国と称するくせに、マグレブ人を諸悪の元凶と名指しすることを政治的メッセージの主たる要素とする、強力で安定的な移民排斥政党を産みだすなどということを仕出かした、見たところ唯一の国であるフランスを揶揄していた。国民戦線の存在が、不平等主義的テーマ系の勢力伸張を顕在化していることには、疑いを容れなかった。フランス人のうちの最も貧しい人々が、共産党に投票し続けるなり、再び投票し始めるなりして、彼らの苦しみの元凶はわれわれの社会の有力者たちであると名指しするのではなく、アラブ出身者をスケープゴートにすることを選んだのである。そのような解釈は、新たな教育上の階層化から派生する不平等主義的な社会的下意識と関連づけることができる。それに実際、移民は多くが文盲であり、当時は、初等教育レベルに対応する階層よりさらに低い、教育上の最低階層とも呼ぶべきものを代表していた。

一九八六年から二〇〇二年までの国民戦線支持の県別分布の地図を検討すると、このような解釈には真剣に微調整を加えなければならなくなる。この分布は当初の検討においては、フランスの国土のとりわけ東部三分の一に居住する、マグレブ〔北アフリカ〕出身移民の存在によって決定されていた。しかしこの第一義的な移民という要因とは無関係に、パリ盆地と地中海岸の平等主義的伝統の諸県で、国民戦線の支持率が高いことが分かってきたのである。それらの諸県は、一般に反マーストリヒト票が多数を占めた県であったが、そこでの国民戦線票は、「エリート」に対する強い反発も含んでいた。それは、フランスの大都市郊外でフランス人と移民が同じ界隈に住んでいることから生じる諸問題に気づかないか、気づかぬ振りをし、住民を犠牲にして己の経済・通貨政策を押し通そうとする傲慢な指導階級への、不服従であり挑戦であった。国民戦線票は、反マグレブの不平等主義と反エリートの平等主義とを混ぜ合わせて、複雑で不安定な混淆をなしていたのである。

その一方で、民衆階層の具体的な家族行動は、社会関係の人種化という仮説を否認していた。〔新たにフランス人となった〕移民の子供と、より昔からフランス人である者の子供との間の混交婚の率は、フランスにおいては、国民戦線支持の傾向が強い当の階層にあってさえも、同じ時期にイングランドやドイツで観察できた率より一〇倍も高いのである。混交婚ということになると、話はまた家族的・人類学的レベルのことになる。混交婚についての最初の調査が行なわれた一九九二年前後には、失業の脅威にもかかわらず、またアラブ女性の家族内での地位の低さを目にして苛立ちや怒りを見せるさまざまな反応があったにもかかわらず、平等主義的価値は相変わらず作用しており、移民の子供は普通の個人として認められていた。しかしこれについても、慎重が要求される。この調査はすでに古くなっているので、相変わらず有効であると先験的に決めるわけにはいかない。もしかしたら事態は変わったかもしれないのだ。

逆に大統領選挙第一回投票におけるニコラ・サルコジへの投票は、国民戦線の消滅の始まりを告げた最近の現象である。しかしサルコジが国民戦線の支持層の大きな部分を取り込んだため、彼の支持の分布地図は、マグレブ出身移民の比率の高さに応じたフランス国土の東部での地盤と、パリ盆地と地中海岸の平等主義地帯での支持率の高さという、極右票の二つの基本的特徴を引き継ぐこととなった。アメリカ流不平等の先駆けたるサルコジは、ド・ゴール主義ないしボナパルティスム的な、典型的な平等主義の要素を含む選挙地盤を自分のものとしたのである。それから一〇カ月経って、統一市会議員選挙が、大特権者たちになされた税制上の優遇措置〔序章訳註(＊2)参照〕と、特別規則というささやかな特権〔序章訳註(＊3)参照〕を持つ者への攻撃を、フランス人有権者はどれほど評価したのかを、示すことになった。ＵＭＰの壊滅の中には、単に「ぎんぎらのブランド好き」のスタイルへの断罪より奥深いものがあるのだ。

われわれとしては、もしかしたら平等主義的価値観が動揺しているかもしれないという点について、さらに思弁を進める必要があろうが、その前に、イングランドとか、アメリカ合衆国とか、ドイツのような国が、その人類学的基底に平等主義的価値が含まれていなかったにもかかわらず、大衆識字化から民主制へと移行することができたのはなぜか、を考えてみなければならない。人類学的平等性なしでも民主制を実現できる手段が存在するのなら、それの消滅はもしかしたらそれほど重大ではないかもしれないのだ。しかし実際は、平等という家族的価値のないところで民主制の出現を可能にするメカニズムは、これから見る通り、いささかも安心できるものではない。それは、原始の民主制は、民族的な意識、もしくは人種的でさえある好ましからざる意識の中に根を持つということを、浮き彫りにして見せるのである。平等という価値の消滅は、民主制的営みのこうしたより単純なレベルに、フランスを転落させることになるかもしれないのである。

第5章　民族化か？

アメリカ合衆国が、フランスより急速かつ自然に民主制の営みの中に定着したその容易さには驚くほかはない。ところが兄弟間の平等から出発して人間一般の平等へと至るような平等主義的家族原理は、この地には一つも存在しないのである。しかしここにはインディアンと黒人という二つの不可蝕賤民集団が存在しており、それのお蔭で、白人集団の外側に不平等の観念を固定し、白人集団の内部的な平等を確立することが可能になったのである。主たる民主制確立の時代は、大統領アンドルー・ジャクソンの統治下（一八二九年から一八三七年）であったが、それはまたインディアンへの憎悪が激化した時代でもある。トックヴィルは、意外の感に打たれたからなのか、それとも悪意を込めてなのかはよく分からないが、南部の奴隷州が民主的感情の出現に特別の役割を果たしたことを殊更に指摘している。(1)これらの諸州では、数において勝る黒人の存在が、白人同士の平等原則を促したのである。

人種の概念とは、別け隔てをするものだと考えられる。ところがアメリカ合衆国の場合、人種の概念は統一促進的なものでもあって、ヨーロッパ系の移民の間の、イングランド、スコットランド、ドイツ、スカディナヴィア、ユダヤ、イタリア出身という文化的差異をすべて忘れさせてくれるものだった、というのがうまく説明がつかないのである。イタリア人の場合は、彼らの到来以前に形成されていたアメリカ国民は、彼らを白人と見なすことに多少の躊躇を見せた。さらにその後、中国人と日本人が、第二次世界大戦まで激しい人種主義の犠牲となったが、やがて非黒人と分類され、白人の婚姻市場に組み込まれるに至る。結婚可能というのが、アメリカ合衆国でもヨーロッパでも、多数派と少数派を問わず、集団への所属を決定する要因なのである。

アメリカ合衆国では白人男性は、細心の注意をはらって、黒人女性を配偶者候補としないようにしている。これは、公民権実現の闘争の開始以来、大変な努力が傾注されたにもかかわらず、人種差別的姿勢からの抵抗があることの確実な証拠にほかならない。とはいえ、政治的レベルで重要な進展があったことを否定するのは、バカげているだろう。大統領ブッシュの施政下において、コリン・パウエルとコンドレーサ・ライスが相継いで国務長官に就任したのであるから。しかしまた、パウエルが大量破壊兵器について恥知らずな嘘を述べなければならなかった国連での記念すべき場面以来、国務省は国家虚言省となってしまった。まるで、汚辱を公式に耐え忍ぶには黒人が必要である、とでも言うように。それ以来、大統領選挙戦へのバラク・オバマの闖入によって、古い人種システムはまた少し動揺を深めた。しかしまさに、いまだ執拗に存続する婚姻隔離を背景として進行する政治的な黒人解放は、アメリカ・システムの寡頭制的逸脱の真っ直中に乗り上げることになってしまう。いまや華々しい教育上・経済上の不平等の伸張が白人集団内部の平等主義を破壊し、中産諸階層が分解して、マイケル・リンドの表現によると、アンダークラスとオーヴァークラスが同時的に発展していくのである。[2] 人種主義と民主主義は、まさに機能的総合体をなすものである。人種主義は、しばしばアメリカ民主主義の欠陥と見なされてきたが、実はその土台である。[3] 排除原則であると同時に統合原則であるような原則というものがある。この社会政治的公式は、具体的な他の民主制の成り立ちを研究するなら、最終的にはかなりありふれたものであることが、分かってくるであろう。

まずアテネから始めよう。アテネでは民主的理想が徐々に形成されていったが、その過程は、市民団のほとんど人種的な閉鎖化を伴っていた。市民団内部の平等主義の一方で、奴隷、居留外国人《メティコス》、外国人という「外部的」住民は、ステータスと本質において劣る者と定義された。前四五一年、民主制確立の真っ最中に、アテネの市民たるためには、父親がアテネ人であるだけでなく、母親もアテネ人でなければならない、とアテネの国法は定めた。

ピエール・ファン・デン・ベルへは、まず南アフリカにおける、次いで両アメリカ大陸における人種主義の研究を行なった際に、Herrenvolk democracy「領主民族の民主主義」という概念を用いて、支配的カテゴリーのみに市民同士の平等という特典を許すような、社会的・政治的民主制の内的メカニズムを記述し、理解しようとした[4]。

第三帝国下のドイツ社会の研究である『ブラウン革命[5]』の中で、アメリカの歴史家、ディヴィッド・ショーンバウムは、ナチズムは、大地と血への回帰を謳う復古調の言説にもかかわらず、ドイツにとっては、民主化の決定的瞬間を代表していたことを示した。非常に特異な社会的意味において、国家社会主義の経験とは、フランス大革命の同等物なのであり、八月四日の夜[*1]と特権の廃止のナチス版もある。農民、労働者、小および大ブルジョワ、大および小貴族が、そのとき、親衛隊の同じ食堂、もしくはより慎ましく、ドイツ陸軍の同じ食堂で、友愛に満ちて食卓を囲んだわけである。排除の原則であり、破壊の原則でさえあったナチスの反ユダヤ主義によって、ずっと以前から識字化されていたドイツ社会は、ようやく伝統的家族構造の中に刻み込まれた不平等原則の力の強さを乗り越えることが可能になったのである。なにしろ直系家族には、大抵の場合、長子権というものがあり、これのゆえに、兄弟だけでなく、人間一般、諸階級、諸国民をも、不平等なものと見なす傾向が植え付けられるのである。ユダヤ人は異なる者という観念は、まずは仮定にすぎなかったが、やがてヒステリーと化し、ドイツ国内では他のあらゆる差異を忘れさせることになり、外の世界に向かっては、不平等原則の毒性によって、ユダヤ人を最下等として、その上がスラヴ人、またその上がラテン人、という劣等性の精緻な階層序列が投影されたのである。

イングランドの場合は、もちろんより不明瞭である。貴族的伝統と、産業革命によるブルジョワとプロレタリアへの二極化のゆえに、イングランドは、議会制の伝統があるにもかかわらず、かなり長い間、民主化に抵抗した。普通選挙は一八三二年から一九一八年までの間に段階的に確立していった。とはいえ、人類学的基底に刻み込まれた平等原則が存在しないことを補填する役割〔アメリカ合衆国において黒人が果たしたような〕を果たす国内の不可蝕賤民というものも見当たらなかった。ドイツの家族のように不平等的ではないにしても、イングランドの家族は、確固たる平等原則をいささかも包蔵していない。〔では何によって民主化が可能になったかというと〕ヴィクトリア朝下に民主化されたとき、イングランドはまことに目覚ましく帝国的であったことを見なければならない。イングランド国民は、己は地球の歴史上、前代未聞の多民族的総体である大英帝国の支配集団であると考えることができ、その支配民族の中で選挙権が拡大されたのである。イングランド人は、民主主義を受け入れた時、ラドヤード・キップリング(*2)の一八九九年の言葉を用いるなら、白人としての重荷を背負った、領主民族にほかならなかった。

したがってヨーロッパでもアメリカでも、排除原則が、平等主義的な家族的価値の欠如を埋め合わせたわけである。とはいえ、第二次世界大戦後は、民主制は、民族的ないし人種的優越感なしでも存立できるだけの十分な原動力を獲得したようであった。

アメリカ合衆国における黒人への明示的な差別の除去の後、南アフリカのアパルトヘイトの終焉の後、もはやこの地上に存在する公式に民族的な民主制国家は、ただ一つイスラエルだけである。ユダヤ文化は、家族構造からすれば平等主義的ではない。聖書を検討すれば、男性長子相続制の適度な優位がうかがえる。申命記の相続規則には、長子の取り分は他の者の二倍とあるが、この規則は、末の息子に対する秘かな選好によって、大いに緩和されている。末息子とは弱者であるが、己の知力によって強者となる。イサクも、ヤコブも、ダヴィデも、ソロモンも、みな親指小僧のように末息子だった。政治的民主制という点では、イスラエルのシステムは、アメリカ合衆国やイングランドの本来の形に極めて近く、とりわけ軍事的要素の強さのゆえに、前五世紀のアテネ民主制の方式に近い。ギリシアのポリスは、文化のために生きていたが、同時に戦争によって生きていた。ちょうどアラブ圏との対決の中にすっぽりとはまり込んだイスラエルと同じように。

形式的にはイスラエルの民主制は完璧である。表現の自由は全面的に保証されている。政党間の対立によって、代議制システムの崩壊のおそれがある、などということは決してない。しかし市民団の同質性は、直ぐ傍にいる敵、アラブ人の存在によって確保されている。レバノン、シリア、ヨルダン、ないしエジプトという独立国家を持つアラブ人にせよ、ヨルダン川西岸の植民地化された地域に住むアラブ人にせよ、イスラエル国籍のアラブ人、つまり選挙権は持つが社会の片隅に押し込められたアラブ人にせよ、とにかくアラブ人という敵によって。ここでもまた混交婚が存在しないことが、社会的・政治的システムの深層の本性を暴き出す。イスラエルは、市民の平等が、部分的に支配下にある外の民との人種的差異に立脚する、民族的民主制なのである。

フランスの場合――種族闘争から階級闘争へ

アメリカ、イングランド、ドイツ、イスラエルの例には、プロテスタント基調の他の諸国――スカンディナヴィア、スイス、オランダ――を付け加えるには、さして困難はないであろうが、これらに対してフランスは、理論的には、外国もしくは内部の何らかの他者に敵対する形で自己定義を行なうのではない普遍主義的民主制を有する、いささかヨーロッパ唯一の国であるように見える。しかしフランス民主主義は、果たして本当に何らかの他者に敵対して定義されたものではないのだろうか。実はこの本源的他者は容易に見出される。ただしそれは、外国のものでも内部のものでもなく、国民全体に関わる上位のものであるという点が異なる。全国土の完全な識字化のはるか以前、普通選挙の確立のはるか以前に、フランス大革命は、市民団というものを、貴族階級の象徴的追放によって定義した。シエイエスの政治的攻撃文書《パンフレット》『第三身分とは何か』は、大革命の綱領的文書であるが、これは、この点についていささかの疑問の余地も許さない。貴族を敵として指名するだけでなく、貴族を放逐することが必要と主張するのである。

なぜ、第三身分は「征服者の種族から出自し、彼ら征服者の権利を引き継いだとの、気違いじみた主張をいまだ抱き続けているこれらの家門をすべて、フランコニア〔フランケン、フランク族発祥の地〕の森の中に追い返さないのだろうか。それによって清められたわが国民の総体は、もはやガリア人とローマ人の末裔のみから成るものと信じざるを得なくなったことに、満足を見出すことができるであろうと、思うのである」。

フランスでは、自由にして平等な人間たちから構成される国民が、敵対的集団を告発し、それを放逐しようとすることによって、己自身を自覚したわけである。(6) 高度に意味深いやり方で、他者は外国の種族〔ゲルマニアから侵入したフランク人〕に属するものと考えられた。たしかにそれは、〔自らを征服者フランク人の末裔とする〕貴族階級それ自体の錯乱的な理論の援用にほかならなかったのではあるが。フランスでは階級の闘争が象徴的に種族〔人種〕の闘争から生まれたということになる。家族構造の中に刻み込まれた平等原則といえども、普遍的人間の国を、異なる人間――この場合は、上位の人間であるが――の排除による市民団の定義というものから免れさせることはなかったのである。

オーギュスタン・ティエリ（一七九五―一八五六）によって、次いでフランソワ・ギゾー（一七八七―一八七四）によって言及された階級闘争は、その後フランスの特産品となり、最終的にはカール・マルクスによって、一八四八年の革命とルイ＝ナポレオン・ボナパルトのクーデタの分析の中で、理論化される。一連の革命的出来事のまさにライブでの観察である『フランスの内乱』で、マルクスは、個人、政党勢力、社会・経済的集団の間の系統的な照応関係を確定しようと努めている。地主階層、金融ブルジョワジー、小ブルジョワジー、プロレタリアートが、議会内闘争で主張を戦わせ、街頭で衝突する。両義的な階級である農民層は、皇帝の親戚と推定された男〔ルイ・ボナパルト〕を普通選挙で共和国大統領に指名することによって、ゲームの終わりを告知する。

フランス史のその後の展開は、どこの国の歴史とも同様に、階級の対決と国民としてのアイデンティティの問題とを混ぜ合わせる、複合的なものとなる。フランスは、ドレフュス事件、ドイツ嫌い、アクション・フランセーズ〔王党派の極右組織〕の国であった。しかし結局のところ、民族的ないし人種的対立よりは階級の対立の方をつねに選好したと言えるだろう。一九三六年、世界経済危機の最中に、フランスは人民戦線の社会的達成を実現したが、ライン川の彼方では、アーリア性を称揚し、強制収容所に人を送り込み始めていたのである。

階級闘争へのこうした選好は、人類学的システムの平等主義的特徴で説明がつく。もし人間が平等なものだと信ずるなら、スケープゴートを名指しするよりは経済的・社会的特権に立ち向かう方が、外国人の下位のものよりは国内の上位のものを標的とする方が、妥当に見えるだろう。ニコラ・

サルコジの大統領就任とともに、われわれは、こうした階級闘争への選好は相変わらず生きているのか、フランスはついに「正常化され」、民族的、宗教的、もしくは人種的な基盤に立ってアイデンティティの再建を行なって、他の西洋民主主義国に近づいていくのか、考えなければならなくなっている。私はすでに前章で、国民戦線の支持者たちの動機の両義性について記した。彼らは移民に敵意を抱くと同時に「エリート」に敵意を抱くわけで、不平等主義的にして平等主義的なのである。この支持層の大きな部分が、ニコラ・サルコジ支持に回った。いまやわが国には「移民・統合・国民アイデンティティ省」が存在する〔サルコジが設置した〕。この名称は、普遍主義的な共和派的伝統よりは、はるかにヴィシィを思い起こさせる。純然たる人類学的・政治学的観点からすると、状況はペタン治下におけるよりもはるかに重大である。ヴィシィ政権は、ドイツの侵入に続いて、共和国が崩壊する中で樹立された。ニコラ・サルコジは、自律的で安定した代議制度の枠内で、得票率五三％を得て当選した。それも移民とその子供たちとイスラーム諸国を、問題として、敵として名指しする、ほとんどサブリミナル効果的なメッセージの担い手として選ばれたのである。彼一流の才能は、民衆階層向けのスケープゴートを仕立て上げることに成功する一方、その施策を、ラシダ・ダティ〔司法大臣〕や、ラーマ・ヤード〔人権担当閣外大臣〕や、ファデラ・アマラ（＊3）〔都市政策担当閣外大臣〕を重要なポストか名誉職的ポストに指名するというような、上層階層向けの煙幕で覆い隠したことである。

それにしてもサルコジが、フランスという国の自律的な産物であることは否定しようがない。彼はアイデンティティをめぐるテーマ系の内因性の勝利を体現している。根本的なポイントとは、宗教的・イデオロギー的空虚によってぐらつき、新たな教育上の階層化によって、そして、指導諸階層が生活水準の低下を阻止することができないという事態によって蝕まれたフランス民主主義は、アイデンティティの確立から活力の源泉を汲み取ろうとしているのではあるまいか、という点である。これがニコラ・サルコジの当選が突きつける、最も重大な問題なのである。というのも、彼の最近の上昇は、労働の価値の再評価、公務員改革、残業実施の促進〔これまでは残業抑制の風潮が強かった。残業とは手当による収入増を意味する〕といった「合理的な」経済的テーマのお蔭であるように見えるが、それは表面にすぎない。サルコジの言説の本質的要素は、大都市郊外の問題と、移民、それにアイデンティティに関するものなのであるが、そのことを忘れさせようとする試みがいささか目に余る。もちろん大統領は、富裕層の味方、特権者の勝利に終わった階級闘争のチャンピオンとしての姿を見せつけている。しかし社会党は、高所得者に有利な「税制措置」をサルコジ大統領の施政の原罪として糾弾するが、それで真実の姿が暴かれたことにはならない。彼の真の原罪、こう言ってよければ、彼の治世の創設を可能にした行為とは、反若者、反移民、反イスラームの挑発の総体なのである。これらの挑発によって、ニコラ・サルコジは、国民戦線の支持者の一部を味方につけることができたのであった。

大都市郊外の暴動——フランス的危機

サルコジがフランスの歴史の中に登場するのは、「くず」〔序章訳註（＊1）参照〕とか「高圧洗浄機《ケルヒャー》」〔本書二九六頁参照〕といったこれまで政治の中では馴染みのなかった言葉によってである。それは大都市郊外の困窮せる若者をターゲットにした言葉であるが、社会的・経済的階層化と、失業の現段階にあって、彼ら郊外の若者の過半数は外国出自であった。国民戦線の支持者たちを「共和派的」右派に再び取り込むために、サルコジは、フランス保守主義をこれまでの限度を越えてさらに右へと突き進めなければならなかった。ル・ペンはその最盛期には、移民を攻撃する際に、選び抜かれたフランス語を用いた。フランスの凋落を嘆く知識人さえも用いないような接続法を散りばめたりしたのである。国民戦線の言葉の暴力は、文法的には統制が効いており、それゆえにはけ口としての機能を果たしたのである。〔国民戦線が躍進した〕一九八六年以降、マグレブ出自の若者に対する肉体的暴力は減少した。ところが内務大臣となったサルコジは、郊外のガキどもを言葉で攻撃するだけに甘んじることなく、国家機構——つまりこの場合で言えば、国家警察と憲兵隊——を自らの挑発政策のために動員したのである。[7]

二〇〇五年一〇月二七日から一一月一七日までの間、フランス本土の大都市郊外を炎上させた暴動は、忘却の淵に沈んだり、単なる逸話と見なされたりしてはならない。これがいかに重いトラウマとなって残ったかは、過去にさかのぼる形で、大統領選挙によって明らかになった。恐怖におびえた国民戦線支持の小商店主や手工業者が、サルコジに投票したのである。

ところがあの暴動で逮捕された人物を統計的に調査してみると、あれは民族的、人種的ないし宗教的な反乱というよりはむしろ、社会的・世代論的な反乱であったことが実証される。北部では逮捕された若者の過半数が、マグレブ出自でもアフリカ出自でもなかった。多くの者が青い目をしており、フランドル系の耳に心地よい〔つまりヨーロッパ系の〕姓を持っていた。西部での郊外の爆発には、移民がほとんど含まれていないのであり、これが民族絡みの事件であるとする仮説を立てたら、理解しがたいことになる。サンブリュー〔ブルターニュ地方で移民系住民は極めて少ない〕の若者たちが、本当にマグレブ系やブラック・アフリカ系だと言うのか。

破壊行為の対象となった公共の建物の中に、教育に関わるものがあったという事実は、若者たちが文化的に外部的であることの反映ではなく、彼らがフランス社会の中の、教育を解放の要因ではなく分割と抑圧の要因と実感する、そういう部分に属しているということの反映にほかならない。かつては個人の進歩と社会的上昇の用具と受け止められた学校制度は、今日では社会的差別をさらに重大化するものとなっているように見える。教育水準の不平等の拡大に加えて、下の水準の者が到達できる就職口がほとんどないということがある。学校を出た若者たちを待っているのは、失業と、とりわけますますひどくなる低賃金であるため、彼らは中学校やリセを詐欺行為だと考えるようになる。こうした現状に悲憤慷慨し、誰もが学校を尊重していた良き時代のことを飽くことなく口にする「共和派」たちは、自分で思うほど、パンが不足したらブリオッシュを食べればよい〔これは日本では誤って「ケーキを食べれば……」と伝えられている〕と言ったマリー＝アントワネットから遠くない。大統領は大統領で、教員の数を減らすことで、自分の学校にまつわるコンプレックスのリベンジを果たそうと身構えている。どうやら公教育は、破壊活動をする若者よりは、大統領を警戒した方が良さそうなのである。

郊外の暴動は、何のプログラムも明瞭なメッセージも持たなかった。しかし三週間にわたってフランス全土を炎上させたこの事件の規模だけをとっても、これが「政治的」出来事であることは明らかである。たしかにそれは実際は、自覚的な要求の面では空虚な抗議活動だった。しかしその空虚は、まさに西暦二〇〇〇年のフランスの空虚そのものなのだ。それは貧困層のレベルでは、共和国のあらゆるレベルに漂っている全国規模の虚無の反映にほかならない。サルコジだろうと、セゴレーヌだろうと、ブザンスノ〔第1章訳註（＊7）参照〕だろうと、社会党だろうと、何の政綱も提示できない、このプログラムの空虚という今日の全体的空気の中で、これ以上のことを教育レベルの低い者に一体どうやって要求できるだろう。郊外の暴動は、差別に対する剥き出しの反抗であり、公共生活への参加の意志の不器用な表明であって、平等という昔からのフランス的価値を表現していることだけは、間違いない。

警官と衝突した若者たちの特徴は、多様な民族的、宗教的、人種的出自が混ざっていたということであるが、これもまた同化統合的であり、まことにフランス的であった。各徒党はあらゆる肌の色を混ぜ合わせていた。このようなことはアングロサクソン圏では観察できないだろう。そこでは人種的・民族的隔離のゆえに、徒党は出自としては同質的なものができ上がるのである。文化的に劣等化した形態の下から聞こえてきたのは、分離への欲求ではなく、統合の要求だったのである。運動の道徳的・知的内容ということになると、二〇〇五年に郊外でスローガンを叫ばずに警官に石を投げるのと、一九六八年にパリの都心で、私のように一七歳で、「機動隊はナチ親衛隊だ」などという愚劣なことを喚くのと、どちらがましかという問題なのである。

それでも多くのコメンテーターは、この典型的にフランス的な挿話の中に、民族的、宗教的、もしくは人種的な問題系の出現を見ようとした。その問題系がフランス社会の核心部に関わるのか、周縁部に関わるのかは、論者によって別れるところであるが。いずれにせよ、郊外の暴動は若者の反乱ではなく、同化しきれないマグレブ人やアフリカ人の反乱である、というのである。

大統領選挙の最中に郊外の暴動が

その激しさと広がりは、どうやら挑発大臣の期待をはるかに越えるものであったようだ。しかしその後、いくつもの標識を系統的に配置して、サルコジは、この事件を自分のものとして引き受け、自分を郊外から押し寄せる民族的・宗教的攻勢に対して立ち上がったアイデンティティのフランスの代表と定義したのである。二〇〇七年初頭、世論調査で彼の支持率が下がり、それに伴ってセゴレーヌ・ロワイヤルの支持率が上がったが、これは彼に強力な発破をかける結果となった。CSA〔コンサルティング・世論調査・分析〕研究所によると、二月一五日から三月七日までの間に、サルコジに投票したい者の率は、三三%から二六%に下がった。まさにこの時にサルコジは、移民・国民アイデンティティ省の創設を提唱したのである。ところが世論調査はどれも一様に、もう何年も前から移民の流入はフランス人の目から見ると、経済的困難よりはるかに下位の副次的問題にすぎないことを示していた。三月二二日、CSAの世論調査によると、ニコラはセゴレーヌに追いつき、同列に並んだ。アイデンティティのテーマが、勢力を伸ばしてきたのである。

三月末、セゴレーヌ・ロワイヤルは、おそらくジャン＝ピエール・シュヴェヌマンの助言によって、経済的・社会的問題の現実からの逃避にとって最後の障害を取り払った。つまり、右派の競争相手のように移民というテーマを用いることはできないので、かなり懐古的なやり方で、「ラ・マルセイエーズ」と三色旗を持ち出す態度を称讃した。それから数日後、三月二六日に、ニコラ・サルコジは、内務省から去る。その翌日、北駅で、破壊的なデモ隊と警察力の衝突が起こる。大統領選挙の第一回投票〔四月二二日〕の晩、TNSソッフル〔国際的市場調査会社〕のいわゆる「出口調査」によれば、サルコジに投票した者のうち四三%が、その投票に最も影響を与えたのは、北駅での衝突であると答えていた。

事件の脈絡、その重要性からして、われわれとしては、この衝突がどれほど自然発生的なものであったのかを自問せざるを得ない（新聞はそんなことをしていないが）。何と言っても、扇動スパイというのは〈歴史〉にお馴染みの人物である。信頼にたる情報がないのだから、今日いささかなりとも確信を抱くことはもちろん不可能である。これに決着をつけるのは、未来の歴史家の仕事であろう。しかし少なくとも質問を発することはしなくてはならない。それほど北駅のエピソードは、大統領選挙戦の中で中心的な役割を演じたのだ。この事件が産みだした熱っぽい雰囲気がなかったなら、ニコラ・サルコジは決して第一回投票で三一％に達することはなかったであろう。この熱気は、この事件それ自体が産みだしただけでなく、とりわけそれが一七カ月前に突発した郊外の爆発を思い出させたがゆえに、産みだされたのであるから。

サルコジがボーヴォー宮〔内務省〕を去るや、混乱が蔓延する。大統領候補のアイデンティティに訴える演説は、途方に暮れたフランス人を護ると約束する。移民・国民アイデンティティ省の創設、反イスラームの合図としての、トルコのヨーロッパ加盟への拒否、こうしたことすべては、うまく仕組まれたのでないなら、話がうますぎるではないか。二〇〇五年の放火魔の内務大臣を、二〇〇七年のアイデンティティを護る大統領に変えたのは、恐怖に襲われたフランスなのである。とはいえ、いわゆる共和主義右派が民族のテーマを政治的用具として用いたことの責任は、すべてニコラ・サルコジにあると考えるのは、この男を高く評価しすぎるというものである。鍵を握る役割を演じた知識人が、何人かいるのだ。

アラン・フィンケルクロートと「反共和主義のポグロム」

アンドレ・グリュックスマンやその他何名かとは反対に、アラン・フィンケルクロートは、ニコラ・サルコジを、支持する候補者として指名することはなかった。二〇〇七年二月八日の『リベラシヨン』紙に掲載された、エリック・エーシマンとの対談の中で、彼はサルコジへの共感とセゴレーヌ・ロワイヤルへの敵意を仄めかせただけである。それでもグリュックスマンは、選挙戦期間中は、イデオロギー的に意味のあることを何もしていない。それに対してフィンケルクロートは、二〇〇五年一一月の『フィガロ』紙の中で、郊外の危機について、民族というテーマの公式化と、フランスの文化的悲観論の教義としての完成という、アイデンティティのカードを切る大統領候補にとって都合の良い解釈を、出来立てのほやほやで差し出していたのである。

まるで怒れる老婦人、ダニエル小母さん(*4)のエリート層向けヴァージョンよろしく、フィンケルクロートは、この対談の中で、数十年にわたるルサンチマンの数々を一挙に開陳し、脈絡なくごた混ぜにして、教育の衰退、学校の建物の破損、若者の言葉遣い、ラップとその行き過ぎを告発している。つまり郊外の諸問題を理解すること、外国出自と否とを問わず、若者がその犠牲となっている失業と差別を視野に入れることを、きっぱりと拒絶したのである。そしてマグレブないしアフリカ出自の成績優秀な生徒に対して共感を感じることもあるとは認めつつ、明らかにそうした生徒の数を実際より少なく見積もっている。こうした挑発的にして単純化的な主張によって、フィンケルクロートは、紛れもなく当代の右派思想家なのだ。

もし公共機関に火をつけたり、高層ビルの上から警官隊にペタンクの球を投げ落としたり、消防隊を襲撃したりする者たちが、九〇年代の統一ドイツのロストック(＊5)の暴徒と同じ肌の色をしていたなら、至る所で道徳的憤激が支配的となったことだろう。〔中略〕〔中略〕ところが原因の追究の中では、理解しようとする態度、正当化できないものだという感情を解消してしまう態度が、優勢となってしまう。ロストックと同じという仮説の下でなら、政治家も、知識人も、ジャーナリストも、協会の幹部も、社会科学の研究者も、誰もが異口同音に、ファシズムを許してはならない、と叫んだことだろう。ところがペタンク球や火炎瓶を投げた者たちが、アフリカないし北アフリカ出自であるとなると、説明が憤激の息の根を止めるか、憤激の矛先を政府とフランス国民の他国者への冷たさに向けることになってしまう。

これらの破壊行為者たちがアフリカないし北アフリカ出自でなかったなら、決して彼らについて人々は冷静に語ることはなかっただろう、とフィンケルクロートは断言する。しかし彼は、はるかに残酷な次のような真実を自分自身に隠している。すなわち、決してフランスにおいては、暴徒が肌の色で性格づけられるのが許されることはなかっただろう、もしその冒涜的言辞がユダヤ出自の知識人の発言でなかったなら、ということである。何しろ、ユダヤ出自の者には、ショアーの神聖化によって確実な保護が保証されているのであり、それは植民地という過去が郊外の若者に保証する保護よりは、段違いに確実なのであるから。この対談においても他の新聞雑誌に載った対談において（彼はイスラエルの新聞『ハアレッツ』紙ではもっと強烈だった）も、彼は郊外の暴動について民族化された人種的な読み方を提唱しているが、その本質的要素は、実は若者たちの外国出自への準拠ではない。

この対談の真に興味深い点は、「反共和制のポグロム」という表現にある。この表現は激しい批判を浴びたが、それを口にしたフィンケルクロートが、紛れもない概念総合の天賦の才を持っていることは、誰の目にも明らかであろう。共和制という語は、普遍主義的本質を持つフランスの政治的伝統に照らし合わせるべき語であるが、ポグロムの方は、民族的・宗教的概念に照らし合わせるべき語である。一八八一年から八二年にかけて、ツァーリ・ロシアで権力とつながる集団が仕組んだユダヤ人虐殺〔ポグロム〕は、経済的な原因から生じた民衆の激高のはけ口となるべきものだった。それらのポグロムは、ユダヤ人のイングランド経由でのアメリカ合衆国への移住の動きの発端となった。それはユダヤ人を大いに苦しめたが、ツァーリ政府には大して役に立たなかった。ツァーリ政府は一九一七年には転覆してしまうのだから。ロシアの人類学的基底の平等主義的要素が、ロシアという国の中に、かつての伝統的フランスにおけると同様に、階級闘争への選好、つまり王侯貴族を敵として名指しすることへの選好を、産みだしたのであった。

「反共和制のポグロム」という表現によって、フィンケルクロートは、フランス共和国が少数派であり、潜在的に多数派である外国人住民の暴力に脅かされていると暗示していることになる。移民の子供たちがフランス社会の多数派でないことぐらい、彼はよく承知している。彼らが多数派なのは、精々がところセーヌ＝サン＝ドニ県においてぐらいだ。だからこの見方は錯乱的なのだが、しかし一貫性があり、有効性もあるのだ。それは、フランスの社会・政治システムの民族的変貌、民族的民主制の段階への退行的移行を、正式なものとして確定しようとするものなのである。〈彼の思い描く〉民主制とは、共和制的形態の下で存続しつつ、外来の、被支配的で敵意ある諸民族の頭上高くに君臨するものなのである。こうした暗黙裡の社会的・政治的モデルは、おそらく二つの国家に対する忠誠の相克を解決しようとするアラン・フィンケルクロートの本能的かつ無意識の企てを表象しているのであり、さもしいマキャヴェリズムではなく、むしろ絶望的な誠実さの表現なのだろう。

数年前まではフィンケルクロートは、フランス普遍主義の謳い手の一人、世俗主義の流れの遺産相続者たる良き共和主義者と考えられていた。彼はその後、脅かされたユダヤ民族の代弁者として自己規定する。したがってこの評論家のイスラエル国家への忠誠は、フランス知識人としての義務の上に重ね合わされているのである。しかし最も初歩的な政治的分析を行なっただけでも、フランス共和国の基礎となる原則と、イスラエル国家の基礎となる原則とは、両立しがたいという事実は避けて通れないことが、明らかとなる。誰もが理論的には、移民として入国し同化するならば、フランス人となることができる。誰もが完全な意味でのイスラエル人、すなわちユダヤ人であるイスラエル人になることはできない。ユダヤ民族への所属は、ほぼ血統権によって定義される。包含すると同時に排除するものである血統権によって。フランス共和国は、普遍主義的民主制国家である。イスラエル国家は、民族的民主制国家であり、排除され支配されるアラブ人を内に抱えているのである。

それゆえ、自分が同時にフランス人にしてユダヤ人であり、フランスとイスラエルに同様に忠実であると考える知識人が、フランス社会の民族化から、すなわちキリスト教出自の白人を真の市民とする民族的民主制としてフランスを定義し直すことから、どんなに大きな心理的利益を引き出すことができるかは、よく分かる。フランスの民族化は、共和国を、アテネの原始的民主制、ないしアメリカもしくはイスラエルの民主制の非普遍主義的レベルに引き戻してしまうだろう。すなわち、平等な市民団の民主制だが、その市民団は、一つないし複数の、抑圧されているか、外国人か、劣っているか、もしくはそれら三つの性格を同時に呈する集団に対抗する形で形成されている、というものにほかならない。

民族化に反対する労働者と若者たち

ニコラ・サルコジの選挙キャンペーンは、大統領選挙第一回投票で得票率三一%という、まことに見事なスコアを実現した。これは、一九九九年六月のヨーロッパ議会議員選挙で、当のサルコジが率いたRPR〔共和国連合〕が得た一二・八%と比べると、意外な健闘とさえ言える。しかしとりわけこの結果は、二〇〇二年の大統領選挙でシラクが集めた一九%に対して、著しい躍進を見せているのである。国民戦線の崩壊だけでは、この得票の全体についての説明にはならないとしても、この勢力回復のプロセスの主たる原動力的要素が国民戦線の崩壊であることは間違いない。極右の支持層の寝返りの最大の要因は、二〇〇五年から二〇〇七年までのフランス社会に特徴的な不安であった。そしてすでに見た通り、内務大臣〔サルコジの内相在任期間は二〇〇五年五月から二〇〇七年三月〕はその不安をかき立てるのに専心したのである。しかし果たして、サルコジ主義に与した者たちは、未来の大統領のアイデンティティ絡みの主題系を支持して投票したのだろうか。フィンケルクロート流の、「反共和制のポグロム」への抵抗という暗黙の表象に従って投票したのだろうか。選挙結果を詳細に分析してみれば、投票の主たる決定因は、実際は社会・経済的ならびに人口動態絡みのものであったことが、分かる。サルコジへの票は、新たな「民族的」傾向を示すものではなく、若者と貧しい者に対する伝統的な恐怖の票であり、いささか、一九六八年五月の若者の蜂起と労働者のストライキの後に行なわれた六月の選挙での保守票の出方〔ド・ゴール派が圧勝した〕を思い出させる。郊外の暴動が民族的なものでなかったのと同様に、サルコジの支持層もまた民族的なものではなかったわけである。

二〇〇七年四月二二日、ニコラ・サルコジが労働者層から得た票は、なかなかのものだった。前回シラクは労働者の一四％からの支持を得たが、今回ニコラ・サルコジは、世帯主が労働者の世帯に属する有権者の一七％から支持を集めている。セゴレーヌ・ロワイヤルは、「敬虔な信者風ブルジョワ」スタイルにもかかわらず、二〇〇二年にジョスパンが得た労働者票一二％という嘆かわしい体たらくを、二〇〇七年には二四％というところまで回復させている。「右でも左でもない」という紛らわしい言説をこととするが、アイデンティティ絡みの主題系はきっぱり撥ねつけるという意味で、非の打ち所のない共和派であるバイルは、労働者票の一六％を得ている。ほぼサルコジと同率と言えよう。ブザンスノは七％、そしてビュフェ〔共産党〕は一％であり、この微小な得票率は、民衆階層における共産党の死の臨床診断を意味している。(8) もし階級闘争がこの先も続くとするなら、それはおそらくカール・マルクスとともに続くであろうが、フランス共産党なしで続くことだろう。

極右の支持層の寝返りの主力を突き止めるには、商店の方を探索する必要がある。シラクは小商店主・手工業者・企業主からは得票率二〇％しか獲得しなかったが、サルコジは、三七％に達している。二〇〇二年にこのカテゴリーからの得票が三一％であったル・ペンは、二〇〇七年には一三％に落ちている。国民戦線の魔法とは、階級の問題系の埒外で、左派の労働者と右派の商店主を結びつけて、アイデンティティ絡みであると同時に反体制的でもある、反アラブ、反エリートというどっちつかずの同盟を打ち立てさせたことであった。今回の大統領選挙は、このような超然たる国民的同盟を打破し、小商店主を労働者層から切り離して、元の右派へと連れ戻した。この分離は、アイデンティティ原理の敗北と、階級ごとの同調の優越を意味している。とはいえ、プロセスは終着点に達していない。何しろ労働者のかなりの部分——二〇〇二年と同様、二六％——が実は第一回投票で国民戦線に忠実であり続け、いわば最後に生き残った砦のごときものをなしていたからである。彼らのル・ペンへの執着ぶりは、彼らの狼狽、錯乱の悲劇的なまでの根の深さを表現するものにほかならなかった。それゆえにル・ペンの得票分布地図は、パリ盆地の北部と東部、ソンム県とアルデンヌ県からベルフォール地区に及ぶ、いまや打ち捨てられたかつての工業地帯の地図と、あれほど似ているのである。それに反して労働者が少なく、小商店主が多い地中海岸は、大挙して国民戦線のリーダーを見捨て、いわゆる共和主義的右派に寝返った。

とりたてて特異性のない普通の右派の票というものの第二の特徴は、高齢者である。二〇〇二年にシラクは、第一回投票で六五歳以上の票の三一％を得ている。サルコジはこの年齢層での得票は四四％に達し、ほとんど絶対多数に近い。他の候補は文字通り粉砕された。セゴレーヌ・ロワイヤルは二一％（前回のジョスパンは一六％）、フランソワ・バイルは一五％である。ル・ペンは、小商店主層の票を失っただけではない。六五歳以上の層でのスコアは、前回の一八・五％から九％に落ちている。

一八歳から二四歳の層でも、ル・ペンは一二％から八％へと後退した。しかしセゴレーヌ・ロワイヤルのこの層での得票率は、前回のジョスパンの一二・五％に対して、三四％となった。サルコジは、前回のシラクのスコア、一六％を僅かながら改善し、一九％を得た。バイルは、より善戦し、二〇％だった。

一八歳から二四歳の層は、二〇〇七年の第二回投票では、投票総数の一二％にしかなっていない。しかし別に「若者崇拝」をするわけではないが、ル・ペンとサルコジに対する彼らのアレルギーの大きさを理解しなければならない。またセゴレーヌ・ロワイヤルへの、そしてやや劣るとは言えフランソワ・バイルへの彼らの選択、ならびにブザンスノへの票が六％と少なかったことも、理解しなければならない。二〇〇五年一〇月・一一月の暴徒の中の多数は、彼らよりさらに若かった。しかし一八歳から二四歳の反右派の投票傾向は、どれほどフランスでは、青年層は民族的・宗教的・人種的区分で分断されていないかを、示しているのである。ある社会の中で、若者たちは必ずしも政治的将来を代表するわけではない。多数派に影響を与える頃には、若者はすでに年老いてしまう。しかし若者は常に、一国の価値システムの単純化された、要求水準の高い、現代化されたヴァージョン、いわば生活の現実によって未だ磨かれておらず、すり減っていない、なまの理想というものの担い手である。一国が極右の方に、社会生活の民族化もしくは人種化の方に逸脱する時、若者はこの変化の最も積極的な推進者となる。三〇年代初頭のドイツにおいて、ナチス党員たちは若者だった。そのようなことはフランスでは起きていない。むしろ反対である。

第二回投票は、第一回投票の結果を確証することとなった。手工業者・小商店主・企業主の八二％は、サルコジに投票したが、労働者の支持は四一％のみに留まった。労働者の支持としては、セゴレーヌ・ロワイヤルは、一九八八年の第二回投票でミッテランが到達した七五％には遠く及ばなかった。しかし経済的諸問題に関する彼女の言説の貧弱さと、実のところサルコジと大して変わらない、アイデンティティ絡みの、権威主義的・家族主義的主題系への彼女の固着を考慮に入れるなら、階級の隊列に同調しようとする本物の力が顕現したと言うべきであろう。自然発生的な社会・経済的メカニズムが、演説と政策プログラムに抗して影響力を揮ったわけである。

もしかしたら労働の価値の再評価というサルコジのテーマが、その推進者の思惑を外れて、階級の再動員を引き起こしたのかもしれない。それが小商店主の心を引きつけたのは疑いない。彼らは公務員や労働者より働いているのに、事業主としての社会保障負担分の負担で苦しめられている、という感情を抱いている。これはまさに、ありふれたプージャード主義[*6]的テーマであり、経済のグローバル化とフランス産業の競争力という枢要の問題よりもはるか遠くへとわれわれを引きずっていく。小商店主は確かによく働く。とくにパン屋と肉屋という食料品関係の職業では、よく働く。彼らが支持票と活動家の供給源となっている右派が、彼らの不安を気にかけるのは当然である。しかし彼らの生活条件の改善がいささかもフランス経済の国際競争力の増大につながらないのも、明らかなのである。何しろ彼らは有力な輸出企業ではないのだから。もちろん、小規模商業によって、イギリス人、オランダ人、ドイツ人観光客の幸福のために身を捧げる観光公園になることが、天から与えられたフランスの使命だと考えるのなら、話は別だが。労働者は労働者で、「より多く稼ぐためにより多く働く」というサルコジ派のスローガンは自分たちには関わりないものだということを、的確に理解した（このスローガンに文句をつけるネタを見つけられなかった社会党とは、大違いだ）。経済・金融のグローバル化と自由貿易によって生じた賃金の圧縮のお蔭で、彼らは全く防御的な立場に追い込まれている。彼らの目標、と言うよりはむしろ、彼らの希望は、収入を増やすことではなく、自分の雇用を確保することである。前ヌイイ市長〔サルコジ〕が漂わせる金持ちの味方というイメージに加えて、労働のテーマと来れば、アイデンティティ絡みのテーマ群をめぐって加熱した選挙が、どんなに有権者の階級的再動員の始まりにつながったかが、理解できるというものである。

要するに、断絶の先駆けたるサルコジが当選したのは、フランス社会の最もありふれた右派的要素によってである。もし何か新しい要素、現実に不安を抱くべき要素があるとすれば、それはおそらく高齢者の右への急進化であろう。高齢者の六四%が第二回投票でサルコジに投票している。何しろフランスは、有権者の高齢化が進む社会なのである。高齢化は、思ったよりゆっくりと進むが、想像するよりはるかに確実に進む。

とはいえ、こうしたことすべては、有権者全体がアイデンティティ絡みで逸脱したことを示唆するものではない。せいぜい考えられるのは、ますます高齢化していくまだ豊かなフランス人が、経済的に抑圧され、郊外の暴動以来、脅威と感じられている青年層に対する防衛のために、ことさら緊張して身構えているということぐらいであろう。さらに停年退職者の貧困化も始まりつつあり、それも含めて、高齢者の票が右に安定化したなどということは、全くない。

選挙の後——社会経済的テーマの回帰

それにしても経済的対立が、ほんのちょっとばかり力が加わっただけで、やすやすとフランスの政治生活の中心に再び姿を現わしたのには、驚嘆するほかない。国民議会選挙戦が始まるや、ローラン・ファビウスが、「社会的付加価値税」(*7)、物価の上昇、そしてその結果起こるはずの購買力の低下について触れるというグッド・アイデアを思いついたそれだけで、サルコジ派の選挙機構はフリーズしてしまった。そこであれほど見事な勝利で当選した大統領が、たちまち与党UMPを凡庸な選挙結果に立ち至らせる、ということになったのである。与党は三五議席を失い、選挙後の国民議会に三二〇議席〔総定数五七七〕しか獲得しなかった。ところがもともとは、またと見出しがたい議会(*8)になると予告されていたのだった。

大統領は、己のアイデンティティのテーマを掲げ続けるために、できる限りのことを行なった。国民アイデンティティ省を創設した後、DNA検査を実施すると言いだしたのである。あるいくつかのカテゴリーの移民は、自分の家族関係が現実のものであることを証明するために、この検査を受けなければならない〔家族と偽って入国し、滞在許可証を得ようとする外国人が多かったため〕、という代物だった。左派はすぐにこれに飛びついた。それで、経済のグローバル化と生産の国外移転に関する自らのプログラムの中身のなさから、国民の目を逸らすことができると思ったのだ。そこでパリの〈ゼニット・ホール〉〔パリ市北東、ヴィレット公園傍〕に集まって、手続の姑息さを告発した。手続は実際、姑息なものだったが、これで左派は明白な事実を見損なったのである。すなわち、政府からすれば、DNA検査を行なうことの利益は、それで得られる結果にあるわけではない。結果それ自体に意味はなく、検査の利益とは政治的なものなのである。すなわち、姑息を承知の上で検査を実施することで、国民戦線から寝返った有権者たちに、彼らのことを考えているよ、と伝えることが眼目であった。要するに、マグレブ系もしくはアフリカ系の移民というスケープゴートを指名し続けることによって、彼らの忠誠を確保しようとしたわけである。しかしそれはすでに、彼らの支持の動機を取り違えているということではなかろうか。この策略が中期的に世論の上にもたらす効果を測定するのは、もうしばらく待たねばならない。

そうこうするうちに、疲れを知らぬ大統領は、たちまちのうちにもう一つの犯人を指名するに至った。計算ずくかどうかは別にして、それが彼のやり口なのだ。犯人を指名するというのが。停年退職特別規則〔序章訳註（＊3）参照〕というささやかな特典に与る者たちが選び出されて、〔銃殺されるときのように〕壁を背に立たされた。当然、ストライキが起こる。こうして初めはすべてがうまく回転しているように見えた。世論調査の結果によると、フランス人はそのような特定の職業だけに関わる特典がなぜ維持されてきたのか、理解できないと答えていたのである。そこで組合は、整然として後退戦に入り、特典の放棄について交渉する用意があると宣言した。ところがまずいことになったのだ。政府は市民たちの意識を経済問題の方へ引き戻していたため、たちまちのうちに次のことが明らかになったのである。すなわちフランス人は、特別規則を撥ね付けると同時に、本当の特権者に対してなされた税制上のプレゼント〔序章訳註（＊2）参照〕にも、おそらくはるかに激しく反対するだけの能力は完全に持っている、ということである。サルコジにとって、これが世論調査での不人気の始まりとなった。私生活の露出なども、おそらく墜落を加速化することにしかならなかった。当選から一年後にして、彼は第五共和国の大統領が任期一年目で記録した人気としては、最低水準にまで落ちてしまったのである。

フランスの具体的な政治生活はそれゆえ当面、民主制の自然発生的民族化を暗示することはない。どうやら選挙民と指導階層の間には、外見からは窺いしれない誤解が存在するようである。全体としての選挙民は経済を心配しているのに、政治的ないし知的指導階層は、国民アイデンティティに入れ込んでいるのだ。フランス社会はグローバル化の帰結に不安を募らせているのに、知的・政治的上層部の者たちは、ますます民族的ないし宗教的概念を弄んでいる。フランスの移民集団はヨーロッパで最も少数なのに、それに怯え、文明の衝突の概念から派生した、イスラーム恐怖症の度合が強い西洋主義的教義を練り上げている。このようなアイデンティティへの固着の中に、経済に起因する社会的な怒りの矛先をスケープゴートに振り向けようとする、意識的もしくは無意識の企てを見ないわけにはいかないのである。

いまや自由貿易という上層階級の基本的な経済的信仰が、なぜ、国民の不安と願いに彼らが答えるのを不可能にする要因となるのかを理解しようと試みる必要がある。

第6章　自由貿易は民主主義への阻害要因

商品の流通の自由は、われらが上層諸階層にとって、まるで敬虔な乙女がマリア様に抱くがごとき、疑うことなど滅相もない信仰となっている。不平等の急速な拡大、所得の低下、金融の大混乱が組み合わさったグローバル化の現状にあって、この先験的命題の擁護のために、無資格無能力と盲目ぶりの無尽蔵の宝庫が総動員されている。信念は悪しき信念〔自己欺瞞〕となりつつあり、それは現に目にも見え、手で触れることもでき、時にはお笑いすれすれのところまでいくのである。

二〇〇八年四月一五日、私は経済金融紙『ラ・トリビューン』主催の、エリック・イズラエレヴィッチが司会する討論会に参加したが、その席上、ジャン゠クロード・カザノヴァの発言を聞いて唖然とした。彼は、今日われわれに中国が仕掛ける競争に対する恐怖を、ヨーロッパ共同市場が始まったばかりの頃、ドイツの競争が引き起こした恐怖になぞらえたのである。つまり、サイズや発展水準や政治システムがほぼ同等の二つの国の間の通商上の相互開放と、競争力としては低劣な賃金という「利点」を持ち、ポスト共産主義独裁の圧力によってその利点を維持し続ける、人口一三億の国の世界市場への闖入とを、同列に置いたわけである。真面目な人間がいつも真面目とは限らない。しかし今から振り返ってみると、司会のイズラエレヴィチが顔色一つ変えずに黙って聴いていたのには、改めて感心してしまう。彼は三年前に、国際通商の古典的理論に中国が突きつける挑戦がいかに特殊なものであるかを論じた本を出したのだから(1)。

演壇上でカザノヴァよりさらに遠くに座ったジャック・アタリは、いつもの破滅的な報告を捲し立てていた。それはまさにネオ・リベラリズムの古典的表現とも言うべきもので、いまや、労働市場の柔軟化、職位による年金などの特典の削減といった、古くさい改革だけでは足りないということを理解していない。改革、さらに改革、どこまでいっても、さらにいっそうの改革、ということになる。中国、インド、その他の諸国の賃金水準と成長のテンポからすれば、構造改革が際限なきものとなることは、確実である。われわれの寿命もわれわれの子供たちの寿命も、労働コストが全世界規模で均等化するより前に、終わっているだろう。

それまでの間、真面目な人なら、勇気を持って告げるべきだろう。所得水準がどこまで落ちれば、ヨーロッパの賃金と中国やインドの賃金の間に均衡が確立するのかを。とりたてて計算をするわけではないが、フランスの政治システムはそれに抵抗することはできないと、私は断言できる。

貯金金庫グループ〔現在は合弁により、NATIXIS〕参与のパトリック・アルチュス〔理工科学校教授でもある〕は、経済学の世界でよくあるように、片足を金《かね》の中に、片足を学問の中に突っ込んでいるわけだが、彼のような優秀な経済学者は、すでにしばらく前から、中国のテイクオフがいかなる問題を突きつけるかを、しっかりと把握している。しかし彼は、少なくとも公開の場では、考察を最後まで押し進め、銀行所属の経済学者に相応しい必要な慎重さより、学者として市民としての責任を優先させるということを、あまりしたくはないようである。

彼の専門家向け経済総括報告書『フラッシュ』は、まことに注目に値するが、以下はそのうち三点のタイトルと導入部である。

二〇〇四年二月一七日　「なぜ貿易の開放は場合によって不利であるようなのか」（論旨の要約）経済理論は、国家間の通商の開放は、相互に利益をもたらすと教えている。しかし、ある種の新興国の世界貿易への参入は、ある種の先進国にとって阻害要因となるようである。したがって期待に反するこのような状況の要因となる変則が存在するはずである。(2)

二〇〇五年一月四日　「長期的にはアメリカ合衆国とヨーロッパの貧困化は避けられない」（報告の末尾には、次のような予告がある）企業の生産向け資本として投資し得る世界総貯蓄は減少している。そしてその貯蓄はますます新興大国の方へと向かうのであるから、アメリカ合衆国とヨーロッパの生産向け資本のストックは、生産および所得と同様、やがては大幅に減少することになろう。(3)

二〇〇五年五月二七日　「中国と国際通商の理論」
もし国際通商の理論の正しさが確認されるものであるなら、中国の主要な貿易相手国としての登場は、不安要因ではない。全く逆である。中国は、比較優位を持つ生産に特化するはずであろうから、有利な生産要素賦与と万人の福利が増大するであろう。これが楽観論者の用いる論法である。しかし現実は全く異なるものとなる恐れはあり得るのである。(4)

等々。

しかしパトリック・アルチュスは、大衆向けの本を出す段になると、例えば二〇〇七年九月に出した本(5)の場合がそうなのだが、他の多くの論者と同様に、ヨーロッパ中央銀行が金利を高すぎる水準に固定しているとして、その通貨政策を告発するだけで済ませてしまう。大山鳴動してネズミ一匹なのだ。そんなことを言うから彼は、テレビ「ヨーロッパ1」で、ジャーナリストに突っ込まれて、たしなめられることになってしまう。ドミニック・スーシエは、金利が低すぎると不動産投機とそれに対応するバブル(それは今日、破裂の最中である)を助長することになるのだから、低金利は解決にならないのではないかと、丁重に彼に指摘した。テクニカル・ノック・アウト、というわけだ。

ちなみに、つい最近まで「協調的」な(「放任的」と言わないで、今日的な言い方をしようとすると、こうなってしまう)通貨政策によって資金供給を受けていた住宅取得の強迫観念は、住民が感じ取っている経済的リスクと無関係ではない。職業をめぐる不安定の脅威が蔓延し、誰もが将来ホームレスになるかもしれないと恐れる社会においては、自分の住まいを所有するということは、人並み以下の年金とともに、ある程度の安全の保障なのである。TGV〔フランス新幹線〕や特急コライユ号の車窓から見える何十万という新築の小さな家は、おそらくその所有者の意識としては、小プルジョワの夢などではなく、グローバル化から身を守る避難所なのである。

二〇〇八年春、パトリック・アルチュスの精神状態は悪化したらしい。彼はわれわれに（マリ＝ジャン・ヴィラールとの共著で）[6]「グローバル化については、最悪の事態が起こり得る」と予告したが、その一方で、保護主義は最悪のシナリオとして告発している。彼の意識では、保護主義とはポピュリズムと連合している。これはまさに、分裂病疾患の一歩手前にほかならない。それが彼の職業活動だけに限定されていることを、彼のために願うものである。

経済思想の矛盾は、その終末に達しつつある。現代的と誤って受けとられている、通貨による管理が有効でないことは悟られつつある。一九九九年に『経済幻想』の再版[7]の序文で記したことだが、自分はケインズ以後の者であると信じている経済学者が、金融緩和的な通貨管理を主張し、予算政策と保護主義という調節手段はもはや不必要と考えるなら、そのとき、彼は、ケインズ以後というよりは、はるかにケインズ以前的なのである。

ケインズの思想は、三つの局面を経て変化している。第一の局面は、単に大勢順応的なだけで、それゆえむしろ無思想の局面と言うべきであろう。次に二〇年代の考察をまとめた、一九三〇年刊行の『貨幣論』で、ケインズは、実際に、低金利政策の重要性を前面に押し出した。さらにその後、一九二九年の経済危機に直面して、『雇用、利子および貨幣の一般理論』を執筆。一九三六年に刊行の同書の結論として、予算の赤字による景気刺激の概念を取り入れた、より積極的な経済政策の必要性を主張した。早くも一九三三年に、彼は、情勢によっては自由貿易が誤りとなり得ることを認めた論文を発表している。[8] しかし実践に対する理論の遅れは指摘しておこう。ケインズは、そうとは一言も言っていないが、結果的には、ヒトラー国家の投資政策を理論化するということをやらざるを得なかったのだ。ヒトラー国家は、自由民主主義諸国に先立って経済学の正統教義の支配から抜け出し、『一般理論』が刊行された時にはすでに、三五〇〇万の失業者を抱えたドイツを、失業者一二〇〇万にまで回復させていた。いずれそのうち、ケインズ以前の自由主義経済学者たちの、ナチズムの興隆に対する貢献の歴史を書かなくてはならないだろう。彼らがいなかったなら、ドイツは、ヒトラーを待たずとも、失業問題を解決していたはずなのだ。ケインズはとりわけ、国家による経済介入は、自由という大義のために役立ち得ることを証明したのである。

少なくともイギリスでは、経済学者は理論を産みだす自由を持っている。時宜に適ってにせよ遅れてにせよ、経済を考えるというのは、アングロサクソン圏の可能性の一つである。そこでは経済学は、従来は哲学と結合していた強力で尊敬を集める学問分野であって、知的伝統の中核を占めている。フランスでは、経済学者は大学に属するにせよ、ＩＮＳＥＥ（国立統計経済研究所）に属するにせよ、銀行もしくは、あの残念なＡＴＴＡＣ(*1)に属するにせよ、思考する権利を認められることは滅多にない。それは無理からぬことなのだ。アングロサクソン圏の経済学者たちと違って、かれらは国全体の知的システムの核心について論ずることはないのだ。政治に用いられるような教義を産みだす習慣がないのである。そのような活動はフランスでは専ら社会学者たちが行なうべきものなのである。デュルケムからブルデューに至るまで、常に哲学と結合している社会学者たちに。フランス知識人の世界では、経済への無知、事象への無関心が誇らしげに公言されることさえしばしばである。社会を考える、革命を考える、国民を、宗教を、イスラームを考えるのは、大変結構。だけど経済を考えるというのはぞっとしない、といった感じだ。このような誇らしげに公言される無能力が、部分的には、われらが思考諸階層の一部がアイデンティティをめぐって逸脱したことの要因でもある。彼らものを考える諸階層は、自由貿易がいまや社会的害悪そのものとなったことに対して、プロレタリアートよりも、はるかに知的に無防備なのである。労働者たちは、中国の競争によって賃金が下落し、内需さえも下落することを理解している。

フランス経済学者の構造的無能は、それゆえ知的欠陥の結果ではなく、旧来の文化的均衡の結果である。したがってここ数年、自由貿易の理論的再検討の動きは、フランスよりもアメリカ合衆国で起こった。ところがフランスは、他のどの国にもまして住民が、歯止めなき通商上の開放に批判的な国のはずなのである。サミュエルソンが自由貿易のマイナスの効果に関する、今では有名になった論文を書いた時、わが国の経済学者の大部分は、フランスの住民は臆病で時代遅れだと告発していた。ところが時代遅れなのは、彼らの方なのだ。まさに己の専攻それ自体の中で遅れていたのである。その中で注目に値する例外を二つ挙げておくべきだろう。一つはジャン＝リュック・グレオーで、彼は『資本主義の将来』の中で、常軌を逸したグローバル化に対して保護主義的対抗措置を講ずるという可能性を示唆した。この型破りの経済学者は、おそらく権限の問題で、MEDEF（「フランス企業運動」、「フランス経営者全国評議会」が改称したもの）から解雇されている。もう一人は、ジャッ

(9) (10)

ク・サピールで、彼もまた保護主義を擁護しているが、ソ連の計画経済における経済循環の研究で経済学者になったという変わり種である。

ニコラ・サルコジのためにアンリ・ゲノが念入りに練り上げた反単一思考の演説で、フランスの経済学者の時代遅れは、国家の頂点にまで侵入したのである。ユーロが高騰し、フランスならびにヨーロッパの生産機構の清算が加速化している世界的不均衡の成熟の現段階においては、もはや一九九二年と一九九八年にやったように、通貨の強さを告発し、金利の低下を要求するだけでは駄目である。もっと徹底的な批判がなされ、もっと大胆かつ積極的な解決策が採られなければならない。

自由貿易は、もはや知的に興味深い主題ではなくなっている。一〇年ほど前には、自由貿易に賛成・反対の議論は、そのプラスとマイナスの帰結を予測してそれに備えることを目的としていた。それらの帰結はいまや目の前にある。リカードが理論化した比較優位の効用をくどくど繰り返し述べる――経済が分からないENA出身者のいつもの駄弁――のは、最大多数の所得の低下、一%の超富裕層の行き過ぎた富裕化、福祉国家の収縮、不安定、恐れ、といった現実を、分裂病的に否定するだけにすぎない。要するにこれは、ジャック・アタリの報告と構造改革の世界なのだ。そこでは、すでに見たように、労働の全世界的コストによって圧縮された賃金に比例して、すべてが削減されなければならないのである。各専門職の所得は雪崩のように減少し、数世紀にわたる社会闘争の果てに獲得した社会保障の数々も次から次へと減少し、労働者や病院や教員の数、授業時間や裁判所の数も、減少していく。そのうちフランス人の人数の削減の番が回って来るぞ！

経済史の中には、地域により、国によって、通商の開放が有利であるような局面も存在し得る。しかし保護が必要な局面もまた存在するのである。

自由貿易の現在の帰結は、周知の事柄であり、測定可能である。国際経済のどんな教科書にも書いてある理論に従って、不平等が増大するのである。この際、ヘクシャー＝オリーンの定理(*2)の回りくどい精密さをすっ飛ばして、単純に次のように要約してみよう。すなわち、労働と資本の市場を統一するなら、世界規模で猖獗を極めている不平等のレベルを、各国の内部に導入する結果に終わる、と。(11) まさにそれゆえに、自由貿易は、先進国の内部に第三世界並みの貧困の吹き溜りをあちこちに作りだすのであり、また第三世界の富裕者は、所得に関しては、当該国民の大部分からますます遠ざかっていくのである。

国際経済の教科書には、二つの根本問題が載っていない。

まず、各国の国民経済システムの破壊によってもたらされる全体需要の傾向的遅れである。例えば戦後のフランスは、イデオロギー的には分断されていても、階級間の文化的相互作用に関しては強固に統合されていたので、経営者は、労働者に分配される賃金は、国内需要の形成に貢献するということをよく承知していた。賃金が上昇すれば、生産性向上の成果を吸収できる、というわけであった。ところが、主に世界市場に向けて生産することになると、企業は、まことに道理に適ったことだが、理の当然として、己が分配する賃金を純然たるコストと考えるようになり、一国の経済の枠内の需要、ということは最終的には己自身のためになる需要に結びつくとは考えなくなる。

一方こうした賃金は、第三世界の労働者の極めて低劣な賃金との競争関係に入ることになる。もし世界のすべての国のすべての企業が、己の分配する賃金を純然たるコストと考えるようになるなら、安価な労働の大量供給という状況の中で、賃金は圧縮され、需要は生産性の向上に追いつかない、という傾向が現れることになる。これこそが現在における現実の経済的世界にほかならない。企業は需要の強迫観念に付きまとわれ、ますます国外に需要を探し求め、もし外国の企業が同じことをしたら、状況が好転するはずはないことに気づきもしない。

手短かに言うなら、戦後の各国の国民経済体制が分解したことで、資本主義は、生産に対する需要の遅れ、国外販路の狂躁的探求、この探求が最後には国際関係の中に産みだすことになる緊張という昔ながらの矛盾に再び直面することになる(12)。調節を受けることのない自由貿易は、全体主義的自給自足《アウタルキー》経済体制と同じように、確実に諸国民間の憎悪を助長する(13)。

国際経済の教科書には、アメリカ経済の途方もない特化についての説明もやはり見出せない。リカードの比較優位理論では、各国は己が相対的に得意とする財の生産に特化すべきだ、ということになる。著しく逸脱して、このお伽噺の実行に突き進んだアメリカ合衆国は、消費に特化した。その特化が非常に有効に行なわれたのは確かで、それは八〇〇〇億ドルというアメリカ合衆国の年間貿易赤字が証明している。経済学者たちはこれに沈黙しているが、その原因は極めて単純だ。すなわち、この事態への説明は、彼らの学問の効力の及ぶ範囲を越えているからである。彼らの学問は、物事を単純に割りきる彼らの公理系によって、複数の国家や社会や国民からなる世界という現実から切り離されてしまったのである(14)。アメリカ合衆国が止めどもなく消費するのは、まだ政治的に支配的だからだ。その過去の産業の繁栄の名残にほかならない軍隊、その今なお余韻として残るイデオロギー的威信、こうしたもののお蔭でアメリカ合衆国は、財よりは、むしろドルという世界通貨を「生産する」ことができるのである。しかしそれもあと何年続くやら。しかし一九九九年から二〇〇八年までの間に、ユーロに対して四分の一も安値になるというドルの凄まじい下落は、終わりが近いことを告げている。それでも真面目な人々は迫りくる破局から目をそむけ、現在の生活を、不平等をせいぜい利用しようとしている。何ごとも短期という強迫観念は、金融市場を侵しているだけではない。もはや形而上学的展望を持たぬ世界の法則そのものとなっているのだ。「すみません、あと一分だけお待ち下さい、死刑執行人殿」というわけである。

一般的特徴として、自由貿易への賛同は個人的利害と一致する。資本は、先進国において比較的潤沢であり、生産の要因となるが、資本の所有者は、いかなる場合にも優遇されており、最後の審判の日にも、彼らはおそらく最後まで信仰に忠実な者であるだろう。学識のある者という生産要因は、ここしばらくの間は、世界的規模では希少だが先進国では潤沢という事態が続き、ヨーロッパとアメリカ合衆国ではこれまで長い間、恵まれた立場にあった。しかし中国とインドの教育システムが、数千万の卒業生・修了者を生産している今日にあって、彼らの地位は浸食されつつある。その結果、自由貿易への彼らの賛同は弱まっている。停年退職者と公務員は、身分的には失業から護られており、長い間、私企業の労働者ほど国際競争の偶然性に左右されることは少なかったため、自由貿易に対して反対することも少なかった。しかし彼らの所得の低下は始まったばかりであり、やがては態度を一変させることになるだろう。労働者と若者は真っ先に被害を受ける者であるため、グローバル化にはやはり真っ先に異議を唱えることになったのである。

とはいえ、社会の上層階層が自由貿易に執着するのは、単に個人的利益のみから来ることではない。というのも、生活の安楽というのは、所得水準だけに還元されるわけではないからである。ちなみに所得にはいろいろあって、もちろん給与の場合、それにさらにストック・オプションが付く場合もあり、資本への回帰の当今にあっては、多様でさまざまな資産の所有によって受動的に実現する利潤の場合もある。生活の安楽とは、所得の高さもさることながら、富裕者の場合も通常の市民の場合も、均衡ある人的環境の中で生活するということでもある。均衡ある人的環境とは、テロや強盗などに脅かされないような環境、結核などの重い病気に罹っても治療も受けられない社会の底辺の人間と道ですれ違うようなことのない環境、教育が生存競争にはなっていないような環境である。しかし現実には不平等の世界は、際限なく恐ろしいものであって、体制の恩恵に浴していると自称する者も、とりわけその子供を通して、退行的な社会的変動の影響を被らずにはいない。

そこで富裕者は、自分たちだけの郊外住宅街、自分たちだけの学校や大学に閉じこもることになるが、こうした社会的分離主義は、アメリカ合衆国ではもしかしたら一つの解決策なのかもしれない。しかし、ヨーロッパでは、社会から隔絶するということは、歴史と美がぎっしりと詰まった都市中心部の生活を捨てて逃げ出すということであり、まさに生活の質のグレードを落とすことにほかならないのである。

フランス人は自由貿易反対

自由貿易主義の信仰は、それゆえいまや、かなりの程度の利害の超越という様相を呈している。より残酷な言い方をするなら、愚かで何が利益なのか分かっていない、ということである。われわれとしてはここでもう一度、事実を確認しなくてはならないし、その事実を歴史的・社会学的推論の中に組み込まなければならないが、だからと言って、それを本当に説明することができるわけではない。短期的な個人的利益への執着は、何やら行動様式の全般的ナルシシスト化、集団的様態で思考することができないという傾向と、関係があるということは単純に認められよう。このことを認めたからと言って、われわれは相変わらず何も説明していないのであり、事実確認を論理的に一段階先に進めたというだけにすぎない。とはいえ、自由貿易の被害を直接被っている人々は、そのメカニズムを理解し、個人的にそれを拒絶するのである。住民の中で自由貿易を拒否する層がますます拡大していく一方で、上層階層は、有権者全体の経済的苦悶を考慮に入れるのを原則として拒否しており、このため民主的体制の運行はますます攪乱されていく。というのも、左右を問わず、われわれを統治している、ないしその積りでいる者の目から見れば、選挙のたびに問題となるのは、いまや、いかにして市民が待望しているもの、つまり経済的保護主義を提唱しないで当選するか、ということなのである。しかも当局が実施する非公開の世論調査では、保護主義の人気は非常に高い。保護主義は、「上級管理職・知的専門職」を除くあらゆる社会・職業カテゴリーで、過半数の支持を得ている。これらの世論調査は、税金で賄われているのであり、それを公表することは市民全体に関わる行為であると思われるが、その結果が示すところによれば、フランス人は、実際、単に自由貿易に反対であるだけでなく、保護主義に賛成の者が多数を占めるのである。

「以下の質問のそれぞれについて、それがあなたに喚起するものは、以下のどれでしょう。とてもプラス、かなりプラス、かなりマイナス、とてもマイナス」

この調査は二〇〇六年三月、ヨーロッパ憲法条約についての国民投票での「ノー」の勝利と郊外の暴動の直後に行なわれた。「経済的保護主義」については、回答の五三％は「好意的」であり（「とてもプラス」一三％、「かなりプラス」四〇％）、三一％が「非好意的」（「かなりマイナス」二六％、「とてもマイナス」五％）、「意見なし」は一六％だった。

保護主義に最も「好意的」なのは、一八歳から二四歳までの若者（六七％対一八％）と労働者（六三％対一九％）である。この結果を見る限り、われらが同胞の精神状態は、経済の現実を完全に踏まえており、全く安心していられる。若者と労働者は、すでに述べたように、自由貿易の主たる犠牲者なのであるから。他の数値もまた、さまざまなカテゴリーに及ぼされる経済的圧迫を正確に反映している。私企業の給与生活者（五八％対二八％）は、公共セクターの給与生活者（四八％対三八％）より、保護主義に「好意的」である。公共セクターの給与生活者は、自分のステータスによって世界市場から多少は護られていると考えることができているわけである。忘れてならないのは、この調査は、フランス人が己の所得の低下を自覚する以前に行なわれたということである。フランス人がこの自覚に達するのは、サルコジの当選の後になってからである。とはいえ、公共セクターの給与生活者においても、保護主義に好意的な意見が多数であるのは、二〇〇六年にはすでに、給与の上昇のストップと経済のグローバル化の間に繋がりがあることが分かっていたことを示している。

年齢層ごとの意見の分析は、六五歳以上では保護主義に好意的な者が最も少ないことを示しているが、それでも「非好意的」が二九％に対して、「好意的」が四八％で、保護主義支持が勝っている。

実は、性別、年齢、職業、政党支持を含めたあらゆるカテゴリーの中で、唯一「上級管理職・知的専門職」のみにおいて、保護主義に非好意的の意見が多数を占めた。しかしそれも「好意的」四三％、「非好意的」四五％という僅差にすぎない。年齢別の結果を見ると、この微妙な均衡は世代間の差異の結果であることが分かる。「高等教育修了者」のうちの若年層は、現在、構造改革の波をもろに被っているわけだが、彼らがすでに理解していることを、高齢層はまだ理解していなかったというわけである。

社会主義者たち、中国、そしてインド

社会主義者たちの上層部は、右派のそれに輪をかけて、自由貿易主義的体制順応主義の檜舞台の一つをなしている。これは「ストロース＝カーン主義者」の場合を見れば明白である。支配的経済思想への最終的帰順を説き勧めるというのが、社会主義の歴史に対する彼らの理論的貢献であり、このような提唱を行なった理の当然として、ドミニック・ストロース＝カーン当人は、支配システムの象徴たるIMFのトップに就任することとなった。このポストそれ自体は、前回の危機の際に火傷した新興大国がIMFの融資を疫病のごとく恐れ、アメリカやヨーロッパの金利の支離滅裂な変動から身を守るために外貨準備を積み上げる方が良いと考えているため、もはやいかなる重要性も持たない。それゆえわれらが元経済財政大臣〔ストロース＝カーン〕が就任したポストは閑職にすぎないのだが、それでもこのポストを獲得した以上は、服従という馬鹿にならない抵当をきちんきちんと入れなければならなくなったのである。社会党の指導者たちの中で、ローラン・ファビュス(＊3)は、自由貿易の批判を最も突っ込んで行なった者だった。それにしても、大いに突っ込んだと言えるほどではないのだが。しかし彼は党内で好かれていない。大統領選挙の候補者指名の党内投票で一八・七％しか得なかったことでもよく分かる。ファビュスはたしかに、アラン・ジュペ〔右派の元首相〕のような永遠のクラスの優等生といった風貌にもかかわらず、民衆的なある種の左派のヴィ

ジョンへの愛着をいまだに抱いている。彼が社会党員から獲得した票は、セーヌ＝マリチーム県からオート＝ソーヌ県に至るパリ盆地からのものが多く、この地理的分布を見ると、全体として得票率は低いものの、かつての民衆的地盤の名残と言おうか、これらの昔からの工業地帯の労働者の苦悶に対する感受性がうかがえる。しかしファビユスの周りには、ストロース＝カーンの周辺にいるのと同じＥＮＡ出身者が見出される。彼らは国務院や会計検査院の検査官で、熱烈なまでの体制順応主義者であり、経済調節の様式を再検討する必要があるとはこれっぱかりも考えておらず、自分の政治的野心が満たされないなら、高給で迎えてくれる私企業にいつでも飛んでいく、といった連中である。それにはっきり言って、ローラン・ファビユスは、自分に確信を抱いているような印象を与えない。戦術として採用した立場という以上に、ヨーロッパ憲法条約への反対を選んだ内在的な根拠が彼の中にあるようには見えないのだ。彼は彼で、話すとは行動することだという、ゲノとサルコジのパフォーマンス的スタイルを実践しているのである。グローバル化と自由主義ヨーロッパを批判する姿勢を示しておいて、何かが起こるのを待つ。それで何が起こるというのか？　ヨーロッパにとっての解決策として、明瞭に保護主義を提唱しようということなのか？　いやいや、それはちょっと、あまりにも行動を進め過ぎるというものだ、というわけである。

社会党が経済的保護主義をなかなか構想するに至らないのには、二つのタイプの原因がある。その一つは高貴なタイプのものであり、もう一つは高貴ではない。

まず高貴な方。社会主義者は、党の上部から下部まで、「先進国が輸出に門戸を閉ざしたとき、南の諸国にとって」有害な効果を及ぼすことになると心配している。左派は国際主義者であり、たとえ民衆と労働者の利益に適うとしても、一国の利益を考えるだけで済ますわけにはいかない。左派たるもの、人類の一般利益に気を配るべきなのである。しかしここでもまたわれわれは、経済、地理、歴史についての誤ったイメージに出会うのである。なぜ誤っているかと言うと、まず第一に、ヨーロッパが自らを保護しなければならない相手たる国々は、南に位置するのではなく、東に位置するからであり、また二〇〇八年という時点で、中国とインドという巨人を、われわれの厚情にひたすら頼るほかない小さいひよわな花と考えるのは、もはや正気の沙汰とは言えなくなっているからである。指導者たちの口当たりの良い言説の裏で、中国共産党の中堅幹部たちが掲げる方針とは、文字通り「西洋人を食らう」というものであって、これはアヘン戦争以来、欧米人が中国に強いることになった運命を思い出すなら、当然の報いなのである。

インドはどうかと言えば、たしかに中国に比べればまだまだ貧しく、その上、奇跡的に民主主義国であるのだが、この国を大規模な脅威としてしっかり見つめ、かつ尊重することを、受け入れる必要があるだろう。英語国であるから、インドは、特別の容易さで経済のグローバル化の中に参入してきた。工業段階を飛び越えて、一挙に情報大国としての姿を現わしたのである。五世紀にゼロを発明して以来、この国の数学的才能は否定しようもないが、いまや明らかにその才能を存分に用いている。0と1というコンピューターの二進法の時代に至って、この国の南部のバンガロールは、シリコン・ヴァレーの王座を脅かしつつある。インドのコンピューター技師の給与は非常に低く、そのためすでにフランスとヨーロッパの最良の教育を受けた青年の所得の上には、強い圧力が加えられているのである。インドは、たしかに議会制民主主義と表現の自由を護持しようとしているがゆえに好ましい国ではある。インドは、中国のように、共産主義起源の権威主義的政体に支配されているわけではない。しかしグローバル化の世界とは不平等の世界であり、〔カースト制度で不平等に親近性のある〕インドは、中国よりも巧みに、社会的不公平の拡大によってもたらされる緊張に抵抗できるのである。

中国は圧力下にある。わずか数十年での数千万数億の農民の故郷離脱、特権を有する都市中産階級の浮上、社会のピラミッドの頂点における超富裕集団の出現、これらのことは、中国本来の平等主義的な人類学的システムと矛盾する。自由主義的共産主義というのは、撞着語法であって、ファシズムの臭いをぷんぷんさせる代物だが、この自由主義的共産主義の中心部にも、かつて共産主義革命を可能にした価値観は、相変わらず健在である。現代のマンダリン〔科挙制度下の高級官僚〕たる党指導層は、そのことをよく承知しており、社会の暴力的な反撃に脅かされていると感じている。中国では、毛沢東以前にも、多くの皇帝が革命によって打倒されてきた。大衆識字化局面に至って勝利を手中にした毛沢東主義というイデオロギーは、たしかに権威主義的ではあっても、同時にまた平等主義的なものなのである。

インドにはこの問題はない。人類学者ルイ・デュモンの言葉によれば、インド文明は「ホモ・ヒエラルクス〔階層序列的人間〕」の文明である。カースト制度とは、不平等の制度化にほかならない。

そのため、所得という点では極端な差があるこの国は、非常に安全な世界であり、住民のかなりの部分が貧困に喘いでいても、この国を旅行する者は、相対的な安全感を抱くことができるのである。インドでは貧困と富は、先験的に正統性を有している。こうした理由でインドは、エヴ・シャランが『世界を襲撃するインド[15]』で見事に見抜いたように、自由貿易の諸矛盾に立ち向かうための優れた武器を持っているということになる。

社会党は、この両国は南に位置すると思い込んでいるのだが、その上、この両国に対する社会党の心遣いは、当の自由貿易主義のドグマに、暗黙のうちに、しかし断固として立脚している。現在の左派は全体として――ATTAC〔第6章訳註（＊1）参照〕とフランス共産党の生き残りである共産主義同盟《リーグ》を除外するいわれはない――、近年における中国とインドの貧困の減少――これは事実だ――は、言うまでもなく、何よりも世界市場への参入の結果である、と考えている。しかしこの両国では、国際貿易への開放とは別のことも起こっている。インドでは節度を保ちながら、中国ではヒステリックに起こっている、この別のこととは、出生率〔合計特殊出生率〕の低下である。出生率の低下は、この両国において明確な傾向となっているが、その原因は、大衆識字化が、中国では青年層で完了し、インドでは加速化していることであって、その結果、両国の住民の経済的効率の水準は上昇した。これは国際貿易への開放とは無関係に進行したことである。独立後三〇年間、インドの成長率は、平均三・五％という慎ましいものだった。そこで「インド風成長率」などという愛情のこもった皮肉が口にされたりもした。しかし八〇年代に入ると五・九％という成長の加速化が起こったわけだが、それは明らかに、一九九一年に自由化の諸措置が採られ、国際貿易への開放が進むのよりも前に進行した事柄であった。[16] インドにとって、中国にとって、他の多くの諸国にとって、より均衡がとれ、貧困者により有利な、緊張と不均衡をもたらすことの少ない、そうした型の成長を想像することは、それほど難しくない。

われらが左派の人士は、せめて、世界金融市場へのインド人資本家と中国主権の資金の乱入は、インドと中国の成長から抽出された利潤の一部が、本来その恩恵に浴すべき者、すなわち両国の民衆のために用いられず、世界金融の持ち駒として流用されたことを意味する、ということを承知しているだろうか。多くのインド人は、それを承知しているか感じている。インド人民党（ＢＪＰ）は、アイデンティティを強調するヒンズー・ナショナリズム政党であるが、経済の領域ではサルコジ主義と同じように優柔不断で、二〇〇四年に選挙で大敗し、政権を失った。これは一九九六年に掲げた、自由主義的グローバル化を阻止するとの公約を守らなかったからである。[17]

社会主義者たちが保護主義に敵意を抱く二つ目の原因は、左派の偉大なる原則とは何の関係もない。二〇〇六年に実施された非公開世論調査の分析は、そのことを暴き出した。社会党は、その核心部においては、国家に養われる公務員と議員の党である。ところが公務員は、つい最近まで世界市場の喧噪からほぼ護られていた。彼らが企業の国外移転に鈍感だった原因は、全く単にフランス国家が国外移転する危険はないということだった。公務員の身分に由来する雇用の安全を享受する社会党のお歴々は、「新興大国」の低賃金労働力の競争を恐れる必要などほとんどなかった。それで新興大国に心遣いをしていたわけである。ラ・ロシュフーコー〔一七世紀の文人〕は箴言の一つで、「利益はあらゆる種類の言語を話し、あらゆる種類の役を演じる。利害を超越した人物の役さえも」と述べているが、まさに至言である。これが、労働者階層と公務員、とくに教員〔フランスでは教員はほとんどが公務員である〕という、伝統的に左派の二つの支柱であったものの間の決裂――おそらく一時的なものであろうが――の根本原因にほかならない。

これに対して右派は、保護主義的議論により敏感な反応を見せるが、それは、右派は経済的世界を考える際に、人類の一般的利益はどうかなどと考える必要はないからである。国際競争の具体的な現実に身をさらしている企業主たちは、グローバル化された経済の完成などに幻想を抱く暇はない。彼らは恐れを抱き、闘い、苦しみ、時には倒れる。しかし所得面では恵まれているとはいえ、彼らは文化的・教義的には支配的ではない。自分たちが決めたのではないゲームの規則に順応せざるを得ない被支配者と見なすことさえできる。この記述はもちろん、中小企業主にしか当てはまらない。輸出に関係があるにせよないにせよ、彼らはフランス一国規模の連帯と拘束の中に根ざしている。しかしある程度のサイズを越えると、企業はフランスという国への所属から解放されたような具合になる。その幹部は国外移転し、金融と通貨のグローバルなゲームをプレイすることができ、産業資本主義の経営が金銭の法則にのみ従い、実際は産業資本主義と金融資本主義の差異が消え去ってしまう不思議の世界に入り込むことができる。それにフランスでは、これらの巨大企業の経営者は、大抵は理工科学校かＥＮＡというグランド・エコールの出身である。つまり彼らは、明らかに教育と文化によって支配者の世界に属している。「ＥＮＡを出た」となると、受けた教育によって、彼らは高級官僚の世界に近付くことになる。大企業の経営者と高級官僚の間で、自由貿易の問題は根本的な衝突を引き起こすことはない。この二つのカテゴリーに、経済学者を加える必要があろうが、彼らはシステムによって護られ、システムの恩恵に浴しているのである。

資本家もしくは知識人の小さな支配者カーストの教義に対する執着ぶりは、いまや奇妙な信仰の様相を呈している。それが宗教的信仰の代替物なのか、精神病なのか、よく分からないが。というのも、大衆の運命に対するあれほどの盲目ぶりと無関心、そうした明白な事実についてきちんと考え抜くことができないという無能力、こうしたことを考えるにつけ、宗教的ないし精神医学的な概念を考察の中に導入する必要があると思わざるを得ないのである。善を欲すまいとするこの頑固な態度は、人間をして必然的に悪をなさしめる原罪でも持ち出さなければ、説明がつかないのだろうか。それともむしろ、新たなタイプの精神病の出現を診断しなければならないのだろうか。人と行動のナルシシスト化の全般化を背景として、ある種の人間たちの中に、金銭の過剰に結びついた、現実からの離脱のメカニズムが出現したのだと。一昔前なら「指導的」と呼ばれもした諸階層が、自由貿易に受動的に服従している様を見ると、マルクスが『ドイツ・イデオロギー』の中で描きだしたものより、さらにひどいことが起こっていると考えたくもなる。マルクスは、同書の中で、人は階級の観点からしか社会関係の現実の姿を把握できないということを、浮き彫りにするだけで満足してしまったのだが。

わが国の上層階級は、実を言えば、もしかしたら一つの階級でさえなく、あまりにも高給を取るアトム化した個人たちの総体にすぎないのかもしれない。その個人たちは、形而上学的ないしイデオロギー的構造のない世界の中を漂っている。もはや自分たちが作りつつあるのだと主張することさえない歴史の中で彷徨うこの集団を指し示すのに相応しい用語は、もしかしたら「漂流階級」という用語であるべきかもしれない。

しかし二〇〇七年に、保護主義に対する支配者たちの沈黙の禁止令は、教義を転覆させようとする企てによって、危うく打破されそうになった。この企てには私も、友人のハキム・エル・カルイと共に加わったのだが、これはいささか詳述するに値する。

二〇〇六年一一月、シラクはヨーロッパ保護主義をめぐる論争を凍結する

ラファランが首相だった時に、そのスピーチ執筆官を務めたハキム・エル・カルイは、ラファランが首相を退いた後、経済財政省で将来構想の担当となった。このポストに就いて彼は、統治者たちが経済の支配権を取り戻し、市民の心を再び勝ち得るための唯一の手段は、ヨーロッパ保護主義

計画を想像することである、ということを理解した。二〇〇六年秋、彼は『ある例外の将来』を刊行し、より広範な社会学的・イデオロギー的枠組みの中でこの計画を提示した。(18) この本が転換点となったのである。一九七一年生まれの高等師範学校出身者が執筆した同書は、自由貿易を高齢化世代のおしゃぶりと断じ、保護主義を、単に国民戦線に見切りをつけた労働者だけでなく、エリート層の青年が取り組むことのできるテーマとした。

二〇〇六年九月一三日に『ル・パリジャン』紙に載った、「セゴレーヌ・ロワイヤルとニコラ・サルコジは、空虚の候補者である」(*4) と題する、かなりずけずけと物を言ったインタビューのせいで、私は当時、他の男女の政治家たちの関心を引いていた。そこで調子に乗って私は、エル・カルイの本のための自薦報道官になってやろうと考えたのである。私に会いたいと言ってきた政治家たち——フランソワ・バイル、クロード・シラク〔シラク大統領の娘、大統領顧問〕、当時、大統領官邸の事務局長をしていたフレデリック・サラ＝バルー等々——の一人一人に私は、エル・カルイの本に盛られている計画を擁護する勇気のある候補は、それこそがフランス人が待ち望んでいることであるがゆえに、大統領選挙に勝利するだろう、という同じメッセージを伝えた。バイルは保護主義の主張を理解しなかったが、その後、変化した。エリゼ宮〔大統領官邸〕の連中は興味がありそうな態度を見せたが、経済学者たちの意見を徴すると言った。それは正統派〔経済学者〕への服従の確実な保証にほかならない。ところが果たして偶然なのか、それから数日後、パトリック・アルチュス、エリー・コーエン、ジャン・ピザニ＝フェリィが、『ル・モンド』紙に「選挙絡みの保護主義の風」

を告発する論文を寄せた。この三人の「経済学者」は、いずれも経済分析評議会のメンバーである。この特集記事は、聞き慣れた言い草を集めただけのもので、保護主義をフランス一国の枠内でしか想定していないので、とりたてて興味あるものではなかった。変わった点、唖然とするような点があったとすれば、この三人の教授は、政治家たちを叱責し、大統領選挙の候補者たちは保護主義を望む民衆の圧力に抵抗すべしとしていた点である。(19)これらの経済学者たちが、このような反民主的発熱に身を任せたのは情熱からか利益のゆえかを検討するのは、未来の歴史家たちに委ねたい。

ローラン・ファビユスも、多少関心を寄せたが、いずれにせよ彼は、すでにセゴレーヌ・ロワイヤルに大きく水を空けられていた。

唯一理解しようとする勇気を示したのは、ドミニック・ド・ヴィルパン(*5)であった。一一月一〇日、彼はエル・カルイと私を、マティニョン宮〔首相官邸〕での作業昼食会に招待した。彼の官房長、ブリュノ・ル・メールが同席した。そこでわれわれは、専門的研究が必要であり、ドイツ人に向けて説得工作を始めるべきであることを強調しようとした。ところが、われわれがこの話に入ったとたん、首相は、大統領がこの作業に拒否権を行使したと告げたのである。会合は快適であったが、無用のものになったわけである。多分、私が以前エリゼ宮で昼食をとったのが間違いだったのだ。われらが国民的「駄目犬リンチンチン」は、「社会的断層を埋める」型のデマゴギーの先を行く積極的な経済的・社会的・政治的計画が出てくる可能性があるとの通報を受けたのであろう。

この不首尾に終わった一連の出来事にはもう一つ次のようなエピソードがあるが、私はそれを、その頃おそらくすでにサルコジを次期大統領にと考えていたシラクに、自分を後継者に選ばざるを得なくさせるためのド・ヴィルパンの最後の企てだったと解釈している。彼は、一二月一四日に開催される「雇用と所得会議」の冒頭に、ちょっとした型にはまらないスピーチをしてくれるよう私に頼んだ。労働組合とMEDEF〔経営者の全国組織〕の代表の前で私は、ヨーロッパ保護主義を採用すれば、経営者と給与労働者、私企業従業員と公務員、東のヨーロッパ人と西のヨーロッパ人の間の関係を毒している、賃金縮減の圧力を逃れることができることを示唆した。これについてドイツ人を説得することは可能であり、体制順応的経済学者、とくに『ル・モンド』紙の経済欄の腰の重い三人衆には、お引き取りいただく方がよい、と。彼らは呆然として聴いていた。一研究者の生涯としては、まさに一世一代の晴れ姿であった。私の右に座っていたローランス・パリゾ〔MEDEF会長〕は、何も理解せず、怒り出して、私の発言を遮った。そしてすべては終わった。マティニョン宮〔首相官邸〕関係には終止符が打たれ、マティニョン宮は沈黙に閉じこもった。ジャック・シラクは社会的断層を告発して大統領になった。大統領となったシラクはその二回目の任期を終えるに当たって、ヨーロッパ保護主義に停止命令を発したのである。ヨーロッパ保護主義とは、当の社会的断層を解消する良き手段であるにもかかわらず。まさに中身の空っぽの政治屋の原型。彼の紛れもない精神の息子たるサルコジが、まもなくその原型の立場も継承するわけだが。とはいえ、シラクがやったことは、社会の上層部の共通見解を表現したのにすぎないのである。

とはいえ、サルコジ陣営では、この〔ド・ヴィルパンの〕脅威は深刻だと受け止めた。そこで、アンリ・ゲノが書いたに違いないサルコジの演説には、保護貿易と〔EU枠内の諸国を優先しようとする〕共同体優先主義への言及が散見するようになった。とはいえ、それは、概念のデマゴギー的使用でしかあり得なかった。かつてマルク・ブロック財団で一緒に仕事をしたとき、ゲノは保護主義擁護の私の主張に最も激しく反対する者の一人だった。一九九八年九月にスミュール＝アン＝オークソワで開かれた財団主催の夏期大学で会った時も、彼は、それ自体としては正しい彼の公務員擁護策は、狭い範囲に限定された集中的形態の保護主義、つまり一国規模で、国家公務員に限定された形態での保護主義にほかならないということを、認めようとはしなかった[20]。

しかしながら将来から見るなら、二〇〇七年と二〇〇八年は、自由貿易のドグマの歴史の一大転換点であったということになるだろう。それは正統性からお笑い種へと転落したのである。それほどこの信念の結果は惨憺たるものであり、住民の圧倒的多数から、惨憺たるものと受け取られている。しかしわれわれとしては、こうした条件の下で階級闘争が頓挫したのはなぜなのかを理解しなければならず、それが再び開始するかどうかを、万人の幸福のために問いかけてみなければならない。

第7章　階級闘争か？

七〇年代半ばから社会学的・政治的分析は、フランスにおいても、他の西洋民主主義国においても、イデオロギーの衰退と個人主義の勢力伸張が見られることを強調している。左においては、イデオロギーの衰退には、階級闘争の概念をその問題提起の中心に置いていたマルクス主義の崩壊が含まれる。自らを階級闘争の用具と考えていた共産党の消滅は、この崩壊の目に見える政治的様相にほかならない。フランスに限らず、例えばマルクス主義が歴史的には引き立て役しか演じなかったアメリカ合衆国のような国でも、労働組合の組織率が低下しているが、これも、もう一つの決定的な兆候であり、ヨーロッパならびにアメリカの左派全体にとって重大な帰結をもたらした。組合は極めて弱体化し、左派に労働者層への足場を確保してやることを次第に止めていった。フランスの社会党、アメリカ合衆国の民主党は、イデオロギー的にも財政的にも、プロレタリア的・民衆的繋がりから解き放たれた。フランスでは、党員からの会費収入は、国から支給される補助金に比べて比重が軽くなり、アメリカ合衆国では、党員と組合からの寄付金は、大抵の場合、大金持ちの個人献金者への呼びかけの前に影が薄くなってしまった。

しかしながら、今日でも相変わらず選挙分析は、社会経済的階層の概念なしに済ますことはできない。フランスのような国においては、社会職業的カテゴリーへの分類は、選挙結果を理解するのにこれまで以上に解明力を発揮しているのであり、これに匹敵するのは唯一、学歴階層の分類だけである。世論調査機関は、選挙前の調査では、各集団の特有の態度についてはあまり雄弁に語らない。しかし、投票当日により広範なサンプルに対して実施される「出口」調査は、次の火曜日に新聞紙上に掲載され、「生産労働者」「事務労働者」「中間諸カテゴリー」「上級管理職・知的専門職」「手工業者・小商店主・企業主」「農業従事者」、さらには「退職者」や「無職」が、どのような投票をしたのかを怠りなく提示する。コメンテーターたちもまた忘れずに、学歴ごとの投票の階層分類に言及するが、それは、多かれ少なかれ社会職業的カテゴリーによる分布と合致する。投票者の年齢のような他の変数もまた導入されている。しかし、宗教的母胎――カトリックか世俗主義かという広い意味での――で構造化された伝統的イデオロギーの退潮によって、階級闘争の観念が崩れ去ったまさにその瞬間に、奇妙なことに、投票の決定要因としての社会職業的変数の重要性は増すことになった。一九八四年から一九八六年にかけて国民戦線が登場したとき、その選挙支持層の性格を社会職業カテゴリーによって把握することは難しかった。しかし、国民戦線は、新自由主義的なエリート層から排斥されたため、急速に民衆階層の疎外と同一化することになり、二〇〇七年には、二〇年に及ぶその歴史の歩みを終え、いまやパリ盆地の古い労働者階層に寄生する残留性の組織として残るのみである。地方的変数ということは、つまり平等主義的な人類学的変数ということだが、これは消え去りはしなかったが、社会経済的要因はかつてなく強力になった。一九九三年から二〇〇五年までの間に起こった、左から右へ、右から左へ、と選挙民が大挙して移動した現象は、民衆層の浮遊ということで説明がつく。社会党の危機の原因は、民衆層との歴史的繋がりが切れたことであるというのは、いまや常識である。しかし、二〇〇二年の大統領選挙の第一回投票において、シラクの得票数が惨めなものであったように、右派も、左派に劣らず隠れもない惨憺たる結果に見舞われているが、それもまた、「民衆層の離反」という項目の中で解釈するしかない。

私が、一九九四年秋にサン＝シモン財団のために「フランスの政治不安の根源」と題する報告を書いたのも、このような分析に立脚してであった。この報告は、その後、シラクが一九九五年の選挙運動の間に利用したものである。(1) とはいえ、私は「社会的断層」という表現を使ったことは一度もない。その表現は、シラクのスピーチ執筆者の一人が、「忘却された階級闘争の期待されざる復活」という前兆的な題を持つ、マルセル・ゴーシェの論文から借用したものだった。この論文は、早くも一九九〇年に『デバ』誌に掲載されていたのである。(2)（「知識人は、もう政治的プログラムの練り上げに参加しなくなった」などと言ってもらいたくないものだ！）この概念の移転措置を実行したのは自分の功績だと、アンリ・ゲノ自身が主張しているのであるから、彼にその「功績」を認めないのは道理にもとることになる。彼のように、一九九五年の「社会的断層」と、二〇〇七年の「共同体優先」という二つのガセネタに、極めて高いレベルで参加し、成功したと豪語することのできる政治家のスピーチ執筆者は、そうそういないであろう。

民衆層の政治的離反は終わっていない。しかし、それに対して選挙での分離的傾向という概念を適用することはできなくなった。中産諸階級が細分化し、徐々に労働者層の拒絶的投票行動に合流しつつあるからである。中間諸カテゴリーの体制からの離脱は、二〇〇五年、ヨーロッパ憲法条約についての国民投票の時に起こったとすることができる。社会の総体が結集して、その指導層に反抗し始めているのだ。しかし、この社会の総体は、具体的、統計的には、どのようなものとして提示されるのであろうか。

社会の総体、有権者の総体

細かな区別立てに踏み込むのを避けるなら、民衆階層とは「生産労働者」と「事務労働者」〔訳者解説参照〕の二つのカテゴリーからなると考えられる。前者はその多数が男性であり、後者は女性である。生産労働者と事務労働者は夫婦であることが多い。したがって、この両者は同じ階層に属しているということは、少なくとも言える。社会職業カテゴリーによって個人を振り分けてみると、統計の力を借りて、抽象から抜け出すことができるのである。一九九九年の国勢調査では、生産労働者は一九・四％、事務労働者は一一・五％、中間的職業は一四・一％、上級管理職・知的専門職は九・六％、手工業者・小商店主・企業主は五％、農業従事者は一・六％であった。さらに無職八・八％、退職者三〇％がこれに加わる。この退職者というカテゴリーは、その数の多さと中身の曖昧さのゆえに重大な問題をはらんでいる。年齢が同じという点では非常に現実的な単一性を持つが、所得と社会経済的出自の点では全く多様なのである。高齢者は若者より棄権が少ないということを考慮すれば、このカテゴリーは、今後、実際に投票する有権者の総体の三分の一を占めることになる。

退職者と無職を除いて、労働力人口だけを考えてみるなら、生産労働者は三一・八％、事務労働者は一八・八％に達し、合計五〇・六％で、過半数を維持していることになる。一九九九年以来、工場の国外移転の加速化によって工業労働者の比率は減少したが、低賃金の事務労働者の数は増加しているため、工場数の減少から、フランスにおける民衆階層が過半数を割ったという結論を引きだすのは早計である。中間的専門職は二三％、上級管理職・知的専門職は一五・七％、手工業者・小商店主・企業主は八・二％、農業従事者は二・六％に達する。「中間的専門職」は、ほぼアングロサクソン圏でなら下層中産階級と呼ばれるものに対応する。「上級管理職・知的専門職」の方は、上層中産階級ということになる。しかし、この集団には、学歴資格は高い（中等教育教員適性証や教授資格）がどちらかというと給与は低い、中等教育の教員がかなりの比率で含まれる。「手工業者・小商店主・企業主」は、全く異種混交的である。何しろ小売店主と大中小の資本家が混ざっているのであるから、投票当日に統計的に重要性を帯びるのは、この集団の中の小売店主と手工業者だけである。従業員一〇人以上の企業主は、そのうちの過半数は小企業経営者であるにしても、有職労働人口の〇・三五％をなすにすぎないからである。

国立統計経済研究所の用いる統計用語は、社会構造と選挙プロセスにおける被支配的カテゴリーの重みがどれほどのものかを測定可能にしてくれる。これらのカテゴリーの気分の動向は、事態を説明する上で有効であるが、ただ厳密に否定的な様態においてである。これらのカテゴリーは「ノー」とか「反対」に投票し、彼らの力が及ぶことのない指導階級——漂流階級というべきか——を何とか掣肘しようとするのである。そうした一切は、最大限の混乱の中でなされるのであり、その拒否を形式化し、その選挙行動を構造化する、要するに、まさしく「階級的利益」と言うべきものを表象する、政党や教義やイデオロギーは存在しない。しかしまた、民衆階層は、棄権率の傾向的上昇という特徴も示している。こうした行動様式は、むしろ「階級的利益放棄」という観念に照らして検討すべきかもしれない。現在の選挙をめぐる混乱を完全に描写するには、マルクス主義の用語に頼る必要がある。今日われわれが目にしているのは、階級意識なき階級、言うなれば対自的階級なき即自的階級である。状況を完全に把握しようとするなら、世論調査が用いている国立統計経済研究所のカテゴリーに、マルクス的味付けを一匙つけ加えなければならない理由は、もう一つある。単純化したカテゴリーを用いると、大きな有権者集団の動きをたどることはできるが、量的には微小だが、巨大な経済的・社会的権力を保持している集団の存在を忘れることになりかねない。先ほど、私は、手工業者と小商店主の集団の中に隠れた企業主のことに触れたが、投票当日に、次のような特別の調査があったらどんなに良いかと思うものである。すなわち、マルタン・ブイグ[*1]、ベルナール・アルノー[*2]、ヴァンサン・ボロレ[*3]、フランソワ・ピノー[*4]等々といった個人、それに、もちろん「左派」と言われる経営者たちを含む集団がどちらに投票したかを示す調査が。この階級が右派に投票する率は、九〇%であろうか、七五%であろうか、それともわずか六〇%なのか。一九九二年と二〇〇五年の国民投票の際の彼らの投票行動は、いかなるものだったろうか。そして、文化的にはほとんど労働者と同じく被支配的な、中小企業経営者たちの投票は?

教育と富の分離

社会構造の下から上へとせり上がってくる反対の動きの抗いがたい進行を追跡しようとするなら、実際、ほんの一握りの権力者集団に関心を向けざるを得なくなってくる。というのも、上級管理職・知的専門職というカテゴリーが、この数十年間、この権力者集団にとっての最後の大衆的基盤をなしていたのだが、結局は、この基盤からも見捨てられて、この小集団はまもなく孤立することになるからである。上級管理職・知的専門職は、二〇〇五年にはまだ自由貿易に、つまり経済的権限を奪われたヨーロッパというものに、「ウイ」を投じていた。しかし極めて僅差であり、おそらくそれが最後になるだろう。では、この政治的異議申し立ての動きが徐々に社会を構成する階層序列の最上部まで巻き込みつつあるのは、なぜなのか。

全く単純に、自由貿易の破壊的圧迫が、漸進的に、しかし系統的に及ぼす効果が、社会構造の下から上へと上ってくるからにほかならない。われらが社会の社会経済的諸階層は、まるでキュリアス三兄弟のように、(*5) 散り散りになって逃げるところを、グローバル化という名のオラースによって、次々に打ち倒されてしまうのである。まず最初に労働者は、工場を奪われ、子供の代になると低賃金の第三次産業部門に流れ込む。中国のような極度に工業に特化した国が、わが国の指導階級のために人の嫌がる死刑執行人の仕事を果たすのである。以前は、かつての東ヨーロッパの人民民主主義国〔共産圏諸国〕の労働力人口が、西ヨーロッパの五分の一から一〇分の一の労賃でヨーロッパ共同体の労働市場に荒々しく参入してきて、やはり賃金破壊者の役割を果たしたものだった。中間諸階層の場合は、ネガティヴな圧力は、どちらかというと、インドのような国の方から加わってくる。インドは、今でもすでに、情報技術者の大量生産によって、まさに近代性そのものにほかならないプログラミングの分野で、賃金の縮小をもたらしている。こうしたいくつかの限定されたセクターへの強力な圧迫は、経済社会構造全体に拡散していく。そしていまや青年層のレベルでは、大学教育を受けた者の中でますます多くの者が、その影響に曝されるようになっている。

グローバル化の社会的影響がどのようなものだったか、動態的・歴史的に把握することが必要である。最初の分析は、九〇年代に遡り、もちろんアメリカ合衆国で実現したものであるが、それらの分析は、大抵は、社会の頂点に属する人口の二〇％の人々の特権を浮き彫りにした。それは、高等教育と高所得が組み合わさった集団であった。この上位五分の一の集団の記述は、一九九一年にロバート・ライシュの『グローバル化された経済』〔邦訳『ザ・ワーク・オブ・ネーションズ』中谷巌訳、ダイヤモンド社、一九九一年〕で、一九九二年にジョン・ケネス・ガルブレイスの『満足者たちの共和国』〔邦訳『満足の文化』中村達也訳、新潮社、一九九三年〕で、一九九五年にクリストファー・ラッシュの死後出版の『エリートの反逆』〔邦訳、森下伸也訳、新曜社、一九九七年〕でなされた。(3) 彼らに続いて私も、一九九八年に『経済幻想』の中で、人口の二〇％を占め、国民所得の五〇％を手中にし、それ自身の「高等」文化を備えた上級管理職の潜在的階層について言及した。この大衆エリート層は、かつては実際に存在した。それは、二〇年間にわたって社会政治システムの性格を決定し、それを排他的に独占した。しかし、大学的知と富とを連合させる布置は、われわれ先進国社会の歴史の中の一時期のみを代表することしかできなかった。グローバル化の前進は、今日、上級管理職・知的専門職というカテゴリーの安楽を蝕み始めている。やがて三〇年も経たないうちに、毎年、普通バカロレアを取得する三三%の人々も、学歴によって世界市場から護られる特権者ではなくなるだろう。学歴資格は雇用に役立たず、給料は下がる。これが、学歴資格を取得する若者たちの将来となるのだ。

支配集団の収縮とアトム化

一九〇一年から一九九八年までの高所得について研究するために、トマ・ピケッティが開発した分析方法は、カミーユ・ランデが引き継いで、一九九八年から二〇〇六年の時期に適用されたが(4)、これを適用すれば、上層中産諸階級を、その上にある、より限定された階級に親愛の絆で結びつけていた集団の内部で起こりつつある分裂がいかなるものかを理解し、その程度を測定することができる。この限定された階級を、昔風に資本家階級と呼ばなければならなくなるだろう。産業部門の退潮が著しい現在、この階級を、マルクスに敬意を表して、金融ブルジョワジーという表現で指示することさえできるだろう。

ピケッティは、多様な情報源を混ぜ合わせる明確さを欠く方法にいちいち関わることをせずに、直接、納税額に関するデータを用いることを着想した。人々が、あらゆるタイプの所得を組み合わせて、実際にいくら稼いでいるのかを把握するには、所得の申告より確かなものはない。もちろん虚偽申告はあるにしても。フランスでは歴史的に不平等のレベルは低かったが、ピケッティの研究は、アングロサクソン圏での推移とは逆に、そうした低いレベルがフランスでは、一九四五年から一九九八年までの間は、何とか維持されたということを実証した。アングロサクソン圏では、不平等は早くも一九八〇年代、マーガレット・サッチャーとロナルド・レーガンの新自由主義的実験が繰り広げられていた間に拡大したのである。しかし、トマ・ピケッティの方法を引き継いで、一九九八年から二〇〇六年の時期に適用したところ、カミーユ・ランデは、フランスもまたアングロサクソン圏に同調しつつあることを確認せざるを得なくなったのである。不平等の拡大の速度を考えるなら、アングロサクソン圏と収斂してしまうこともあり得る、と。この現象の原因は、賃金格差の拡大と、遺産相続所得の上昇の組み合せであった。つまりシラク大統領治下において、われわれは、社会的断層から資本への復帰へと移行したのだ。剰余価値を貪り食らうあの古き良き資本へと。一九九七年から二〇〇二年までの間、シラク大統領が、トロツキストであった過去を隠していたと非難された社会主義者の首相〔リオネル・ジョスパン〕と保革共存していたことを思い出すなら、歴史の皮肉を思わざるを得ない。

ランデは、一九九八年から二〇〇二年までの間、短期間であるが所得が再び増加し、次いで二〇〇二年から停滞し、もしくは減少さえしていることを観察した。この場合、対象は全人口であり、その所得中央値は、一九九八年から二〇〇六年までの間、四・二九％という慎ましい増加を示した。(5)フランス社会における所得格差と、支配的集団の所得の飛躍的増大を把握しようとするなら、上から二〇％の最富裕層のハードルより上の部分を細かく測定する必要がある。当該期間において、上から一〇％の最富裕者の所得の増加は、極めて慎ましく、八・七％であった。上から五％の最富裕者だと、まだ一一・三％だった。それが、上から一％の最富裕者となると、一九・四％、上から〇・一％の最富裕者となると、三二・〇％、上から〇・〇一％の最富裕者となると、四二・六％に達したのである。増加に一定の規則性が窺えるところから、上から〇・〇一％の最富裕層の中でも不平等は拡大したと想定することができる。こうなると、上層階級に階級としての同質性と連帯性があるのかどうか、疑問を抱かざるを得ない。どうやら社会構造の上から下まで、細分化が特徴となっているらしい。民衆階層や中産諸階級には階級意識が不在だが、それに対立する支配者たちの階級意識も果たして存在するのだろうか。上から一％の最富裕層という統計学的集団の内部で所得の不平等が拡大しているという事実は、おそらく、なぜわが国の支配階級は、同質性も集団としての意識も計画も持たぬ漂流階級になってしまったのかを理解する上で、助けとなるだろう。

以上の記述は、この間に行なわれた最高所得層への課税率の大幅な減少を考慮に入れていない。最富裕層の税の切り下げは、ニコラ・サルコジが実施した政策の重要な側面の一つである。とはいえ、これを何らかの階級意識の顕現と考えるのは間違いであろう。歴史に鑑みれば、むしろ上層階級は、階級としての自覚を持ち、何らかの計画に駆り立てられて社会を指導しようと願う時は、納税を自らの義務と心得るものであることが分かる。ここで税というのは、通常の意味での税金はもちろん、軍事的貴族の場合には血税〔兵役・従軍〕ということもあるのだが。己の納税の義務、すなわち社会的義務を免れようとする指導階級とは、破滅へと向かう集団であり、むしろ非集団と言うべきもので、〈歴史〉の中で道を見失った経済的ナルシシストの集まりにすぎない。税率の切り下げは、今日、現代化的要求として提示されている。しかし、それが終着点に達した時には、国家と社会構造を解体することに貢献してしまうだろう。そうなると歴史家たちは、この西暦第三・千年紀冒頭の反税闘争を、無為王たち(*6)の時代のメロヴィング朝貴族の特徴であった納税からの逃避になぞらえることになるかもしれない。

これより経済的に慎ましい上から二〇%の富裕層というレベルに話を戻そう。この層は、選挙の観点からは、より有意的なのだ。すると、もはや「不平等の拡大」どころではなく、上層集団の細分化が観察されるのである。現在進行しつつあるのは、学歴資本と本来の意味での資本そのものとの分離にほかならない。修了証書で富を手に入れる時代は終わった。今後は、転落の危険から身を護り、強者の側に留まり、安心して大衆を軽蔑していられるためには、資本を所有しなければならない。企業内での最高給の額が熱に浮かされたように上昇し、企業の経営幹部がストック・オプションなどのボーナスをお手盛りで懐に入れてしまうようになったのは、その所為である。一九八〇年から二〇〇〇年までの間に給与体系の頂点に辿り着いた世代は、大急ぎで、目下の自分の特権を純然たる資本に転換し、金融金利ブルジョワジーとして自分の階級を確定し直さなければならない。さもないと、自分自身ということはないまでも、自分の子供たちの社会的下降を受け入れなければならなくなるのである。子供たちをいずれかのグランド・エコールに入れて、首尾よく保護してやることができない限りは。

給与についての自覚から階級意識へ

失業率は、公式の計算では相変わらず低めに見積もられるという点はあるにしても、フランスでは長い間、上昇局面が続いた後に、顕著な低下を見せた。もちろん幸せな時代の低水準に戻ったわけではないけれども。一九七五年に三%だった失業率は、一九八三年に七・二%に上昇し、一九九七年の第二・四半期に一〇・九%という頂点に達する。そして二〇〇一年の第四・四半期に七・七%に戻り、二〇〇六年の第二・四半期に九%に再び上がった後、二〇〇八年の第一・四半期に七・二%に落ちている。この大きな変動は、登録の操作で説明がつくものではないし、出生率が下落した一九六五年から一九七五年までの期間に生まれた人口の少ない世代が労働市場に到達したことでも、完全に説明がつくわけではない。失業率が「わずか」七・二%に達するためには、労働市場への新規参入者たちが、新自由主義経済学者たちが必要性を強調する構造改革のかなりの部分を現実化するということが必要だったのである。つまり若者たちは、低賃金とますます不安定化する雇用を受け入れざるを得なかったわけだ。

二〇〇八年は、生活水準が低下し始めたことを社会が自覚した年であるが、そこでこの年、給与の変遷の実態についての論争が起こった。異なる測定法が出した結果の不一致の主たる原因は、標準的労働時間に対応する理論的給与と実際の給与所得の間に存在するズレが、ますます拡大しつつあることだった。実際の給与所得は、理論的給与水準によって決まるだけでなく、現実の労働時間、労働日数・月数によって決まる。二〇〇五年に私企業部門の平均給与は、二万二八四二ユーロだったが、平均給与所得は、一万六一〇〇ユーロだった。[6] 一時的雇用――経済学者の用語では「柔軟な」雇用ということになる――の増大が、実働時間数を減少させ、ひいては給与所得を減少させたわけである。この二つ目の分析方法でいくなら、一人当たり国内総生産がゆっくりと上昇しているということは、最大所得者の所得は急激に上昇しているのに、給与所得それ自体は長期にわたって停滞している、ということになる。実際に受け取った平均給与は、一九八〇年以来停滞している。二〇〇三年から二〇〇五年では、明らかに低下しているのである。[7]

国家公務員の手取り平均給与は、五年間、ユーロが安定している中で、平均して年〇・一%ずつ低下した結果、二〇〇五年には二万五五二五ユーロとなった。地方自治体では、五年間、年平均〇・二%の増加が続いた結果、二〇〇五年には一万九四二七ユーロとなっている。近年に記録された給与の変遷の中で最も意味深長なのは、一九九六年から二〇〇五年までの間、国家公務員Aカテゴリー、すなわち最高カテゴリーの年平均手取り給与が下がっていることである。国の給与体系は、現在、機械的に学歴資格に合わせて調整されている。したがってこのケースは、学歴では「上層」と定義できる住民の一部で所得が下がっているという事態にほかならない(8)。

ニコラ・サルコジの悲劇とは、労働の再評価と購買力の増加の主宰者〔大統領〕となろうとしたのに、生活水準の低下を主宰していることだ、ということになりかねない。「税制改革セット」〔序章訳註(＊2)参照〕と富裕者に特典を認めることが、良いアイデアではないのは確かだ。しかし、住民が所得の低下という歴史の逆方向への進行を自覚するようになった悪い時期に、大統領に選ばれたことまでは、ニコラ・サルコジの所為ではない。歴史の方がサルコジよりも、もっと運が悪いのだ。共産党がついに消滅しきった時になって、単に相対的窮乏化でなく、絶対的窮乏化というマルクスの概念が、ヨーロッパで初めて経験的に実証されようとしているのである。

いまや、経済的将来は過去ほど良いものにならないだろうというのは、自明である。給与生活者の自覚は住民全体に広がるかも知れず、住民全体を、社会関係や支配と搾取の機構の実態の再検討へと向かわせることになるかもしれないのである。

宗教的信仰なき階級意識は可能か？

研究のこの段階において、短絡的なマルクス主義的見方に戻ろうとするのは、馬鹿げているだろう。階級意識は、レーニン的主意主義の力を借りるにせよ借りないにせよ、客観的な経済的条件の反映として、多少なりとも急速に発展していく、というあの見方である。第1章で見た通り、イデオロギーの消滅は、複合的なプロセスの到達点に起こることであり、そのプロセスの原因というよりは、むしろ当初の原動力は、宗教的信仰の内側への崩落であった。階級闘争の推進者たるフランス共産党が、カトリック信仰の最終的崩壊の後まで生き延びることがなかったのは、階級意識とは、宗教的なものを母胎とする「集団的信仰」という、より一般的なカテゴリーに属するものだからである。宗教的空虚、個々人の形而上学的孤立という現状にあって、当面、何らかの「階級意識」が自律的な形で再び姿を現わすことがあり得るなどと告げ知らせるものは何もない。社会は、これまで辿ったのと逆のプロセスを辿って、アトム化状態から抜け出すことができるだろうか。その逆のプロセスとは、純然たる理性的プロセスであり、それを通して個々人は、客観的な経済的圧迫を単に被るだけでなく、それを意識化し、自らを組織化して行動に移るに至る、そうしたものであるだろう。「ウイ」にせよ「ノン」にせよ、この問いに答えることはできない。それは、住民が前例のない教育とナルシシズムの水準に達しているからである。せいぜい言えるのは、もし〈歴史〉が人間精神の発達の歴史であるのなら、〈歴史〉は、順境にあっても逆境にあっても、新たな発達をわれわれに約束しているはずだ、ということである。とはいえ、すべてが不確実であるからといって、新たな階級闘争が、今日あるいは明日において、取るかもしれない形態について思弁をめぐらすことが禁じられているわけではない。

ボボ神話

二〇〇五年のヨーロッパ憲法条約の国民投票の際に観察された最も意味深い変化の一つは、中間専門職のカテゴリーが拒絶の陣営に移ったことである。これは、一般に「下層中産階級」が反体制派に加わったことと解釈されている。しかし、社会職業カテゴリーと同時に年齢層で区分してみると、「上層中産階級」の一部が左に再び向かいつつあることに気づく。二〇〇八年の地方議会選挙の結果は、これで説明がつくのである。この層は、教育では上層であるが、所得ではほとんど上層に留まっていない。この地方議会選挙には、社会学的意味がある。かくも多数の大都市が左派の手に落ちたことは、例のボボ神話を厄介払いする機会となった、ということである。ボボ神話とは、青年中産階級についての冷笑的な見方であるが、社会的現実を正しく知覚しないようにするには、まことに便利な見方なのだ。ボボ〔bobo〕とは、ブルジョワ・ボヘミヤン〔bourgeois bohème〕の略で、文化評論家がからかい半分に言い始めたものだが、教育水準の高い青年で、昔の庶民街に居住し、流行の先端につながる生活様式を満喫している者のことである。生産労働者と事務労働者が追い出されて、都市周辺部に追放されたというのは、実証済みの現象である。しかし、その跡に居住するようになった上層中産階級の青年たちも、所得の相対的低下のために、大都市の低所得者的な居住区に住まざるを得ないのである。相対的低下というのは、同じ学歴資格を持つ前の世代の人間と比較して低い、という意味である。それゆえ、彼らは、自分たちにひどい扱いをする経済システムに反対して、左に旋回するこの上ない理由を持っている。

ジャーナリストという職業は、現在の文化システムの中心部を占め、社会学的観点から検討するのがとくに興味深い対象である。ジャーナリズムは、勝ち誇る個人主義を先導する職業の一つである。記事に署名をするわけだから、当人は匿名性から抜け出ることになるわけである。この職業は、すでに見たように、イデオロギーの死を公開の場で見せつけている。御都合主義のゆえか、真実にとくに愛着を感じるからか、ジャーナリストは、党派の区別を歯牙にも掛けず、この新聞からあの新聞へと移籍するのであるから。

それゆえ、最近数十年間でジャーナリストの数が非常に増大したのは、驚くに当たらない。プレス・カードを所持する者の数で測るなら、一九八〇年に一万六六一九人だったのが、二〇〇四年には三万六一四八人になっている。新たにジャーナリストになった者は、フランスでもイギリスでも、先輩たちと比べてはるかに学歴水準が高い。早くも一九八八年には、彼らの四〇％近くは、バカロレア＋3かバカロレア＋4の修了証書を持ち、一八％はバカロレア＋5ないし、それ以上を持っていた。[9] 逆に所得水準は、逆方向に、つまり低下へと変化している。明らかに若いジャーナリストは、いまや過度に搾取されるカテゴリーをなしているのである。新たな雇用のおよそ八〇％は、ジャーナリズムのうちのインターネット部門で創出される。そこでは、無給の研修期間を除いても、新人の給与は、月に一〇〇〇から一二〇〇ユーロ、つまり年に一万二〇〇〇から一万四四〇〇ユーロを越えることがない。これは、金融会社からはほど遠く、私企業全体の平均給与よりずっと低い。所得格差の拡大に政治的領域で呼応するのが、意見の分化である。一九九二年、マーストリヒト条約の国民投票の際には、ジャーナリストの総体は、こぞって賛成票を投じるよう訴える論説委員の意見に従った。[10] 二〇〇五年、ヨーロッパ憲法条約の国民投票の際、新聞社社長や五〇歳以上の論説委員は、動揺することなく承認を説き続けたが、若手ジャーナリストの過半数をかなり上回る数は、「ノン」に好意的であった。この対立は、ずっしりと重い意味を持っているのだ。単に世代間の衝突を表現しているに留まらない。新聞経営者は、もはや所有者のご加護によってしか存在できないのであり、この衝突の背後には、もう一つ別の衝突、激化しつつある資本と労働の間の衝突が隠れているのである。

未来学者が犯すかもしれない最大の誤りは、社会構造の革命的転覆、より冷静な言い方をするなら、社会構造の激変の真の原動力は、常に中産階級の中に存在するということに、気づかないことである。中産階級こそ重心であり、その中で、古いシステムへの反対と新たなシステムの性格決定がイデオロギー的に定義されるのである。民衆階層はもちろんこれに参加するが、民衆階層の力だけでは既成の権力を打倒することはできない。真の階級闘争とは、常に中産階級の上層階級への対立であり、民衆は中産階級に対抗する策略の手駒として上層階級に使われる。一七八九年のフランス大革命は、この観点からすると原型的である。貴族は第三身分によって打倒された。第三身分は、国民全体と考えられたが、教育のあるブルジョワ階級に指導されていた。一六四〇年のイングランド革命と一九一七年のロシア革命は、自分たちの知的能力を貴族階級に対する闘争のために提供した中産階級の破壊的活動がなかったなら、勃発することはなかっただろう。マルクスの根本的誤り――それは、もしかしたら彼の歴史に対するいかさまなのかもしれない――は、すべてを奪われた人間、すなわちプロレタリアが上層階級に取って代わることができる、と示唆したことである。彼の跡を継いで革命を考えた者は、教育ある小ブルジョワジーを歴史の過程の中に再び導入しなければならなかった。そのため彼らは――レーニンは党の至上性という角度から、グラムシは権力のイデオロギー的征服を推奨することによって――、秘かでさり気ないが、重大な理論的修正を加えることとなったのである。

ところで、最新の地方議会選挙で多くの都市が左派の手に落ちたが、これは、社会学的には何を意味しているのか。全く単に貧困化の途上にある大卒の青年の結集にほかならない。

一九九九年の国勢調査で、パリとその各区を含む都市の総体――ただし必ずしも網羅的ではない――における、六〇歳以上の者と、二〇歳から二九歳の者との比率を検討してみると、都市型の地域がどれほどフランス全体より年齢が若いかが分かる。都市中心部では若者の数が多いが、彼らはすべてが学生というわけではない。もちろん、多くの都市には大学的施設が置かれており、それが、そこでの年齢構造を部分的に説明するのではあるが。フランス全体について、各都市について、パリの各区について、高齢化係数を計算することができる。これは、六〇歳以上の者の率と、二〇歳

各都市の左派（年齢効果）

都市名	60歳以上	20-29歳	高齢化	右● 左○
リール	17.7	39.8	0.44	○
ナンシー	20.2	36.6	0.55	●
レンヌ	20.9	34.5	0.61	○
モンペリエ	23.2	33.0	0.70	○
トゥールーズ	22.4	31.6	0.71	○
カーン	23.8	32.9	0.72	○
ルーアン	22.9	31.6	0.72	○
アミアン	21.8	29.6	0.74	○
ストラスブール	21.6	28.7	0.75	○
メス	21.3	27.4	0.78	○
グルノーブル	24.6	31.5	0.78	○
ナント	23.4	29.4	0.80	○
ボルドー	24.3	30.1	0.81	●
トゥール	26.7	29.7	0.90	○
リヨン	24.6	27.1	0.91	○
ポー	30.3	25.2	1.20	○
ル・アーヴル	27.6	20.9	1.32	●
ロデーズ	29.6	21.4	1.38	○
サンテチエンヌ	31.5	21.2	1.49	○
フランス（全国）	28.3	17.9	1.58	
マルセイユ	30.4	18.6	1.63	●
ニース	36.0	16.4	2.20	●
トゥーロン	35.4	15.8	2.24	●

区名	60 歳以上	20–29 歳	高齢化	右● 左○
パリ第 2 区	18.1	26.5	0.68	○
パリ第 3 区	19.3	26.9	0.72	○
パリ第 10 区	18.8	24.8	0.76	○
パリ第 11 区	20.6	25.5	0.81	○
パリ第 5 区	24.1	28.8	0.84	●
パリ第 1 区	22.8	25.4	0.90	●
パリ第 9 区	22.2	24.1	0.92	○
パリ第 14 区	24.1	26.0	0.93	○
パリ第 20 区	20.3	20.7	0.98	○
パリ第 4 区	24.4	24.8	0.98	○
パリ第 18 区	21.8	21.8	1.00	○
パリ（全体）	23.8	22.9	1.04	
パリ第 13 区	23.4	22.3	1.05	○
パリ第 15 区	25.5	23.8	1.07	●
パリ第 19 区	21.5	19.9	1.08	○
パリ第 17 区	25.1	22.4	1.12	●
パリ第 6 区	28.6	25.4	1.13	●
パリ第 12 区	25.3	22.3	1.13	○
パリ第 8 区	25.5	22.1	1.15	●
パリ第 7 区	30.0	21.9	1.37	●
フランス（全体）	28.3	17.9	1.58	
パリ第 16 区	31.7	18.4	1.72	●

から二九歳までの者の比率である。非常に大きなヴァリエーションが見られる。高齢化係数は、フランス全体については一・五八であるが、レンヌでは〇・六一、リールでは〇・四四に落ちる。パリでは一・〇四である。これで見る限り、都市はフランス全体よりずっと若い。ただしマルセイユ、ニース、トゥーロンは例外で、その高齢化係数はそれぞれ一・六三、二・二〇、二・二四である。この三都市は最近の数回の地方議会選挙で右派の抵抗の極となっていた。ナンシー（若くて右派）とかサンテチエンヌ（高齢で左派）といった例外が見られるのは、それぞれ独自の、統計学的法則に還元できない伝統と状況があるためである。しかし全体としては、都市型の地域を左の方へ押しやる要因はその若さである。とはいえ、年齢の変数と階級の変数を対立するものと扱ってはならない。都市中心部の若者は、今まさに形成中の貧困化した新たな中産階級にほかならない。

したがって都市が左派に投票したのは、社会的に無責任な気取りやのボボたちが大勢住んでいるからではなく――それにはよほど大勢がいなければなるまい！――、新たな中産階級が経済的圧力に抵抗しているからなのである。中産階級は、自分たちよりさらに厳しい民衆階層の窮状を眺めるだけで十分幸せになれるのだ、などと思い込む者がいたとすれば、かなり思慮が浅く、とりわけ歴史を全く知らないと言わざるを得ない。

資本の陶酔

上層階級の方も、やはり変化している。まず「教育はあるが資本はない」者たちの支配集団からの排出は、最富裕者たちの社会からの分離という現象を産みだした。その一方、特権のレベルが絶えず上がっていくことによって、最富裕者たちの具体的生活は現実感を失っていき、彼らはますます住民の大多数が経験している具体的な困難を理解することができなくなっている。その上、この支配集団にとっては、金銭の限界効用はゼロ値に近づく。ある程度の量を越えると、金銭は何らかの具体的なものには役立たなくなる。どれほど法外な出費も、金銭を吸い込み尽くすことはできない。三〇〇〇ドルのコニャックでも、三万五〇〇〇ドルのシャンパン大型瓶（一五リットル）でさえも。[11] 富の増大は、やがては一種苛立ちのようなものを育むことになる。なぜならどんなに愚かな会社経営者にも、どんなに偏狭なビジネスの鬼にも、己の金銭的防衛圏がいくら際限なく広がったところで、己の人生は延びることも広がることもないということが、やがては分かるからである。死という人間の条件は常にそこにあり、乗り越えることはできない。それは、かつてイデオロギーに抗ったように黄金の子牛にも抗うのである。

実業家の伝記という新しいジャンルの著作を読むのは、実にうんざりするがゆえにまことに為になる活動である。エーリィ・ルーチエによるベルナール・アルノーの伝記やローラン・モーデュイによるアラン・マンク(*7)のより印象主義的な研究といった上質の本であれ、ジャン・ボトレルが書いたヴァンサン・ボロレ伝のように当人を美化した聖人伝風の作品であれ。(12)ビジネス界の実存的貧しさは、読者の心に打ちひしがれそうなまでの倦怠感を生じさせる。現代という時代の形而上学的空虚が、これらの人生の無味乾燥に何らかの影響を及ぼしているはずである。

昔は特権者たちは進んで慈善活動に取り組んだ。それは、社会的責任についての宗教的感覚から発したものだった。経営者たちは、労働者住宅を建設したものである。ところが、まさしく現在の経済人の心性の基本的特徴は、純粋設計図の段階、自ら望んだドライな冷淡さの段階に到達したということである。新自由主義の教条的経済は、いかなる形の福祉的援助も排除することを、人間をこの瞬間における市場での価値に還元することを、要求するのである。

超富裕者《スーパーリッチ》にはそれでもいくつかのはけ口が見つからないわけではないが、いずれもあまり満足のいくものではない。社会にとって最も害の少ないのは、芸術とメセナへの固着である。しかし、芸術も投機を免れることはないし、われらの美しい社会にメディチ家〔ルネサンス期イタリア・フィレンツェの支配者〕がわんさといるとは言いがたい。最も通常で、最も危険な出口は、人間としての疎外の中にさらに一歩踏み込むこととなるが、富への欲求を純然たる権力への欲望に転換することにほかならない。ここにおいて、巨大企業は、国家との、その国内総生産の水準は問わずあらゆる国家との競争関係に入るのである。国家の資源は、単に金銭的なものばかりではない。国家は、血税を徴収し〔徴兵を行ない〕、帰属民を戦争に動員することもできる。国内に向けては、正統的暴力の独占権を握っている。企業主は、その所得がどれほどであれ、やはり結局は、政治的支配者に比べれば大したことはないのである。政治的支配者は、機動隊を大都市郊外に送り込んで若者たちを挑発したり、ガキどもをアフガニスタンに派遣して無益な殺し合いをさせたりすることができるのであるから。

初歩的心理学の対象となるようなこれらすべての理由から、ますます特権を増大させるわれらが特権階級は、逆説的だが、ますます欲求が満たされず、ますます貪欲になり、ますます国家に敵意を抱くようになる。基本的所得格差が法外な比率で増大していくような世界では、富裕者は、己の納税額が減少することを要求し、現に認められる。彼らは、ますます小さな政府、ますます数少ない公務員を望むのである。これは、もはや経済的有効性の論理ではなく、権力の力学である。利潤の追求から権力の追求への、この憂慮すべき転換は、産業段階から金融段階へと移行した資本主義の変質を示している。

新たな経済システムは、銀行によって、持ち株会社によって支配される。持ち株会社は、産業企業を支配し、その活動の拠点を移動させ、工場を国外移転させて労働者を入れ替え、要するにピアノの鍵盤の上に指を走らせるように、生産の基盤をなす要素と戯れるのである。金融資本主義の心性は、産業資本主義の心性とは全く異なる。一九一〇年にヒルファーディングは『金融資本論』で、次いで一九一七年にレーニンは『帝国主義論〔資本主義の最高の段階としての帝国主義〕』で、第一次世界大戦直前における金融資本主義の誕生に関心を向け、それを産業資本主義の寄生的外部成長とみなした。二人とも金融資本主義を、帝国主義の勢力伸張および戦争と一体のものと考えていた。

産業資本主義は、たしかに軍人たちに、近代戦の技術的手段、高性能の兵器を提供し、そのお蔭で二〇世紀は、実際に産業的な規模の死亡率の記録を打ち立てた。しかし産業経営者は、何と言っても実のところは技術者であり、富の創造者、建設者、売り手である。自分の商品を売りさばかねばならないから、買い手となり得る者との交渉と誘惑の関係に身を置かざるを得ない。たとえその買い手が、他国への侵入を図っている国家であったにしても。それに対して金融家は、たしかに株などの証券を転売する、ということもあるけれども、金融家の理想的行為、金融家を十全に金融家たらしめる行為とは、企業買収、すなわち企業の支配権奪取である。良き金融家、偉大なる金融家(伝記を書いたら、実に退屈な本ができるだろう)とは、本性からすれば略奪者なのであって、会社経営者もしくは経営陣の意思を踏みにじって財を獲得する時ほど生きていることを実感することはない、といった手合いなのである。金融資本は、血税を徴収することはできない。しかし、国家のように侵略を行ない、新たな領土の支配権を握ることができるのであり、工場を国外移転して数百、数千の労働者を路頭に迷わせる時には、己の行為者たちに権力感を抱かせることができるのである。金融資本主義の心性は、本質的に暴力的・暴行者的である。かつては少数派的構成要素であったが、いまや金融資本主義は、フランス資本主義の中で多数派的なものになりつつある。

最近、ドニ・ゴーチエ゠ソーヴァニャックと冶金鉱山産業同盟が起訴され、新聞の論調は、これを経済・社会・政治生活の道徳化の企てとして評価した。しかし逆にこの事件――誰もが半世紀以上前から知っていた慣行の、遅まきながらの露見――は、フランス金融資本主義の勢力伸張と、いまだ残存する産業資本主義の従属化の一段階であると見抜く必要がある。バルナーヴ(*8)が『フランス革命論序説』で述べたように、「富の新たな分配は、権力の新たな分配を引き起こす(13)」。これに次のような言葉を加えるのもよかろう。「国民全体の内部にはもちろん、支配階級の内部においてさえも」と。

フランスの住民は、グローバル化に最も激しく異議を唱える――すべての世論調査が示している通り――が、フランスという国は、経済の金融化が最も進んだ国の一つである。基本的な政治的価値観からすると、フランス国民は、平等主義的な熱望や、社会を支配する集団への不信の念を抱く点で、アメリカ国民とは随分と異なる。ところが逆に、フランスの支配階級は、ますます産業から離れ、ますます金融に同一化する資本主義に同意し、それを実践するという点で、アメリカの支配階級に極めて近いのである。

こうしてアメリカ合衆国との間に作りだされた絆は、利潤の追求をはるかに越えたものである。もっともその必要があるのだ。なにしろフランスの銀行、保険会社等々がアメリカの金融ゲームに参加する以上、ドルの下落に連動し悪化していく損失を伴うことは不可避だからである。フランス社会の上層部のいくつかのセクターには――これについては詳細な研究を行なう必要があるだろう

――、アメリカ・システムへの自発的隷属の関係が存在する。英語能力が一般的に不十分であることが、この隷属化を促進する要因となっている。ニコラ・サルコジは、暗黙の反イスラーム的西洋主義の名においてアメリカ合衆国にフランスを同調させることに血道を上げているが、それは、彼一人が孤立して行なっていることではない。アメリカ合衆国に好意的な上層階級と外交の自律性を気にかける国民とのあいだの亀裂は、昨日や今日の話ではない。イラク戦争勃発の時に、それは感じ取れていた。ただあの時は、シラクとド・ヴィルパン〔本書二一三頁参照〕の対米反対政策で隠されていただけである。すべての世論調査が、全体としてのフランス国民は、当時はイラクへの侵入に反対していたし、今日はアフガニスタンへのわが国の軍事的関与の増大に反対していることを示している。しかし大企業の中やテレビ局の廊下では、ジャック・シラクの政策が大変な敵意を掻き立て、その一方で、ジョージ・ブッシュには誰もが理解を示していたのだ。「われわれはみなアメリカ人だ」(*9)ということだろうか。しかし誰のことだ、そのわれわれというのは。

イスラームと中国の間に挟まれたわが国の指導階級

一九九六年から一九九七年にサミュエル・ハンチントンによって練り上げられた文明の衝突理論は、実はイスラーム以上とは言わないまでも、それと同じ程度に、中国をターゲットとしていたのだが、二〇〇一年九月一一日以来、われわれはそのことをいささか忘れがちである。強力な国家を持たないイスラーム文明は、ハンチントンによれば、大きな戦略的重圧とはなり得ないとされていた。中国は、儒教という語を用いた短絡的な記述で奇妙な戯画化を施されていたが、当然、全世界的覇権を夢見て然るべき存在であった。ワールド・トレード・センターへのテロ攻撃の後、この理論のイスラーム恐怖症的解釈が力を得たのは理解できる。しかし同時に、二〇〇五年から二〇〇八年までの間に顕著になった中国の経済的テイクオフが中国恐怖症的読み直しを引き起こすことも、論理的には覚悟しなくてはならないだろう。もちろん、中国を敵として指名することは、米欧の上層階級にとっては、問題というよりは、イスラームを指名するのと同様に、解決法であると受け止められている。しかし中国は、スケープゴートには理想的な候補ではない。技術的・軍事的な面では客観的には慎ましい大国のままに留まっている。しかし、最近二〇年間に、米欧資本主義と中国の自由主義的共産主義との間には、協力と結託の関係が打ち立てられた(14)。

グローバル化とは、その本質において、かつての第三世界の識字化されているが賃金の安い労働力が、米欧日の大企業の使用に供される、ということを意味する。中国は、桁違いの規模の労働人口を提供する。また無傷の共産党によって統治されているという利点も有する。この共産党は、地球の新たなシステムの中に、スターリン主義的力強さをいくぶん注入するのである。中国農民の生まれ育った土地からの引き剥がしは、一九三〇年代のソヴィエト体制によるロシア農業の集団化や、それのモデルとなった、一七五九年から一八〇〇年の囲い込み《エンクロージャー》によるイングランド農民の農地からの強制立ち退きを除いて、おそらく歴史に例を見ない粗暴さで行なわれている。中国では独立系の労働組合は禁止されているので、この国では大衆の経済的服従が確保されている。この服従は、もはや東ヨーロッパには存在せず、現にルーマニアでは、ルノー・ダシアの労働者が、賃金の引き上げを要求してストを行なっている。中国の国内総生産のほぼ四〇％は、輸出からなる。つまり主として、中国沿岸部に立地する多国籍企業のために実行された労働からなるわけである。中国沿岸部は皮肉にも、広大な海上生産プラットホームとなってしまったのだ。中国労働者は、それゆえ、「西側の」上層階級によって直接的に搾取されていることになる。

グローバル化された経済システムは、グローバル化された社会的均衡をもたらすことになり、グローバル化された階級闘争を引き起こすことになる。そのモデルは、マルクスとエンゲルスが『共産党宣言』で示したものにほかならない。もし大西洋の両岸の経済の指導層が、自国の賃金を下げるために中国の労働者を使用するなら、彼らはある意味では中国の指導層であるということになる。もし中国の共産党員が自国の労働力を米欧の多国籍企業のために労働するべく仕向けるなら、彼らは、またある意味でわれわれの指導層でもある。グローバル化についての考察は、その論理の終着点まで押し進めなければならない。ある変数を世界的なものと扱い、他のある変数を国内的なものと扱うことは止めにしなければならない。エコロジーを一国の枠内、もしくは大陸の枠内だけで構想し、汚染を縮小しようとするヨーロッパの努力と、それとは正反対の中国の環境破壊とを対比してみて、何のやましさも感じないというのも、やはり全くの偽善にほかならない。なぜならヨーロッパの指導層は、生産拠点の中国への移転を奨励するが、中国でのエネルギー効率はまさに一九世紀並みであって、その結果、汚染が世界中に広がっていくことになるからである。ヨーロッパは、エコロジーの面で進歩しつつあるわけではない。己の汚染を国外移転しているにすぎないのである。

社会階級そのものは、もはやすでにグローバル化された、と考えることはできない。急進的反民主主義者が夢見る全世界単一統治もまだまだ先の話だ。しかし、搾取および剰余価値採取の仕組みの国外移転によって、全世界規模での階級間相互行動が姿を現わしている。西側資本家階級は、この二〇年間、『共産党宣言』の中にその萌芽が見られる夢、すなわち自国のプロレタリアートを国外移転し、地球の反対側にいる労働力人口から利潤を抽出するという夢の端緒を経験した。われらが上層階級は、しかしながら新たな現実の一部、すなわち中国の指導階層という危険なライバルの登場に立ち向かうには、大変な苦労をしなければならない。中国の指導階層は、人間による人間の搾取の中で第二ヴァイオリンの役どころに甘んじはしない。アメリカの指導階層と同様に、世界の覇権を握ろうと願っているのである。いずれにせよ、中国にとって、生まれ育った土地を追われた大衆を支配するには民族主義イデオロギーを用いるしかないが、そのために中国は、国際的な表舞台では攻撃的な姿勢を採らざるを得なくなっている。二〇〇八年春のチベット人蜂起の弾圧は、共産党と新たな赤いブルジョワジーの傲慢さを白日の下に暴き出したが、それだけでなく、中国の自由主義的共産主義体制への米欧諸国民の敵意の増大も暴きだした。欧米諸国民は、いまや中国の体制を、自分たち自身への経済的圧迫の極めて活発な要因と感じているのである。

今はまだ自覚の始まりにすぎない。しかし、イスラームと中国という二つの外敵のうちどちらを選ぶかということには、経済的選択と階級的選好が映し出されることになるだろう。チベット危機が最高潮に達した頃、ジャン＝ピエール・ラファランは、中国を訪問したが、それは、上層部の中国に上層部のフランスの友情を伝えるためであった。

西洋主義《オクシデンタリズム》は、今日、反イスラームの教義となったかのような様相を呈している。しかしイスラーム圏は、われわれの経済的困難の要因ではない。イスラーム圏は弱体で、地政学的には被支配的であり、己の石油資源を管理する能力さえ持たない。階級闘争を行なおうとする者は、イスラームに寛容にならなければならないが、それだけでなく、中国問題に立ち向かわざるを得ないのである。中国は今後、われわれの安寧に対するマイナスの圧力となっていく。中国に対して保護主義の障壁を打ち立てて、中国がより均衡のとれた発展様式を採用せざるを得なくさせる勇気を持つ必要があるだろう。食料品価格は、長期にわたって高騰に向かっているのだから、中国は、自国の農業に関心を向ける必要がある。それは、中国自身の安楽のためにもなれば、世界の安楽のためにもなるのだ。国内市場向けに生産し、不平等を縮小し、社会的緊張を鎮めなければならない。もちろん、経済的衝突が民族的・文化的衝突に転じることは、避けなければならない。しかし、それは容易ではないだろう。グローバル化とは本性からして、経済的相互行動と民族的相互行動を一緒くたにするものだからである。しかし中国は驚嘆すべき文明を生んだ国であり、われわれとしては、その住民を悪魔扱いすることなく、その文明を尊敬しなければならない。中国に悪いところがあるとすれば、それはただ一つ、例外的な歴史的成功の遺産にほかならない一三億以上の人口を抱えているということだけなのである。

階級闘争か民族闘争か

年が若く、教育があり、貧困化しつつある、新中産諸階級の票は、二〇〇八年の地方議会選挙では、すでに見た通り左に向かった。いわゆるボボたちも、サルコジ主義の民族化的・西洋主義的傾向にとくに惹かれたわけではないようである。しかし、今から三年前にもならないヨーロッパ憲法条約の投票の際には、反対票が投じられたわけだが、その票の解釈はどちらとも決めがたかった。階級的な票なのか、外国人排斥の票なのか。当時喧伝された「ポーランド人配管工[*10]」のテーマは、二つの次元を含んでいた。反対票を投じることによって、大量の低賃金労働者を動員して賃金に圧迫を加えようと必死になっている新自由主義を阻止しようというのか、それとも、ソ連による占領によって半世紀近くの間、低開発状態に維持されていた東ヨーロッパの人々を、最も利己的なやり方で撥ね付けようというのか。この場合も、中国の場合と同様、経済的グローバル化は、経済的対決と外国の脅威とを系統的に混ぜ合わせる。平和を保証するどころか、自由貿易は、諸国民を果てしない経済戦争の中で互いに戦い合うよう仕向けるのだ。それゆえ、以前にもまして、いまや以下の極めて単純な問いに答えなければならない。誰が悪いのか。誰に対して戦わなければならないのか。外国人労働者か、それとも、われらが指導者たちか。

二〇世紀の歴史は、すでに困難な経済的状況に直面した社会にとって採るべき道は、社会経済的な対決なのか、民族的もしくは宗教的スケープゴートを指名するのか、いずれかであるということを示した。そのどちらなのかを決定するのは、経済よりも深層の人類学的変数である。同じ時期に、同等な発展水準に達した社会が、異なる道を選ぶことがある。一九二九年の危機の影響下にあって、ドイツはナチズムの中に沈んだ。ユダヤ人をスケープゴートに指名し、外の世界全体を侵略すべき土地とみなした。フランスは、人民戦線によって、非暴力的で温厚な階級闘争の道を選んだ。〔ナチスという〕外からの脅威がなかったなら、それは、素晴らしい解決法だっただろう。いくつかの手探りの後に、経済政策の誤りを修正することもできただろう。マルクス主義への本能的抵抗があるにもかかわらず、アングロサクソン圏は、どちらかと言うと、論争を経済の土俵の上に載せた。ルーズヴェルトの左派的積極行動主義は、アメリカ合衆国に紛れもない社会的大躍進を完遂させた。イギリスでは、危機の勃発の際に政権にあった労働党は、管理運営能力のなさを露呈して笑い者になり、保守党に政権を譲ることになった。保守党は、対外政策では無気力で、ヒトラーの脅威を激化させたのは大いに保守党政権の責任ではあったものの、ポンドの切り下げを断行する気力を見出すことはできたのである。イギリスが最悪の不景気に陥ることは、これで回避された。

二〇〇八年のフランスは、相変わらず民族的対決より階級闘争に向いているように見える。しばらく前から、社会が震え戦いているのが感じられる。労働者層、下層中産階級、上層中産階級といった社会の様々な構成要素が、再び結集しつつある。選挙を経るごとに、もはや国民の一％の得になるだけなのが目に見える経済運営を受動的に受け入れていた票の動きが、少しずつ拒絶へと脱皮していくように見えるのである。下からの異議申し立てと、上からの傲慢さとが、並行して強まりつつある。それはそれほど意外な動きなのか、それとも単に新しい現象なのか。フランス大革命の勃発に先立って、貴族の反動があった。貴族は特権の拡大を要求したのだ。そうした貴族たちは、大小あわせて、フランス王国の人口の〇・四％から〇・四五％を占めていた。[15]

このところマルクスの著作が次々と再刊されている。この偉大なる髭面男の思想に含まれている、明白この上ない経済学的不合理が払拭されることを期待したいところだが、もしそれが払拭されるなら、この男の思想が今後数年の間に重要な役割を果たすのは明らかである。二〇〇七・〇八年度のグランド・エコール入学準備課程のフランス語の指定教材には、「歴史を考える」というテーマの下に、マルクスの『ルイ＝ナポレオン・ボナパルトのブリュメール一八日』が含まれていた。これは、なかなか意地悪な措置ではなかろうか。それにしても、われらが若者たちが関心を注ぐべき者として指名されたのは、二人の人物のうちどちらなのか。革命的思想家の方か、それともナポレオン三世となるクーデタの首謀者の方なのだろうか。

とはいえ、当面、一つないし複数の階級意識を定義することのできるイデオロギーは一つもない。

社会のアトム化と行動様式のナルシシスト化が、今のところ階級闘争への復帰を阻んでいるようでもある。それゆえわれわれとしては、あり得る政治的未来について自由に思弁を巡らす前に、最後にもう一度、風俗慣習の変化について考察しなければならない。フランスの人類学的土台が揺らぎ出している可能性もあるのだ。

第8章　人類学的土台の極めて緩慢な変化

大統領選挙第一回投票の直前の二〇〇八年四月二九日の演説の中で、ニコラ・サルコジは、六八年五月〔五月革命〕への攻撃を開始したが、これは何とも理解に苦しむ。

六八年五月は、文化的・道徳的相対主義をわれわれに押しつけた。六八年五月の遺産相続者たちは、すべては等価である、善と悪の区別、真と偽の区別、美と醜の区別はない、という観念を押しつけた。生徒は先生と等価であり、出来の悪い生徒にトラウマを与えぬよう、成績をつけてはならない、成績順位を出してはならないと、われわれに信じ込ませようとした。犯罪者より犠牲者は重要ではないと信じ込ませようとした。いかなる価値の上下関係も存在し得ないと信じ込ませようとした。すべては許されている、権威などはもうお終いだ、敬意などももうお終いだ、もはや偉大なもの、聖なるもの、感嘆すべきものはなく、規則も規範も禁令ももはやないと、声高に主張した。

ソルボンヌの壁に書かれた六八年五月のスローガンを思い出していただきたい。それは「拘束なく生き、束縛なく楽しむ」であった。

サルコジが読み上げたこの文言を書いたのはおそらくゲノだが、この文言の共同責任者たる二人の男は、それぞれ一九五五年と一九五七年の生まれで、六八年五月にはその利得に与る年齢には達していなかった。好意的だったか反対だったかは別として、あの出来事に参加した者なら、こんな与太話をでっち上げることはあり得なかっただろう。フランスの歴史のあの魔法の瞬間を生きた者なら誰でも、その思い出を抱き続けることしかできない。喜びに満ちたプラスの無重力感が、当時、社会全体を覆い尽くした。それは、サルコジ局面の報復的なマイナスの無重力状態とは正反対のものであった。

二人の作者の人格云々を越えて、この「反六八年五月」の戯れ唄は、病める社会が産みだした作品であると考える必要がある。まず第一に、事件の本質についての歪曲に満ちており、六八年五月世代に対して不当であるからである。彼らは無政府主義的傾向を持つのがしばしばだったが、それでも善悪、真偽、美醜の区別をつける術は完全に心得ていた。「機動隊はナチ親衛隊だ」といった類いの言葉の上での逆上がいくつかありはしたが。いずれにせよ、秩序と権威を代表するド・ゴール派と比べて、ことさら良くも悪くもなかったのである。双方に共通する価値観の安定的基盤があり、この危機で出た死者の数が微少であったのは、そのためである。これは、当時としては唯一無比の歴史的成果であったが、その後、今回の大都市郊外の危機の間にも、それは再現された。警官もデモ参加者も、その自制的態度によって、彼らの道徳が堅固であることを証明したのである。

ニコラ・サルコジのこの演説は病理学的な性格を持つものだが、それは、まことに珍しい自己についての無自覚と、やはり滅多に見られない社会的・歴史的無教養を証言しているからにほかならない。大統領は、実は最高度に六八年五月の子供である。だから大統領候補としての彼のこの演説を聞いて、フランス中が爆笑しなかったのは、いささか心配なのである。彼が告発した多くの要素は、学校での出来の悪さからあらゆる禁令の拒否に至るまで、いずれも彼自身の特徴にほかならない。彼は、権威なき権威主義者である。もっとも六八年以後の世界には、そんなものは掃いて捨てるほどいる。たっぷり一年以上にわたって、大統領は、自分の感情的不幸を見せつけた。離婚、カルラ・ブルーニとのアヴァンチュールの末の結婚、生きていることとの満足、そしてその間ずっと自分の常軌を逸した言動を釈明することを拒み通す、という具合だ。大統領制度に自分が告発する当のスローガン、「拘束なく生き、束縛なく楽しむ」を適用した最初の人間は、彼である。サルコジは、自分の演説の言う通り、偉大でも感嘆すべきでもなく、また彼はいかなるものも尊敬しない。ギィ・モケと共産主義者たちのレジスタンスの思い出さえも〔序章訳註(＊6)参照〕。そして聖なるものと言えば……、ランスでの聖なる戴冠(＊1)からレイバンのサングラスを愛用するこの男まで、フランス国家は、何とも長い道のりを辿ってきたものだ！

たしかに六八年五月世代の人間は、金銭には興味を示さなかった。しかし、歳を取るとともに、彼らは性行動に関して実践していた寛容を金銭にも巧みに拡大した。寛容というのは、実際、六八年五月の一つの側面であった。性的自由と金《かね》への愛着、これは、結局、絶対自由主義的反乱の双子の姉妹となった感がある。この二重のメッセージのどの点に、サルコジは反対したのだろうか。

分析の観点からすれば、重要なのは、サルコジを批判することではない。彼の中に姿を見せる人類学的決定因の力の強さを感じ取ることが、重要なのだ。より馴染みの用語を用いるなら、教義に対する風俗慣習の優位、政治的意見表明に対する無意識的行動様式の優位を感じ取ることである。六八年五月以後的な行動様式は、実際、ある型の束縛を拒絶する。それから四〇年の風俗慣習の変遷の果てに登場した個人は、必ずや超自我の欠落という病いを患っている。集団的な様態で思考し、行動することが、非常に苦手なのだ。その経済的・政治的帰結は明らかである。アメリカの新保守主義革命とフランス新自由主義とは、資本主義に内在する論理から生まれたわけだが、それ以上に、とまでは言わずとも、それと同じ程度に、行動様式の変化から生まれたのでもある。禁止することが禁止されているのなら、市場が君臨し、国家は分解する。実のところ、われわれの経済的混乱の原因を、それより遠くに探し求める必要はあまりない。

ソ連体制の崩壊は、この傾向をさらに悪化させた。ソ連邦は資本主義にとってカウンターウェイトであって、そのお蔭で第二次世界大戦直後に資本主義の性能は最適化されるようになったのであるが、ソ連体制の崩壊は、このカウンターウェイトの消滅にほかならなかったからである。共産主義の脅威が資本主義を社会的なものにしたのであり、忌憚なく言えば、文明化されたものにしたのであった。しかし新自由主義の勢力伸長は、ベルリンの壁の崩壊より大分前から始まっている。われわれの頭の中で集団的なものに対するセンスが死に始めたのは、七〇年代の中頃からであった。フランソワ・ドノールは『新自由主義フランス版』の中で、ロナルド・レーガンとマーガレット・サッチャーの実験とは無関係に、フランス社会の内部そのものにおいて、内的な新自由主義の力学が作動していたことを示している(1)。教養に対して風俗慣習がある程度優位にあることを認めるなら、最も激しい風俗慣習の変化が起きた国の一つである六八年五月の国は、イギリスおよびアメリカ合衆国という自由主義的民主主義の姉妹国と並んで、現代の「個人主義」の極の一つにほかならないことは明らかである。もっとも、すでに私が何度もそうしているように、「ナルシシズム」と言った方が言いだろう。個人主義は、一つの集団的信仰であり、強力なイデオロギーだった。ナルシシズムは、いかなる特定の教義にも、いかなる社会的計画にも、いかなる集団行動の意志にも対応することのないアトム化状態を意味するのである。ドイツや日本のような国では、もともと家族システムがより権威主義的で、個人はより強固に集団に統合されていたわけだが、そうした国では、絶対自由主義的な動きははるかに節度あるものであった。重要な縦型の構造物がいくつも存続している。日本では企業がそうであるし、ドイツでは企業と組合がそうである。一九六八年のフランスの革命的激発の特殊性は、イングランドやアメリカ合衆国に類を見ない人類学的システムの平等主義的特徴と関係がある。階層序列的関係の一時的崩壊というのが、五月の出来事の驚くべき特徴であったが、それに匹敵するものは、フランス以外の場所では、いまだかつて見られたことがない。

この点でもニコラ・サルコジは、遅咲きの六八年世代の男として立ち現れる。彼の演説のあるものは、秩序と権威を呼びかける長いわめき声にすぎなかった。しかし彼は、その押し出しからして、階層序列的理想を引き受けて実践に移す能力はない。彼は、民衆層出身もしくは年齢の若い人間が彼に異を唱えるとなると、彼らと同じレベルに立って与太者のような罵声を彼らに浴びせることがしばしばだが、その姿を見るなら、そのことは明白である。階層序列の価値は、彼には理解不可能なものであって、彼は内務大臣を務めていた時、アメリカ人観光客を思わせる不格好な野球帽を被せて、フランスの警官たちを郊外のガキどもに見事に変装させたという話があるくらいだ。郊外のガキどもも、サルコジ同様に下らないアクセサリーを身につけるのが大好きという連中ではあるが。こうして彼は、警察と若者たちの距離をなくすことに貢献し、それによって、もちろん衝突の可能性を掻き立てたわけである。

大統領となったニコラ・サルコジは、フランス平等主義の滑稽な勝利のごときものを代表している。わが国の歴史始まって以来、初めて普通の市民より価値があるわけではないように振る舞う国家元首をわれわれは持った。現実にはこれまでも常にそれが真相であるのだが、その真相は、制度と社会システムが、調和のとれた、とまでは言わずとも、少なくとも理にかなった形で運行するように、隠されねばならないのである。

六八年五月というのはレッテルにすぎない。風俗慣習の変遷をたどり、その程度を測定することは、人口動態の変遷の分析によって可能になる。「出来事」とは、政治的ハプニングの才に恵まれた社会が産みだした天才的な予告のようなものだったのである。他の国でも同じ大転換が、さまざまな規模と速度で起こったが、〔フランスにおけるように〕発端で一挙に爆発するようなことはなかっただけの話である。

出生率の変遷

合計特殊出生率情勢指数は、一九六四年には女性一人当たり子供二・九二であった。その後、低下が始まり、一九六八年には二・五九となった。戦後の年ごとのどんな数値に比べても低い水準である。とはいえ、この年において、婚外出生率はまだ動きを見せていない。〇・一五で、戦後を通じて最低の水準にあったのである。避妊を認めるヌーベルト法が、一九六七年一二月二九日に採択された。長期的動向を扱う歴史家にとっては、同法は一九六八年五月の一部をなしている。これについては、ド・ゴール派の代議士さえも、五月の運動の口火を切った者たちと同じ側に立っていたのである。「非嫡出」と言われる子供の数が増加したのは、一九六八年以降にすぎない。それと同時に、結婚で生まれる子供の数は減少していった。

情勢指数は、一九九三年と一九九四年に、一・六六で最低点に達した。その時、婚外出生児は、出生児総数の三〇%を占めていた。その後、情勢指数は再び上昇に転じ、二〇〇四年には一・九となる。この年、婚外出生児は出生児総数の半数近く、四七%を占めていた。今日、指数は女性一人当たり子供二で、この出生率のお蔭でフランスは、西ヨーロッパ大国の中で唯一、人口の再生産を確保した国となっている。この点で、フランスはアメリカ合衆国に近い。

風俗慣習の中に革命が起こり、家族を成立させる制度としての結婚の消滅を引き起こした。家族の変遷とイデオロギー的ムードの変遷は、驚くほどの平行関係を示している。七〇年代の間に、左派においては、全体主義的イデオロギーを大衆的に疑問に付す動きが起こった。それは、一九七五年刊のアンドレ・グリュックスマンの『料理女と人間食い。国家とマルクス主義と強制収容所の関係についての試論』[2]〔邦訳『現代ヨーロッパの崩壊』田村俶訳、新潮社、一九八一年〕と一九七七年刊のベルナール＝アンリ・レヴィの『人間の顔をした野蛮』[3]という、知的には軽いが、歴史的には意味深い著作によって行なわれたのである。

　しかしながら、人口統計学はまた、風俗慣習の歴史に大異変が起こるというような見方を排することを可能にしてくれる。危機が起こったのではなく、変遷があっただけなのである。合計特殊出生率情勢指数が一・六六に落ちたというのは、統計上のフィクションであり、人口統計学的《デモグラフィック》分析を行なえば、これが分かる。潜在的生殖期間の終わりに達した女性について、完結出生率という、より決定的な指数を測定することができるが、それを四五歳としてみれば、この大変動の期間を通じて、出生率は、女性一人当たり子供二以下になったことは一度もないことが確認される。そして、その後、二という数値にまで「再び上昇した」というわけではないのだ。単に、戦後に生まれた世代はそれ以前の世代よりほんの少しだけ子供が少なかったが、とりわけ子供をつくるのが遅くなったというだけである。出産の平均年齢が上がったわけである。性的解放は、特段の音を立てることなく、静かに管理される中で進行した。風俗慣習の変化は、最終的に第三・千年紀初頭のアトム化されたナルシシスト的人間を招来するに至ったが、フランスの家族システムをいささかも破壊することはなかったのである。

ヨーロッパの出生率

それに対して、合計特殊出生率指数が人口再生産のハードル以下の諸国の人類学的健康状態は、どうなっているか、気にならなくもない。それは、ドイツ、スペイン、イタリア、日本、ロシア、中国といった国々で、いずれも過去に権威主義的ないし全体主義的経験を持っている。この点でうまく切り抜けたのは、フランスだけではない。西ヨーロッパの昔からの民主主義諸国は、とくに輝かしくはないが、ともかく破局的ではない出生率を保っている。フランスやアメリカ合衆国の水準に達しないまでも、スカンディナヴィア諸国、ベネルックス諸国、イギリスは、かつて権威主義を経験した諸国の特徴である一・三から一・四という最低水準にまでは落ちていない。権威主義の歴史的経験と低い出生率の符合、昔からの自由主義的伝統とより高い出生率の符合、これにはあまり単純な解釈を施してはならない。何しろ、それは絶対的ではない。これまで権威主義の経験を一度もしたことのないスイスは、女性一人当たり子供一・四で、オーストリアやドイツに近いし、程度はさまざまに異なりながら、いずれも権威主義に支配されたことのある、フィンランド、セルビア、アルバニアは指数一・八で、出生率の高い国々の仲間に入っているからである。

バルカンの二国、アルバニアとセルビアという極めて特殊なケースを別にすると、出生率が堅調

2007 年における合計特殊出生率指数

	1.5 人以上		1.5 人以下
フランス	2.0	ラトビア	1.4
デンマーク	1.9	オーストリア	1.4
アイルランド	1.9	スイス	1.4
ノルウェー	1.9	ブルガリア	1.4
スウェーデン	1.9	クロアチア	1.4
フィンランド	1.8	スペイン	1.4
イギリス	1.8	イタリア	1.4
アルバニア	1.8	マケドニア	1.4
セルビア	1.8	ポルトガル	1.4
ベルギー	1.7	リトアニア	1.3
オランダ	1.7	ドイツ	1.3
エストニア	1.6	ハンガリー	1.3
モンテネグロ	1.6	モルドバ	1.3
		ポーランド	1.3
		ルーマニア	1.3
		ロシア	1.3
		スロヴァキア	1.3
		チェコ	1.3
		ウクライナ	1.3
		ギリシア	1.3
		スロヴェニア	1.3
		ベラルーシ	1.2
		ボスニア・ヘルツェゴヴィナ	1.2

の社会は、実は女性の解放をうまく管理し、母性と労働を両立可能にすることのできた社会である。女性解放という目標を達成するのは、女性の地位が伝統的に高い北西ヨーロッパではより容易であった。この女性の地位の高さは、権威主義的でない家族システムとしばしば連合している。必ず連合しているというわけではないが。あまり女性解放的ではないスイスが、人口動態ではドイツに近く、非常に女性解放的なフィンランドがスウェーデンに近いのは、そのためである[4]。

減速

技術的・経済的変遷は、加速化と危機という概念を用いて記述することができる。人口動態の変化に関しては、どちらかと言うと、減速という言葉で論じるべきもののように思われる。

教育の革命は、そもそも知識の習得期間が延び、完全に成人となった生活に入る時期が遅くなるという帰結を伴う。この過程は、その後の生涯の各段階にも影響を及ぼすのである。

女性が子供を持つのは遅くなり、個人はより長く生きるようになる。子供の誕生の際の母親の平均年齢は、七〇年代末には二七歳だったのが、二〇〇五年前後には二九歳半以上となった。平均寿命は、男性については一九九〇年に七二・七歳だったのが、二〇〇七年には七七・六歳になり、女性については同じ時期に、八〇・九歳だったのが八四・五歳になった。

人口の年齢構成は、それゆえ高齢化の方向に変化する。この抗いがたい動向は、政治の領域では有権者の老齢化を引き起こすことになる。これは漸進的な現象であるが、それでも加速化しつつある。一九九〇年に六五歳以上の者は二〇歳以上の人口の二六％であったが、二〇〇〇年には二八％となった。国立統計経済研究所の予測中央値によれば、二〇一〇年には三〇％、二〇二〇年には三四％、二〇三〇年には三八％になる(5)。

知的・政治的変遷はこのところ緩慢になっているが、それは、これらの人口動態現象で説明がつく。今日、経済的変化が暴力的なまでに激しいのに対して、理論的教義や政策プログラムの方は一向に変化を見せておらず、その対照には驚くほかない。たしかに思想も変化している――衰退論の隆盛と文化的悲観論の勝利を考えるなら、必ずしも良い方向へとばかりも言えない――が、その変化は、カタツムリのような速度で進行する。政治的論争は、堂々巡りを繰り返しているように見える。こうした現象の原因は、諸政党の体系や諸制度という政治的論理そのものの中に探してはならない。それは全く単に、世代交替の減速、つまりは、人類学的システム全体の減速の反映にほかならないのである。

家族と国家

人口動態の面でフランスが例外的であるこの現象を理解するには、分析を純然たる人類学の領域に限定してしまうわけにはいかない。政治的上部構造も、ある程度の役割を果たすのである。人口学者の大部分は、フランスの人口動態上の優位は、三歳から、場合によっては二歳から子供を預かるフランスの幼稚園網のお蔭であると考えている。家族システムはもはや全般的な社会組織のあり方とは無関係に存在することはないのである。家族構造と国家構造とは、密接に絡み合っている。この確認は、あらゆる方向に拡大する必要がある。

というのも、先進国社会の出生率が低い原因は、社会的国家の運営が行き届かないことにもあると考える必要があるからである。社会保障と退職年金制度のお蔭で、いまや個人は、生存と安楽について子供に頼ることのない老年期を展望することができるようになった。現代の個人主義は、かなりの程度において幻想である。勝利したナルシシストは、ますます高齢化していくわけだが、実はそれとなく、かつて存在したためしのない、国家による個人の安全化の最も強力な仕組みに頼るのである。グローバル化の告発は結構だが、だからと言って、フランスの実質的社会化は依然として、これまで到達した最も高い水準にあり、医療と保健の完備は、世界で最も行き届いた部類にあるということを忘れてはならない。市場の勝利は、部分的なものにすぎないのだ。市場は、所得の不平等の拡大を引き起こしたが、今のところ医療の領域では不平等の拡大は見られない。社会職業カテゴリー間の不平等は存続している。しかし、フランスの国土の同質性もまた存続している。アメリカ合衆国では乳児死亡率は地域や州によって大きく異なるが、こうした地理的変動は、フランスでは今なお極めて少ない。セーヌ＝サン＝ドニ県〔パリのすぐ北に位置〕は、衰退の預言者たちからは、共和国の失われた領土と見なされ、民族化の預言者たちからはジャングルと見なされているが、ここでの乳児死亡率は、二〇〇五年において、新生児一〇〇〇に対して一歳未満で死亡した子供五三、という極めて低いものであった。フランス全体の率（三六‰）を少し上回るが、この率から、セーヌ＝サン＝ドニ県は驚くべき例外であるということにはならない。同じ年の乳児死亡率は、ソンム県では五〇‰、ロ＝エ＝ガロンヌ県では五一‰、ニエーヴル県では五二‰、ピュイ＝ド＝ドーム県では五五‰であった。アメリカ合衆国の平均率は同じ年に、七〇‰に達していた。

安全を求める強迫観念もまた、かつては家族が引き受けていた規律機能が国家や市町村に移管されたところから発生している。父親や母親の権威の代わりを、ヴィデオによる監視システムが有効に果たしうるかどうかは分からない。無作法な言動の勢力伸張も、現実の現象である。その実例は、枚挙に遑がない。パリ・サンジェルマン〔プロサッカー・チーム〕のサポーターのやりたい放題、二〇〇六年七月のサッカー・ワールドカップの決勝戦でのジダンのマテラッツィへの頭突き、低家賃住宅団地での郵便受けの破損、企業経営者による大量のストック・オプションの取得、大統領の言葉の行き過ぎ、こうしたこと一切の背景には、軽犯罪の増加がある。しかし、こうしたことがある一方で、殺人率は、ほぼ安定していることも忘れてはならない。一九三六年に、それは人口一〇万人に対して一・一であった。一九六八年には〇・八、二〇〇〇年には〇・七となった。同じ年に、イギリスは同じく〇・七、ドイツは〇・九、スウェーデンは一・二、アメリカ合衆国は六・二、メキシコは一〇・八、ロシアは二八・四、コロンビアは六〇・八であった。社会的不安の現象の原因は、客観的現実もさることながら、宗教的・イデオロギー的な空虚感でもある。そしてその社会的不安の現象が、不可抗力的に、安全でないという感情の増大をもたらすことになる。近年、不安が高まって投獄率の凄まじい上昇を招来したが、刑務所と警察の予算はそれに伴って増加していない。フランスは、安全パニックにかまけるのを止めにするか、それとも経済的資源を動員して、それを真向から受け止めるか、どちらかを選ばなければならない。

いまや家族システムはより寛大になって動揺し、社会的・政治的圏域に直接影響を及ぼすようになっている。しかし、これまでに起こった変化の大きさを過大に評価するのは間違いであろう。小児愛の問題が、現在、風俗慣習の自由化の理論的・実践的限界を確定しつつあるのは明らかである。それは、近親相姦のタブーに抵触するのであるから。人類学者は、規則なき世界というものは、どこにも観察されることがないことを知っている。集団的無意識によって、すべてが許されるわけでは全くない。人類学的システムの最も深い深層、近親相姦のタブーを取り囲む暗い地帯にまで降り立てば、風俗慣習システムの絶対的安定性が捉えられる。いとこ同士の結婚の率は、第二次世界大戦直後には微少であったが、それ以降、さらに低下した。マグレブは世界の中でも、「アラブ式」と言われる婚姻モデルによって、本いとこ同士の結婚が奨励されている地域であるが、このマグレブ出身の住民の間でも、この慣行は二世代の間に崩壊した〔訳者解説参照〕。風俗慣習をめぐるいかなる論争とも無関係に、フランス本土の住民は、議論の余地なく禁止事項を尊重するのである。第

一、彼らはその禁止事項を意識さえしていない。

いまや一八世紀の農民共同体の中に記述できるような家族構造は、かなり遠いものとなっている。しかし、以上すべての要素からは、フランス的な人類学的システムは、むしろ依然として安定的であるという印象を引き出さずにはいられない。伝統的な平等主義的価値を突き止めるのに理想的な場所である遺産相続の領域〔訳者解説参照〕で何が起こっているかは、あまりよく分からない。しかし、出生率が好調で乳児死亡率が低いということは、家族と国家の間の媒介的な社会的空間の中に、平等主義的価値が相変わらず活発に維持されていることを間接的に示唆している。これらの数値によって表現されている平等主義は、極めて多方面に及んでいるので、人類学的システムというものは、家族よりはるかに広い範囲にわたるもの、すなわち、納税者と税務担当員の間、道路交通法の違反者と警察官の間、等々の接触も含む、町内や学校や病院で出会う個々人の相互行動の網の目と見なす必要があるのではないか、と考えることができる。平等主義的風俗慣習システムは、家族を越えたところで存在している。

その一方で私は、多くの者が、家族という領域への平等主義原則の究極的適用であるとみなしている女性の解放それ自体は、フランス平等主義の永続性の保証であるとは言えないのではないかと、考えている。

女性と不平等

男性と女性の間の平等が、いつの日か完全に現実となるかどうかは分からない。ドミニック・メダのように、女性は不利であり続ける、と考える著作家もいる。彼女は、職業の分野での不平等は、縮小の動きを止めたと強調する。(6) 母性という拘束があるために、女性には禁じられる職業経歴というものがあり、そのため事実上、男性が行使している指揮経営の役職の独占は永続化される。また女性は教育や保健の分野に集中しているが、それは、女性の職域のある程度の「家族化」という性格を思い起こさせる。なぜならそれらの活動は、かつては家族の領分に属していたのだから、と言うのである。逆に、問題は解決されている、それどころか女性解放は、男性を苦境に立たせるところまで進んでしまった、と考える著作家もいる。このような主張を裏付けるために、教育に関する統計を援用することもできる。学業失敗率は、男子の方が高い。二〇〇〇年に国防準備召集の日(*2)が制定されたが、これは、男子にも女子にも検査を行なうもので、したがって男女の比較資料が手に入るわけであるが、それによると、文字を読むための基本的仕組みを身につけていない青年男女のうち、七二％は男性である。(7) バカロレアを取得する、あるいは高等教育に進む女性の比率は、いまや大幅に男性のそれを凌駕している。理科系の学業は、フランスではいくつかの最も威信あるグランド・エコールへの進学に通ずるものであるが、ここに男性有利の質的不平等が再び導入されているのは、依然として事実である。全体として捉えた場合、教育関連の統計は、男性の成績の分散の方がはるかに大きいことを示している。男性の場合は、社会的ピラミッドの上と下にいる者の数が多い。女性は、人口全体の構成とよく似た階層化を見せる集団をなしているが、その集団内部の格差は男性の場合より小さい。「免状なし」の数もグランド・エコールの学生の数も少ないのである。

イデオロギーというものは本性からして完成を求めるものだが、そのイデオロギーの土俵を離れるなら、それでもやはり過去四〇年の間に女性は、解放と具体的な平等の方向に相当の躍進をした、ということは認めなければならない。だからと言って、男女の平等の進展を、民主的平等原則の拡大という項目に入れるべきなのだろうか。入れるべきだ、というのが、平等がもはや実現したと考える楽観論者の側でも、闘争は続かなければならないと考える活動家の側でも、おそらく最も広まった態度である。ロラン・プフェフェルコルンの『不平等と社会関係　階級関係・両性関係』は、極めて興味深い概念様式の分析を展開する本であるが、そこで、彼は階級闘争の必要性と女性解放の要求を同列に論じている(8)。

家族構造の人類学は、事はもう少し込み入っている、ということを示唆している。人間一般の平等と男女の平等は、人類学からすると、二つの相異なる理想であり、そもそもは相対立するものでさえあったように見えるのである(9)。

家族構造そのものの歴史においては、平等原則は、男の兄弟の間だけで出現する。それは、遺産相続からの女性の排除と組み合わさっている。平等は、もともとは父系原則と女性の地位の低下とに連合していたのである。地理的には、ロシア、中国、北インド、アラブ圏を含む旧世界の大部分で支配的であった共同体的家族システムは、その程度はさまざまであるが、いずれも兄弟の平等と女性の排除を混ぜ合わせるものであった[10]。微妙な差はある。例えばロシアの家族システムは、形成されたのは最近であるが、農民の遺産相続から女性が排除されるという特徴からうかがえるのより は高い地位を女性に残している。トルストイの『アンナ・カレーニナ』のような傑作が生まれたのは、おそらくこうした特異性のお蔭である。一方、最も女性の地位の高いシステムは、ヨーロッパ北西部もしくはアジア南東部に存在するが、それらは全体として、明確に不平等的ではないまでも、平等への愛着は微弱である。アングロサクソン圏は、家族内的平等主義の欠如と、相対的に高い女性の地位とを、まことに巧みに連合させている。

その人類学的土台が平等主義的で、しかも女性の地位が高いフランスは、やはりどう考えても例外のようである。パリ盆地の遺産相続システムは、女子を含む一般化された平等主義を特徴としていた。ロシアや中国とは反対に、北フランスは、これまで常に最も深層の無意識の構造の中で両性の平等を認めてきた。パリ盆地の平等主義核家族は、非常に複雑な形成過程の産物である。その基本的特徴は帝国末期のローマの家族に遡るが、こちらもまた極めて長いローマの歴史から出ているのである。共和制時代には、ローマの家族は父系・共同体家族であったが、その原理は帝政の間にやがて解消し、このような一般化された平等主義を産みだすことになる。この平等主義は、ローマ文明圏の外にはあまり例を見ない。フランスでは、近年の女権運動の発展も、支配的な家族システムの昔からの夢を現実にしただけの話なのだ。フランスの女性解放の特殊性の多くは、とくにアングロサクソン圏での推移と比べるとイデオロギー的・政治的表現が強烈でないという点は、これで説明がつく。遺産相続規則がその具体例にほかならない集団的無意識は、常に女性を男性の同等者と見なしてきた。とはいえ、その理念は、近代的避妊技術の発明以前には実現を企てることさえ不可能だったが、いまやそれが可能になった以上、フランスという国が、明示的な権利要求をことさら振りかざすまでもなく、その理想を達成してしまったのは、当然なのである。

この短かい検討から、フランスでは、人間（男性間）の平等と両性の平等は、他の地域よりは対立することが少ないと結論することができる。

とはいえ、男女の平等の進展は、人類学的土台の極めて目につく変化をなすものであり、一般に想定されるところとは反対に、男性間の平等原則の弱体化に対応することが考えられる。すでに見た通り、民主制諸国において、市民団というものは、いくつかの排除の総体によって形成された。排除の対象は、外国人、女性、貴族であり、黒人やユダヤ人のような不可蝕賤民集団を排除の対象とする社会もあった。これらの排除対象の一つを廃止することは、「限定された平等な市民の一人である」という感情を危機に陥れるかもしれない。すでに記したように、黒人をアメリカの政治生活に組み込んだことに伴って、白人の間の平等理念の弱体化が起こっており、それは、アメリカの社会政治システムの寡頭制への地滑りとあまり矛盾しないのである。

平等原則が男性アイデンティティの特殊的表象と結びついているとしても、同性愛の社会的解放もまた、必ずしも先験的に民主的平等原則の論理的拡大として解釈できるわけではないことを、認めなければならない。男性と女性という異なる二つの性的アイデンティティが台頭してきたことによって、男性間の平等原則の台頭の構造的基盤をなしてきた一つの性という極への集中は、影が薄くなってしまうのである。

それゆえに、われわれとしては、一般的な解釈的次元での話ではあるが、女性解放は、微妙で表に現れない形で、先進国社会の寡頭制への漂流を助長する要因となったのではないかと問いかけてみる必要がある。もちろんこれは一つの仮説であり、結論ではなく、一つの研究領域を開こうとする問題提起にすぎない。しかし現代の社会の変化には、女性の上昇と社会の中での一般的平等水準の低下とを結びつける要素があまりに多いので、この問いを無意味と退けることはできない。

例えば労働者の世界の崩壊は、その大部分の側面においては、男性の崩壊である。そして、これはプフェフェルコルンが見ようとしていないことであるが、階級闘争の概念の弱体化は、両性の闘争を発見したと信じた世界の中で起こったのである。

とはいえ、また男子と女子を同じ平等主義的遺産相続規則の中に組み入れたその当初からの平等主義を抱えているフランスは、解決が最も込み入ったケースの一つとなることも、認めなければならない。

人類学的基底の自律性と優位

誠実な研究者たる者は、不確実性の確認証しか作成できないものである。手が届く事象だけに立脚して、数千年を遡る平等主義的な人類学的システムが二世代の間に消滅してしまった、と断定するのは馬鹿げている。しかしまた、性的行動様式であれ、女性の解放であれ、寿命の延長——その結果、実質的な遺産相続が消滅することとなる——であれ、この四〇年間に起こった変化の大きさを過小評価するのも、やはり馬鹿げているであろう。

私の個人的感情からすれば、フランス平等主義は、相変わらず存在している。風俗慣習の中に、個々人の具体的な相互行動の中に。以前に示唆したことだが、フランス、アメリカ合衆国、イングランド、ドイツ、もしくは日本のような、同じような発展水準を見せる諸社会の間に、風俗慣習の差異が存続しているのはなぜかを説明するために、必ずやいつの日か、家族システムという観念を廃して、代わりに人類学的システムという観念を採用することが必要になるであろう。これらの社会の特徴をなす出生率指数の多様性は、それだけでも、人類学的差異が常に存在するということ、農業段階に存在したように、このポスト工業段階においても相変わらず存在するということを暗示している。しかし、厳密に実証できないことはあまり価値がないのであり、結論を出すには、今後の歴史の推移を待たなければならないだろう。こうした人類学的システムを正確に記述することはまだ不可能であるとしても、それが自律的で本源的であることは理解できる。説明変数を序列化してみる必要がある。最も根本的なものは、最も奥深いところにあり、最も深層に埋もれているのである。表層部には、意識的なもの、つまり経済がある。そのすぐ下には、教育上の階層組織とその動きによって規定される社会的下意識とも言うべきものが見出されるが、これは、経済より強い決定作用を発揮する。大衆識字化は、社会に平等主義的下意識を付与し、民主制を招来した。今日では新たな教育上の階層組織が形成され、不平等主義的下意識を育む傾向を見せている。

さらにその下に行くと、全く無意識的な深層部となるが、そこでは人類学的システムが作用している。このシステムは、過去に遡って、昔の家族構造を探ることによって把握することができるが、今日では拡散している。この人類学的システムは、変化することがあり得るのであり、その変化は、決定的だが非常に制御不可能である。

以上のような、社会構造と歴史の動きの記述によって、近年の政治生活のいくつかの逆説を理解することが可能になる。経済的不平等の伸張が激しさを増したのは、左派政党が「複数左翼」の名の下に共同で統治に当たった時代においてであった。経済的課題は切迫していたが、それでもジョスパン政権は、男女のパリテ〔政治代表性における男女同数〕とか連帯民事契約制度(*3)の創設といった、いわゆる「人間社会的」〔sociétal〕問題に熱中した。とはいえ、女性と同性愛者の解放という人間社会的次元の問題は、左派にとって、グローバル化、利害の対立、保護主義経済という最重要課題である経済関係の諸問題に立ち向かわずに済ますための手段であったと決めつけるのは、短絡であろう。経済的システム、教育・学歴システム、人類学的システムを然るべく区別して分析を行なうなら、人間社会的諸問題は、最も深層の水準に関わる問題であることが理解できるようになる。両性の区別、あるいは異性愛と同性愛の区別を廃止する必要があるかどうかは、家族的・人類学的領分に属する事柄である。つまり自律的なものと考えなければならない。そうは言っても、これらの人間社会的諸問題が、最終的には階級闘争の勢力伸張を妨げることになる、と主張するつもりはない。というのも、住民の貧困化という全体状況の中で、もし平等原則が〔不平等の拡大に対して〕抵抗力を発揮するなら、とくに中産階級の中で階級闘争が勢力伸張を見せる可能性は大いにあるのである。いずれにせよ、こうした人間社会的闘争の推進者たちを、新自由主義の手先となった偽善者と見なすのは、これまた全く不当ということになるであろう。

第9章　デモクラシー以後

このようにフランス社会の変貌の検討を一通り終えてみると、いまや政治的指導者たちが立ち向かわなければならない問題の大きさがいかなるものか、十分に把握することができる。

社会生活の最も意識的な領域には経済問題が存在するが、それには出口がない。思想と行政のエリートたちは、自由貿易を一つの必要ないし宿命とさえ考えているが、国民は、これを、雇用をすりつぶし、給与を押しつぶし、社会全体を退行と収縮へと引きずり込む仕掛け《マシーン》だと感じている。民主主義にとっての真の悲劇は、エリート層と大衆の間に存するのではなく、むしろ大衆の明晰さとエリート層の盲目ぶりとの間に存するのだ。給与は、実際すでに低下しており、労働力が極めて安価な中国、インドを始めとする諸国の相乗的圧迫の下で、今後も低下し続けるだろう。

健全な民主制は、エリートなしで済ますことはできない。民主制とポピュリズムを分かつものは、民衆がエリート層の必要性を受け入れ、それに信頼を寄せることであるとさえ言える。民主制の歴史の中には、常に決定的瞬間において貴族階級の一部が国民全体の希求を引き受けるという事態、いわば特権者と被支配者とが共同して為し遂げる、信念への飛躍のごときものが、突然、到来するものである。その具体例は、アテネにおけるペリクレス、アメリカ合衆国におけるワシントンとジェファーソンのような人物にほかならない。フランスでは、啓蒙の爛漫たる開花に多くの貴族が参加したことや、八月四日の夜の特権の廃止を思い出すべきであろう。トックヴィルが民主主義を受け入れた時には、民主主義はすでに抗いがたいものになっていたから、これは特筆すべき例とは言えない。第三共和制の確立に貢献した政教分離主義的大ブルジョワジーは、感嘆すべき階級であった。

蔵書の中で今日まで散逸せずに伝えられたものを見る限り、彼らの教養は極めて高い水準にあった。

エリートの反逆（これはクリストファー・ラッシュの表現の借用である）は、そのような協力の終わりを告げている。上層階級と社会を構成するそれ以外の諸階層との間に亀裂が走り、寡頭制への横滑りとポピュリズムとの同時的出現が引き起こされる。

あれこれの個人を告発しても意味はない。非人称で重い歴史の力の為す業なのである。要点を整理してみよう。まず第一段階において、大衆識字化によって初等教育が一般化し、社会は同質化したが、次の段階では、戦後の文化水準の急上昇があり、次いで一九九五年頃にそれが停止したことによって、高等教育を受けた者と国民の大部分との分離が進行し、そうして形成された階層的構造の内部で上層と下層の間のコミュニケーションがなくなってしまった。この過程に伴って起こった宗教的・政治的イデオロギーの内側への崩落によって、社会の細分化が完了した。一つ一つの職業、一つ一つの都市、一人一人の個人が、それぞればらばらの泡《あぶく》となり、それぞれの問題、それぞれの楽しみと苦しみの中に閉じこもるようになった。政治的・メディア的エスタブリッシュメントも、他のものと同様の自閉的集団にすぎなくなり、他の集団より良くも悪くもない、単に他より目につくというだけのものとなった。この集団は、まことに我慢ならない存在である。というのも、一七八九年の貴族階級と同様に、彼らは、国家国民に捧げる奉仕を己の特権の理由とすることさえないのであるから。

もちろん大衆識字化は存続しており、歴史的にはそこから発生した普通選挙を放棄するのは難しくなっている。しかしこの国の教育上の階層組織は、もはや単純で安定的な構造物ではなくなっている。普遍的識字化という平等主義的次元と、高等教育を受けた者の集団の存在という不平等的次元の間の不断の緊張を伴うのである。この高等教育を受けた者の集団は、もし世代間比率が不変のままなら、遂には全国民の三分の一を含むことになるだろう。つい最近まで、この上層集団は、全住民の一〇％から一五％しか含んでおらず、文化的特権に加えて経済的特権も併せ持っていた。ところがいまや、「高等教育を受けた」この集団のうちの若年の分子は、経済システムの利得に与れなくなりつつあり、そのため階層システムの不安定が増大しているのである。いまやグローバル化の利益は、全人口の上から一％の層にしか行き渡らないのであり、それに続く一〇％は、得をしているとも損をしているとも決まらぬ中立的な存在と考えることができる。この数値は、選挙で相当の重みを発揮する停年退職者を含んでいない。彼らは、新たな階級システムの中で、いまだ分極化していない昔のシステムの残存を代表している。また、特権によって他から孤立した上から一％の階級の過激化のことも忘れてはならない。彼らは、ますます自分たち以外の社会の構成要素の存在に無関心になり、富の中に己の形而上学的諸問題の解決を見出そうとする欲求が満たされず、いまや純然たる権力の追求へと野心の矛先を向けている。要するに「高等教育を受けた者」の集団の細分化は、中間諸階級の不安定化と上層社会集団の過激化という二つの側面によって顕現しているわけである。この上層集団のことは、やがては「資本家階級」もしくは「金融ブルジョワジー」と呼ばなければならなくなるであろう。

社会構造のさらに深層においては、人類学的システムが変化したが、しかし極めてゆっくりとした変化であった。一七八九年から一九六八年までの間、人類学的システムは、フランス本土において平等主義的なイデオロギー的価値観――無意識的かつ本能的な――の優位を保証した。全国システムの周縁部には少数派的な不平等的価値観が存在していたが、それからの抵抗があったために、むしろ中央部の平等主義的価値観の急進化、形式化が促進されることになったのである。家族構造の変化が起こっても、平等主義を基調とするこのシステムは、無傷のまま残っているか、それとも揺らいだか、揺らいだとすればどの程度にか、といったことは分からない。私個人としては、無傷のままと考えているが、確実にそれを証明するのに必要な統計的要素、例えば最近の異民族同士の混淆婚の率などが手許にない。

さらに個々人がナルシシスト的に己自身に閉じこもる現象が、あらゆる集団の中に見られることも確認し、分析の中に組み込まなければならない。それを説明しようとする必要はないけれども。このアトム化は、政治的人間の行動に不可欠の道具にほかならない、新たな集団的信仰の出現を困難にしているのである。

もう一つ別の不確実性の要因は、人口中の高齢者の比率の増大である。つい最近まで高齢者の物質的状況は改善されてきたが、いまやこの変化も方向が逆転している。高齢とは、統計的には穏健化と右派化につながるものである。しかし、「ナルシシスト化した」世代が高齢化し、その数がますます増大し、その生活水準が低下していくとなると、彼らは、政治的にどのように変遷していくことになるのだろうか。

さらに付け加えて言うなら、まだ非常に豊かではあるが、貧困化の途上にあるこのアトム化した社会は、もはや単なる経済的過程の尺度では測れなくなっている。グローバル化の結果、ヨーロッパは、経済的相互行動の基本的な空間となった。フランスだけが独りで経済的難問を克服することは、技術的に不可能になってきている。無数の村に細分化したフランスは、それ自体が、いわば一個の巨大な村になっているのである。

政治家たちが行動しなければならないのは、まさにこうした枠組みの中においてである。だから彼ら政治家が無能力であるのは、全面的に彼ら自身の責任であるとすることは難しい。フランソワ・オランド〔社会党書記長、ロワイヤルの元・非婚配偶者〕が社会党の政策プログラムをいっこうに打ち出せないのも、許してやらねばならないのかもしれない。そこまでいかずとも、ニコラ・サルコジが、まさにフランス人が己の生活水準の低下を自覚し始めたその瞬間に政権に就いたことを、同情してやらなければならないのである。逆に、己の社会的責任を逃れて、政治家たちの麻痺の原因をつくった経済学者たちを告発することは、正当なことという以上に、必要なことと見える。

寡頭制的システムのポピュリズム局面

ニコラ・サルコジの大統領当選に至るまでは、システムは、矛盾をそのまま共存させながら、当てずっぽうに航行するので何とか済んでいた。解決すべき問題は単純だった。すなわち、国民に信を問う選挙の際に、市民が本当に心配している経済運営という問題が姿を現わし、自由貿易が疑問に付されるのを、いかにして避けるか、ということだった。そして、いくつかの自然発生的な要因か、計算された詐欺的言動があるだけで、普通選挙は十分に無力化することができた。棄権の増大もしくは国民戦線への投票、「社会的断層」についてのシラクの舌先三寸の口車、社会的国家を防衛するという社会党の約束、嘲笑にしか値しない人物同士の戦いを巨人族の闘いに演出するスペクタクル的選挙戦、といったものである。この複雑な仕掛けは、最後にはニコラ・サルコジとセゴレーヌ・ロワイヤルの対決というものに行き着いた。そこでシステムは、明らかに限界に達したのだ。なぜならシラクは、ドミニック・ド・ヴィルパンが始めようとしていたヨーロッパ保護主義についての論争を、禁令をもって阻止せざるを得なかったからである。その一方でニコラ・サルコジは、選挙戦中の演説の中で共同体優先という考えを示唆し始めていた。当選したら何もしないで良いように、というのが本音だったが。

こうしてシステムは一時的な均衡を実現したわけだが、とはいえ、それは極めて高価な代償を支払ったものだった。職業政治家は、例外的に鋭い注意力の持主であるところを証明しなければならなくなったのである。有権者は、標準的な民主制におけるように、依然として心から離れない心配を抱えている。しかしいまや有権者は、政治家が仕える存在ではなく、政治家に操作される存在なのだ。視聴覚メディアを統制し、ジャーナリストをたらし込み、捲まず撓まず世論調査を分析する。

こういうことが一つの職業的技術となり、それに長けた人間や、その下働きをする人間が輩出するような事態になったのは、民主制は、時としてそう呼ばれるように、これまでは世論の民主制であったのが、いまや操作の民主制となってしまったからなのである(1)。操作の民主制においては、行政の長となるということは、その候補が、プログラムと行動という目的をそっちのけにして、政権獲得の手段の方に力を集中することを前提とする。ちょっと分析してみただけでは、そこにいかなる矛盾も見出せない。何しろ当選した人間は、主宰者として振る舞う必要はあるが、統治をする必要はなく、経済機構《マシーン》がそれ自身の規則に従って回るのに任せておけば良いのだから。目的の不在が手段を正当化する、というわけである。

問題は、グローバル化を管理するのに、それでもやはり最小限の経済的専門能力、それにとりわけ外の世界についての最小限の知識が必要とされる、という点である。対外政策は依然として重要性を失っていないなどと言ったところで、ほとんど意味はない。グローバル化の時代には、経済活動は対外政策ともはや区別がつかない。例えばもしフランスが、原子力発電所、航空機、兵器などの技術水準の高い製品を売り続けようとするなら、当該製品の単に技術的な中立性だけでなく、政治的中立性を保障する独立的な外交を保持しなければならない。したがって、サルコジのアメリカ合衆国への追随は、フランスを、ロシア、イラン、インド、中国といった国々にとって信頼できない相手としてしまうがゆえに、フランスに多大の損害を与えるかもしれない事柄なのである。それゆえ、操作の民主制の大きな弱点とは、有権者団の管理に関することには非常に巧妙であるが、対外政策では根本的に無能力な指導者を選んでしまうという点にほかならない。サルコジ以前では、ブッシュとブレアが、国際的分野でいささかの経験もなしに政権に就くという、選挙の達人であった。それゆえに彼らは、それぞれ自分の国を、それがどれほどの規模のものだったのか、未だに測りかねる巨大な挫折に引きずり込んでしまったのである。サルコジはどうやら、数年遅れで、同じ軌道を辿っているように見える。国内での操作から国外での混迷へ、という同じ軌道を。アメリカ合衆国は、何しろ全世界を支配しているだけに、世界を股にかけて自由気ままに彷徨い、止めどもなく自己破壊することができるものだから、その行動の舞台は、世界中いたるところ、ということになる。イギリスにとっては、適度に無能なヨーロッパ共同体というのが都合がいい。なぜならヨーロッパの機能不全の一つ一つが、ロンドンでは自由の保障と受け止められるからである。しかしフランスの場合は、ユーロ圏の存在によって事実上、経済政策と対外政策の区別はなくなってしまった。たとえ通常の自由貿易様式に基づいてであれ、フランス経済を管理・運営するためには、ドイツ、イタリア、スペインと率直かつ聡明なやり方で協力する必要があるのである。

中産諸階級の闖入とポピュリズムの終焉

現段階における決定的現象は、中産諸階級が単なる反対の局面ではなく、躊躇の局面に入ったことである。そのことがシステムを不安定化させている。マーストリヒト条約についての国民投票からヨーロッパ憲法条約についての国民投票に至る、一九九二年から二〇〇五年までの期間は、二元論的な社会像が支配的であった。エリートと民衆の対立が、セガン局面の特徴であり、上のフランスと下のフランスの反目が、ラファラン局面の特徴だった。サルコジとともにわれわれは、上のフランスが下のフランスであると称する、ベルルスコーニ〔イタリアの首相〕段階に到達した。つまりポピュリズムが政権に就いたのである。統治者たちは、富裕者へのおもねりを、己の学業成績がぱっとしなかったことで正当化しようとする。この学業成績の平凡さは、「民衆」のそれと同位相のものとされるわけである。

しかし実は二〇〇五年からは、新たな社会イメージが展開する。それは、主要な集団としては、民衆、中産諸階級、上層階級という三集団を含む三元的イメージである。民衆が六六％、中産諸階級が三三％、上層階級が一％という比率によって、社会的現実は象徴的に区分けされることになる。

中央に位置する三三％がイデオロギー的にどのような進展を見せるかは、まだ分からない。集団は形成の途上にあるからである。年齢と所得が高い層にあっては、この集団の歴史は完了しており、停年退職の年齢を待つだけ、と言うことができる。これはもちろん統計的に言ってのことである。何しろ五五歳になって叛逆するのは、あり得ないことではないからである。雇用に恵まれず給与も低い学歴ある青年層が、この集団の将来を形づくっている。新自由主義、外国との関係、そしてフランスという国、こうしたことに関する彼らの選択、要するに彼らのイデオロギー的方向性が、将来のこの国の軌道を決定するのである。この新たな中産諸階級は、その教育水準は指導層のそれと同等であるから、長いこと操作可能のままではいないだろう。いずれにせよ、これまでと同じやり方で操作し続けることはできないだろう。左右のサルコジ派メディアは、ベルトラン・ドラノエ（現代ナルシシズムの左派の管理型ヴァージョン）やオリヴィエ・ブザンスノ（極左の呪術型ヴァージョン）を、経済プログラムを持たない政治の一大スペクタクルに組み入れようと努めているが、それだけでは操作の民主制を長続きするものに刷新するには足りない。ミッシェル・ドリュッカーのテレビ番組に登場したとき、オリヴィエ・ブザンスノは、システムの核心に達した。彼の「反資本主義的にして革命的な〔この語の現代における意味において〕新政党」は、現実的な点、ということは、つまりグローバル化を制御することのできる経済プログラムを持たないという点では、社会党やUMP〔民衆運動連合〕と共通しているのである。

未来を展望するなら、さらに操作の民主制の最終的痙攣を想像することもできるが、これはもちろん純粋に精神の楽しみのためだけの想像である。ローラン・ジョフランは、『ヌーヴェル・オプセルヴァトゥール』誌の編集長として、左派の最良の候補として、セゴレーヌ・ロワイヤルをでっち上げた首魁の一人である。お見事なことだ。さて今度は『リベラシヨン』紙の社長として、彼はニコラ・サルコジに対して、その妻、カルラ・ブルーニを、さらに女性的でメロディアスな左派の最良の候補として敢えてぶつける、などという気でいるのではなかろうか。二〇〇八年夏の初め、彼の新聞は、この歌手にして大統領夫人である女性に多くの紙面を割いたが、お蔭でわれわれは近いうちに、エリゼ宮〔大統領官邸〕の夫婦の危機のショーのフィナーレが、左右の対立を華々しく再び演出することになると期待したものだ。もちろん自由貿易の教義《ドグマ》にはいっさい手を付けずに、である。何しろ他の多くの者と同様に、ジョフランも自由貿易の賛同者なのだから。そうなったら私は、ニコラ・サルコジの再選を予測する。

しかしその後はどうなるのだろうか。

厳密な意味での未来予測は不可能である。われわれが直面する、経済的な、教育・学歴的な、人類学的な要因はあまりにも多く、しかもそのいくつかは不確定である。唯一確実なのは経済的破局であるが、その正確な形態もそのテンポも分からない。われわれが発信することのできる唯一の現実的な仮説は、生活水準が低下するということであるが、この現象が漸進的であるか、それとも全世界規模の危機がそれを加速化し、悲劇化することになるかは、言うことができない〔原書の刊行は二〇〇八年一〇月で、本書はそれ以前に執筆された〕。国際的準備通貨としてのドルがいつ消滅するか、その結果としてアメリカ経済が自国に閉じこもることになるのか、それとも崩壊するのかが分からなければ、自由貿易に対する未来の態度は想像できないのである。中国経済についてはどうか。中国経済が、中期的に調和のとれた成長様式を採用する保証はどこにもない。ヨーロッパの大国、とりわけドイツとの経済的相互行動も、もう一つの不確定要因である。こうした要因がすべて、フランスにおける民主制の将来にのしかかってくる。それゆえ、マルクス主義的な様式で、確実な将来を予言すること、あるいは確実ではないまでも蓋然性の高い将来でさえも予言することは、理性にもとることになってしまう。シナリオの様式で、その総和が全体としての可能な未来を形づくるはずの歴史的軌道の総体を定義するというのも、パラメーターの多さとそれらの不確定性とを考慮すれば、やはり到達不可能な目標と思えるのである。逆に、政治家層が、流動的で、彼ら自身が完全に理解してはいない社会システムに直面して、どのような行動に出る危険があるか、ということなら想像することはできる。私は三つのうちの一つだと考えている。そのうちの二つは、民主制の観点からは明らかに害悪をもたらすものであるが、この二つはこの章で提示することにする。三つ目は、「結論」においてその概略が示されるであろう。「結論」は、明確に楽観論的であるとは言えないが、民主制は生き残るであろう、ただし一国の枠を越えた規模で、新しい形態で生き残ることになるであろうと、示唆することになる。

解決1　民族的共和国（白人の、キリスト教以後の）

一つの社会が己の経済問題に対処することができないとき、その社会に提供されるよくある逃げ道の一つは、不合理なものへの逃げ込みである。民族的、宗教的、もしくは人種的スケープゴートを決めるというのが、最も共通に採用されてきた解決法の一つなのである。弱い者を叩いて、神経の重荷を軽減するというのは、個人的規模でも集団的規模でも、試験済みの代償機制の一つにほかならない。サルコジ主義は、この領域で顕著な前進を印した。サルコジが内務大臣だった時に勃発した暴動、選挙戦の最中に起こった北駅での暴力沙汰、フランス人である誇りについての宣言、移民・統合・国民アイデンティティ・連帯開発省の創設、これらはどれもフランス民主制を民族的に再び盛り上げるための予備的段階と捉えることができる。民主制の原初的形態へのこの退行は、再び他者の不平等によって市民の平等を定義することになるだろう。フランス人は、所得では不平等でも、外国人下層民の脅威にさらされた共和国の支配者集団をなすことになるだろう。現在の世界的・ヨーロッパ的・フランス的コンテクストでは、このような政策を実行するための教義となりうるのは、イスラーム恐怖症しかないであろう。われわれの宗教的空虚は、すでに見た通り、今でも存在する宗教への恐怖を掻き立てるだけでなく、とりわけより歪んだ形で、現に活力に溢れて生きている宗教を鎮圧したいという紛れもない欲求を掻き立てるのである。

サルコジは、就任後わずか一年の大統領としては前例のない不人気ぶりであるが、このサルコジの挫折が問題を解決し、フランス民主制を民族化しようとするこの企ての終わりを必然的に確定する、と考えるのは間違いであろう。政府の反イスラームの姿勢は、すでにかなり成熟した一貫性を見せているにしても、この政策は、まだ兆候が窺えるというにすぎない。イスラームは、われわれに対して、移民流入問題の系統的な誇張によって、内部の脅威として提示されると同時に、外部からの脅威として提示されている。その手段は、トルコに対する、さらにそれに輪をかけてイランに対する敵対的な対外政策であり、アフガニスタンへの「文明化」部隊の派遣である。「西洋主義」は、かなり完備した極右の自民族中心主義的教義であり、すでにいくつかの軍事的適用が行なわれているが、他にもその適用はあり得るだろう。フランスの外交は、これまで常に大なり小なり普遍的人間の概念に準拠してきた。確かに多少偽善的な形で準拠したこともしばしばではあったが。それゆえ、「西洋主義」は、フランスの外交の伝統とは一線を画すものなのである。

二〇〇七年秋のある日パトリック・ヴェイユ[*1]は、われらが大統領の心理と政策の本質的な原動力と見える犯人の指名のうちのいくつか――郊外の若者、移民、特別規則の適用を受ける〔序章訳註（＊3）参照〕公務員ないし停年退職者――についてコメントしながら、私にこう言った。「サルコジはシュミットもどきですよ」と。そうして、不吉な過去から呼び出されたこの知識人の亡霊に、私の注意を引きつけたのである。カール・シュミットとは何者か。〔ドイツの〕ワイマール共和国の失墜のために腕を振るった無数の知識人の一人で、彼自身は法律家であった。神経症にかかったドイツ小ブルジョワジーは、当時、工業的尺度に見合った極右の知識人を産みだす力を持っていたようである。しかしフランツ・ノイマンによれば、シュミットはナチの憲法学者の中では最も慧眼な学者の一人であった[2]。彼はいくつかの単純で激烈な概念を産みだしたが、その一つが、敵の指名とは政治的なるものの本質なり、というものであった。策を弄するには及ばない。いかなる理論的抽象も、いかなる大学的スコラ学も、ワイマールのドイツにおいて構造化的な敵とはユダヤ人であったことを忘れさせることはない。

現在のフランスで「基準的」知識人としてシュミットが浮上していることに不安を感じるのは、それなりにもっともである。彼の作品を解説する論文や本が、いくつも発表されている。政党メンバーの理論、例外状態の理論、敵の指名、といったシュミット主義は、まことに粗暴な単純さを備えており、ワイマール・ドイツのような病んだ、不安定な社会の関心しか惹くことはできない(3)。現在、政治哲学は極めて急速に変化しているから、民主的伝統に棹さす知識人は、まもなく月並みなトックヴィル主義を懐かしむことになるだろう。

シュミット的な敵の指名というものが、実際にわれらが大統領の国内的・対外的行動の指針となっている、と言うことはできるだろうか。彼が犯人を指名するのは、計算に基づいてなのだろうか。全体計画の一環を成しているのだろうか。〔パリ郊外の〕ラ・クルヌーヴを訪れたサルコジが、人口四〇〇〇人の団地の柵の前で、「こいつを高圧洗浄機《ケルヒャー》で洗浄する必要があるな」という運命の科白を口にした時の状況を知っている者なら、なかなかそうは信じられない。彼は、そのとき夫婦の危機の真最中だったのだ(4)。郊外の若者が実際にスケープゴートにされるとしても、それは、有効な経済政策の代わりというよりは、むしろセシリア〔前妻〕の代わりとしてなのである。大統領の意識の水準も、一貫性の水準も、過大評価しないようにしよう。しかし彼の取り巻きがいる。それに、とりわけ彼が身を任せたすべての粗暴な言辞の中で、民族的・宗教的攻撃だけが「プラスの」結果を出したと、彼には見えているかもしれない。それはもちろん誤りである。すでに見たように、国民戦線の支持層の一部が彼への支持に移ったのは、むしろ階級的同調への漸進的回帰の結果なのであるから。しかし右派はそれを知らない。右派は、己が社会学的真実であると信じるものに従って行動するであろう。真実そのものに従ってではなく。

公務員や特別規則〔序章訳註（＊3）参照〕に対する、直接、社会経済に関わるタイプの攻撃がなされたことによって、フランス人は階級闘争の舞台に連れ戻されるという、きわめて目に見える結果がもたらされた。それゆえサルコジ政体は、フランス人の投票行動の短絡的にして誤った解釈を適用することによって、手探りでシュミット的になっていくかもしれない。彼が指名する敵は、移民であり、移民の子供であり、イスラーム教徒、黒人、若者であり、これらの要素が別々に採り上げられることもあれば、組み合わせられることもあるわけだが、彼はこうした敵の指名をさらに精巧に仕上げ、このテーマを強調することによって意識的な民族化政策に到達しようとするかもしれない。二〇〇八年七月にフランスがヨーロッパ連合の議長国となった際に、共和国大統領が、大急ぎで移民問題をヨーロッパの優先的課題としたことには、不安を抱かざるを得ないのである。

とはいえ、フランス人としてのアイデンティティの方向でさらに先へ進むなら、フランスの法体系全体、とくに新聞法二四条と直接矛盾することになるだろう。この二四条は、民族、国家国民、人種、もしくは宗教に関わる憎悪の扇動教唆を、刑法で罰せられるべきものとしているのである。

要するに「脅威となる」少数派に対して、本当のフランス人を象徴的に糾合しようというのである。ところが、この本当のフランス人なるものは、教育水準と経済的利害によって、上層一％、中産階級三三％、民衆階級の一部という風に、ばらばらで反目し合っている。一方、集団的他者、反フランスとは、移民とその子供たちからなるわけだが、彼らも「本当の」フランス人と同様に象徴的に一つの集団にまとめられる。しかしその集団とは、アラブと黒人とイスラーム教徒を一緒くたにした概念上の群衆にすぎず、それが、フランス本土の人口の一〇％から一二％を占めると、過大に見積もられているのである。民族的民主制への前進は、投票行動の誤った表象に基づいて企てられたものであり、それゆえに社会から拒絶されるものであるが、それでもやはりこの前進の企ては、多くの混乱と厖大な苦しみを引き起こすことになるだろう。

民族的解決は挫折の可能性が高い

民主制を民族化することをめざす政策は、おそらくさまざまな理由から、フランスでは挫折することにしかなり得ないだろう。郊外の暴動が選挙に及ぼした効果についての分析は、民族に関わる変数は、投票の経済的・人口動態的決定因より優越していなかったことを示した。労働者は、小商店主や高齢有権者とは反対に、第一回投票でサルコジに追随することはなかったのである。それにイスラーム教徒をスケープゴートの候補としようとしても、フランスではイスラーム教徒というのはすでにあまりにも漠然とした存在となっている。宗教実践を行なわないのが普通であり、しかも混淆婚によって他の住民と分ちがたく結合しているからである。生活水準の低下だけでなく、不平等の拡大という懸念にも苛まれる社会においては、マグレブないしアフリカ出身の被差別青年というのは、諸悪の張本人たる集団としては説得性に欠ける。とりわけ貧困化の途上にある中産諸階級にとって。というのも、忘れてならないのは、集団的想像界の中で、敵とは諸悪の張本人でなければばならないからである。中産諸階級が、己の社会的優越性をめぐって逆上することができるのでなければならないのである。一八七〇年から一九三三年までの間、ユダヤ人がドイツ社会の悪の張本人に指名されたのは、このようにしてであった。彼らは、まず脱キリスト教化と工業社会の誕生とによって産みだされた混乱の責任者として、次いで一九一八年の敗北とその後に続いた経済的苦難の責任者として、名指しされたのである。しかし当時すでにドイツのユダヤ人は中産諸階級に統合されつつあった。貧困に喘ぐ下層プロレタリアートを成していたわけではない。

現在のアメリカ合衆国のケースを見ると、人類学的システムの中に平等主義的要素が不在である場合にも、人種主義は、今日では、もはや不平等の拡大と生活水準の低下によって崩壊の危機に曝されている民主制の有効な脱出口ではなくなっている、ということが分かる。『アメリカはどうなっているのか』の中でトーマス・フランクは、アメリカの民衆層有権者の特徴は不合理なものへの逃避であるが、この逃避の基本的テーマはいまや人種主義ではないということを示している。この本は、実はカンザス州についての本である。一九七〇年頃まで、アメリカ合衆国では、労働者は巨大なアメリカ中産階級の一部を成していたのだが、同州では、白人労働者有権者層は徐々に共和党陣営に移動し、系統的に己の階級的利益に反する投票行動をとっているのである。この生き生きとした、しかしまた厳密な記述を読むと、「即自的階級」（己の利害に無自覚な）と「対自的階級」という概念に、さらに「反自的階級」（己の利害についてマゾヒスト的な）という概念を新たに付け加えたくもなる。新共和党右派が提唱するのは宗教であり、中絶とダーウィン進化論の排斥であるが、この右派は、黒人を不可蝕賤民集団と指名することはない。(5) 悪に責任ある者として何らかの集団が指名されるとすれば、それは、教育・学歴的な基盤に乗って行なわれる。白人だろうと黒人だろうと、エスタブリッシュメントの「超高学歴者」が、退廃的な利得者と見なされているのである。反知性主義は、あらゆる新ポピュリズム的右派の中に潜在状態で存在する。多くの点でサルコジ主義が類似しているベルルスコーニ主義の核心部にも存在しているのである。

フランスの場合は、平等主義的価値システムが不変のまま永続しているのは確実ではないが、それでも、民主制の民族化というゲームに手を出す政策は、この潜在状態に留まっている平等主義の自覚的再浮上を引き起こす可能性がある、ということは忘れてはならない。不平等への企みは、反動として平等への熱望を刺激するかもしれないのである。そして、そうした軽はずみな政治家たち、より一般的には上から一%の富裕者の階級に対して、暴力的な反撃の矛先を向けることになるかもしれない。

「民族的」政策というものが危険な誘惑である理由の一つは、最初は経済的再配分政策の点からは、財政的な出費があまりないように見える、という点である。最初は、言辞を弄して世論を煽るだけのことのように見える。しかし次の段階になると、社会の中に、その強さも、激しさも、向かう先も制御不能となった勢力が台頭している、という結果となる。不合理なものに頼ろうとすると、結局は、最悪の経済的衝突よりもさらに高くつくことになるのだ。フランス人であるという誇りは、国家予算の中で大した負担とはならず、そのため人によっては、厖大な収益が見込めるという印象を持つこともある。しかしアイデンティティ絡みの主題系には、それ自体に特有の力学というものがある。行き過ぎを起こし、逸脱し、反ユダヤ主義に突然変異する可能性もあるのだ。ヨーロッパの中産諸階級の伝統的スケープゴートたるユダヤ人に烙印を押すところに帰着することもあり得るのである。

解決2　普通選挙の廃止

普通選挙は、いまや合理的選択ではなく、むしろ不確実性と不決断しか産みだすことがないように見える。二〇〇二年の大統領選挙では、第一回投票において極右が、気勢をそがれてしまったためにばらばらになった左派を凌駕した。二〇〇七年の大統領選挙は、それが掲げるプログラムではなく、むしろイメージで存在する二人の候補の対決という新手の見世物を提供した。まさに二つの空虚の衝突である。次いで第二回投票では、病的としか言いようのない熱狂の効果によって、有権者たちが直面した基本的選択は、もはや自由主義的民主制における通常の対抗戦で争われるようなものではなくなっていた。つまり、衝突・紛争の候補、ニコラ・サルコジと、市民生活の平穏の候補、セゴレーヌ・ロワイヤルのどちらに投票するのか、という話になっていたのである。このような種類の選択は、政党の間での政権交代制からの脱却と暴力という問題を抱えた社会に典型的なものである。第一回投票と第二回投票の間に、複数の政党が政権を争う制度は、メディアが演出した表面的な対立から、何の過渡的段階も経ずにいきなり、社会生活と政治生活がどのようなものであるべきか、その本性をめぐる根本的な敵対へと移動したのである。したがって投票参加は、高レベルに上昇したが、結果としては、不安に戦く、否定的な政治生活を助長することとなった。

最終的には、セゴレーヌ・ロワイヤルの無能力に恐れを抱く有権者の方が、ニコラ・サルコジの粗暴さに恐れを抱く有権者を凌駕した。したがって、政治的なものへの回帰があったのではなく、「反政治的なもの」の不意の出現があったのである。大統領選挙に続いて行なわれた立法議会選挙の際、投票参加が減少〔投票率が下落〕してしまったのは、この現象で説明がつく。

このようにして国政選挙と地方選挙が違った結果を出すのがいまや構造的になってしまったことを確認しつつ、社会党は、二〇〇八年の統一地方選挙では躍進した。議会での右派は、二〇〇二年に比べて弱体化し、苛立ちを見せ、足踏みし、国民の信頼を失った大統領の後見から逃れ始めた。国民議会議員は、欠席によって政府提出のいくつかの法案の成立をしばらくの間、阻止した。二〇〇八年の遺伝子組換作物についての法律もその一つである。大統領は、国家機構内での影響力は失ったが、民営メディアに対する権力は増大しているようであり、いまや番組司会者の指名についての監視権も手中にしているらしい。テレビ局TF1での、パトリック・ポワヴル・ダルヴォル〔フランスで最も視聴率の高い夜のニュース番組のキャスターを約二〇年続けていた〕の更迭と、ローランス・フェラーリ〔女性キャスター〕の後任への任命がそれを示している。共和国大統領は、いまやフランス・テレビジョンの社長も指名したいと思っているようである。つまり民間企業だけでなく、公営企業に対しても、権力を揮おうとしているわけである。

左派の人間が、世論の支持を失った大統領のこうした機能不全と権威主義の激化とを見て喜ぶのは、見当違いも甚だしい。システムそのものが空回りしているのである。新たな情勢の中で、フランスは、二大政党制への伝統的な適性不足をあらわにしている。アングロサクソン諸国に観察されるような、利害の問題で対立するものの、実はともに万人から認められる価値システムの中に収まっている二つの陣営への分割というものは、すでに見たようにフランスにおいては、人類学的システムから自然に出て来たものではない。今日、右と左のカップルは、せめて外見上だけでも、二大政党制のゲームが活発に展開するような対立を演出することすら困難になっている。

社会党が政策プログラムを確定する力がないのは、恐らく全く単純に、実は社会党はもはや国を統治する気がないということに由来するのである。地方エリートの党である社会党は、地方権力を行使するのに満足している。地方のレベルでなら、社会党も、経済構造の解体から生まれる社会的緊張を静めることができる。とはいえ、このような志の低い選択それ自体も、問題をはらむようになっている。給与に対する圧力が増すにつれて、財政手段が収縮しているからである。

二大政党の関係は、これまで横の並立関係だったのが、縦並びの関係となった。左派の地方権力に右派の国政権力が対応する。というよりは、むしろ右派の国政レベルでの無力が対応する。というのも、ニコラ・サルコジの狂暴な積極行動主義は、自由貿易と成熟に達した金融資本主義というコンテクストの中で、最も意志主義的な大統領が実質的権力を持たないことを浮き彫りにするという成果を上げたのである。

普通選挙の無力化の装置が暴走を始める。政治家からすれば、せっかく当選しても、それは、統治をするためではない、という事態にますます耐え難くなっていくのであり、それに対する可能な解決策の一つは、お芝居をお終いにするということかもしれない。国民の審判に従うことへの拒否を公式のものとする手段とは、明確に権威主義的な政治体制を創始して、普通選挙を廃止することであるかもしれない。この仮説は極端だと考える者もあろう。しかし現在、社会の構成員の総体が耐え忍んでいる緊張がどれほど暴力的なものかを念頭に置いておかなくてはならない。それらの緊張は、最大多数者の生活水準の低下とともに、ますます増大していくのである。

中国の成長が、自由貿易の理論にいかなる論理的帰結をもたらすかについてじっくりと考えることは、ようやく始まったばかりである。しかし、それが政治理論にいかなる論理的帰結をもたらすかは、まだ問題にもされていない。われわれとしては、これについての検討をここで手短かに行なう必要がある。中国は、輸出による成長と共産党の一党独裁を組み合わせている。生活水準の上昇と「西洋文明国」との接触の影響で、中国が欧米風の民主主義観に順応することをいつ受け入れるか、気になるところである。われわれとしては、現代化された中国が、普通選挙と複数政党制を組み合わせた政治的慣行を形成することを一刻千秋の思いで待ち望んでいる。しかし、フランスにおける民主制の諸困難についての反省が到達したところを踏まえるなら、思い切って、これまでの型にはまった人権という問題系を逆転させるべきなのではないか。

つまり〔中国での人権抑圧を批判する前に〕逆に、中国という国のサイズの大きさと、欧米の所得水準の決定に中国がますます中心的な役割を果たすことを考慮して、中国共産党は、われわれが到達すべき政治的目標をもまた指し示しているのではないか、と自問すべきなのである。その目標とは、独裁、つまりわが国ではガヴァナンスと呼ばれるものにほかならない。フランスだけでなく、いくつもの先進国において、国民と指導階級の対立は激化の一途を辿っており、見世物によって普通選挙を無力化することはますます難しくなってくる。ここ数年ヨーロッパで起こった事件は、その都度、われらが指導諸階級――広い意味でのそれで、政治階級と同時に金融階級とメディア階級を包含する――に、己の反民主的反応の強さをはしなくも露呈させる機会を提供してきた。ヨーロッパ統合をめぐる国民投票に「ノン」が多数となるたびに、国民が投票権を悪用している、という怒りに震えるコメントがどっと浴びせられたのである。二〇〇五年のフランスの場合もそうだが、二〇〇八年のアイルランドの場合もそうだった。

これから一〇年から三〇年までの間に、普通選挙を廃止するというのは、もちろん容易な課題ではない。多くの社会的要因が、この可能性を退けるように見える。誰もが文字を読むことができ、高等教育を受けた者はまもなく人口の三分の一に達する。しかし今われわれが生きている社会は、集団的信仰と組織的な中間的勢力がなくなった新たな種類の社会なのである。それに徴兵制も廃止されて、職業的軍隊がそれに替わっている。

未成熟の階級、つまり政策プログラムを持たない階級同士の闘争の勢力伸長が本当に起こるとしたら、それは、暴力と恐怖の風土を産みだすことにしかなり得ないだろう。そして、その唯一の政治的結果は、無政府状態を背景とした国家の自律化であるだろう。

現代の個人主義のナルシシスト的形態が招来するアトム化は、社会を、脆く傷つきやすく生気のない塊にしてしまう。社会に己が同意しない対外政策に反対する力もないというのは、フランスがアフガニスタンに部隊を派遣した際もさることながら、それより数年前に、イギリス、イタリア、スペイン政府が、自国はイラク戦争に積極的に参加すべきであると決定した際に、すでに確認済みである。フランス人は、ヨーロッパ憲法条約を否決する力は示したかもしれないが、ニコラ・サルコジが推進した簡略化された条約(*2)を拒否するに必要なエネルギーはもはや見出すことがなかった。

給与や退職年金の実質的低下に晒されたばらばらの個人の集まりに、己の政治的権利が廃止されるのに対して強力な反対をする力があるとは思えない。まして世上の空気は、ますます安全を重視するようになっているのである。実際、一群の社会勢力が、ポスト工業社会を常にますます人々を監視し、統制し、投獄する方向に押しやっていることは、嫌でも目につく。現在までのところフランスでは、刑務所が満員になるだけで、必要な投資を行なったり、警察の定員を大幅に増加したりすることはなかった。しかし、安全確保の施策を推進しようとする動きは、いまだ終着点に達していないということは感じ取れる。この点については、国土保安局と警視庁情報部の合併が現在進行中なのを喜んではならない。実を言うなら、国家警察と憲兵隊というカップルを中心に秩序立てられていた警察機能の複数組織制を解消しようとするいかなる企てに対しても、喜んではならない。この複数組織制こそ、共和制的均衡の構成要素であったからだ。

ニコラ・サルコジの当選の直後、『ヌーヴェル・オプセルヴァトゥール』誌上でアンリ・ゲノが、ナポレオン・ボナパルトのブリュメール一八日のクーデタを、フランスの歴史の三大事件の一つとして褒めそやしたのは、まことに意外な驚くべき出来事であった。(6) 教えて下さって有難う、と礼を言うべきだろうか。ボナパルティスムの例は、権威主義的な政体といえども、民主制の外面的な形式のいくつかは保持することができるということを思い出させてくれる。ゲノお気に入りのボナパルティスムは、ある種の普通選挙の維持を含んでいるが、それは、間接選挙であるか、もしくは複数候補制が確保されていないのだから、インチキな普通選挙と言わざるを得ない。IT時代の今日、電子投票は、選挙権を横領したり歪曲したりするためのさまざまな可能性を示唆しているようにも見える。そして、どんな憲法改正も、脅威と考えなければならない。

とはいえ、大統領の増殖したイメージが覆い尽くしている現在のフランスの政治的コンテクストの中で、民主制の超克の最も激しい熱望の所在は、政治のチェスボードの右の方に位置すると分析するとしたら、それは大きな誤りであろう。サルコジ主義は、むしろ民主制の民族化を選択する方向に向かっているように見える。このような選択は、もちろん住民の一部、スケープゴートに選ばれた民族的マイノリティの選挙権を、実際上ないし理論上、制限することに通じる。しかし、大多数の国民は投票権を確保するわけである。実はそれは、民主制の原初的形態を甦らせることにほかならない。そのためには、われわれの中の悪しき部分を動員する必要があるわけだが。これは、退行的ないし否定的民主制と言うことができよう。

左派にはこの選択の道は閉ざされている。反対に、良き国際主義者としての感情のゆえに、左派は、国民の民族化的反射運動が表に現れた時は、それに烙印を押すという正当な態度を採るであろう。しかし、有権者の総体の悪しき本能に依拠するのを潔しとしない場合、どのような道が可能なのか。もし社会党が、国民の外国人排斥的反応を助長する原因となる自由貿易への愛着にあくまでも固執するなら、次のような危険な論理に絡めとられる恐れなしとしない。つまり社会党は、やがては、国民とは本性からして悪しきものであり、国民から選挙権を取り上げるか、せめてその行使に本格的な制限を加える必要がある、と結論するかもしれないのである。

社会党のリーダーたちの多くは優等生的な面を持っているが、それがしばしば結びつく尊大さというものは、得てして反民主制的な感情に変質しかねない。もちろん統計的研究が必要であろうが、どうも右派の人間は、己の選挙での失敗をより達観して受け止めるようである。二〇〇二年の大統領選挙の第一回投票で敗れた時、ジョスパンは気を悪くして引退表明をした〔一切の政治活動からの引退を宣言した〕が、その子供じみた反応は、極めて意味深長であった。彼はdémissionner〔辞職する〕という語のあらゆる意味において、démissionnerした〔使命を放棄した〕のだ。しかし社会党のリーダーたちは、おそらく屈辱を浴びせられた時、辞職するよりは、むしろ自分たちを理解する能力のないこの国民をいつの日か免職にしてしまう方を選ぶだろう。これ以外にも、社会主義者や元社会主義者には、民主制に対する潜在的な敵意の何とも気がかりな兆候が窺われる。例えば、いかなる選挙プロセスも経ることのない国際的職務に対して偏愛をあらわに示す点である。ストロース＝カーンはIMFの専務理事になり、ラミーはWTO事務局長に就任している。トリシェは、統一社会党とフランス民主主義労働同盟にしばらく所属した後、バラデュールの下で働き、次いでヨーロッパ中央銀行に入った〔二〇〇三年一〇月より総裁職〕。さらに最も重要な例を忘れてはならない。まさに社会主義者の反民主主義の見事なモデルと言うべき、ジャック・ドロールである。選挙プロセスを本能的に受けつけないこの男は、ヨーロッパ委員会の委員長〔一九八五―一九九五〕となり、マーストリヒト条約をめぐる論争の間、民主主義に、もといい、彼の言う民主主義に参加する権利を政敵に対して拒否したのである。(7)

選挙の廃止は、もちろん問題を解決すると同時に問題を突きつけるだろう。何しろそうなったら、あらゆるレベルにおいて責任者を指名する手段を見つけ出さなければならなくなるからである。マックス・ウェーバーが大した感激もなしに指摘したように、選挙という手続には、政治システムの官僚的化石化を阻止するという利点がある。しかし詰まるところ、民主制というのは、人類の歴史の中のごく僅かな期間を代表するものにすぎず、多くの政治体制は、選挙なしで済ませてきた。現行のメンバーが新たに加わるメンバーを選出する制度〔コオプタシオン〕は、現に存在する。ウェーバーが指摘した危険を最小限に抑えるために、フランスでは、地方選挙の投票権は現行通り認めるという風にすることもできよう。クーデタなどが起こりでもしたなら、社会党の活動家たちに、この地方民主制を護るために必死に戦うことを信頼して任せることはできる。彼らは、その中で非常に大きな地位を占めているのであるから。

冗談を言っているつもりはない。普通選挙の廃止の脅威は、私には民族的共和制の脅威よりはるかに重大に見える。平等主義的価値が無秩序に作動すると、大抵の場合、経済的後退を背景として、独裁という解決法に立ち至るのである。長い歴史の全期間について、フランスの伝統は何かということになると、ただ個人主義と共和制だけである、とはならない。ルイ一四世の絶対主義と二人のナポレオンの独裁も、やはりフランスの伝統なのである。

それにしても、制御を免れた上位の権威と、選挙で選ばれる地方という二つのレベルを組み合わせたシステムはすでに存在する。統一ヨーロッパがそうだ。下位の国家レベルで普通選挙が存続しながら、上位の共同体の諸機関のレベルでは、現行のメンバーによる新たに加わるメンバーの選出というシステムが支配しているのである。とはいえ、ヨーロッパという枠組みそれ自体は、中立的なものである。それは、これまで非デモクラシー的なガヴァナンスの実験をするのに役立ってきた。今後は、デモクラシーを救うために用いられるかもしれないのである。

結論　保護主義、ヨーロッパ民主主義の最後のチャンス

民主主義の生き残りのための解決法を示唆する前に、われわれとしては、単純だが、政治科学にとって基本的な問題を提起しなければならない。すなわち経済的空間と社会的空間と政治的空間の間の必要な対応関係の問題である。二〇世紀半ばに完成した民主主義は、それらの空間を民族国家の枠組みの中で合致させていた。フランス経済、フランス社会、フランス共和制は、単一の地理的空間の中に積み上げられた調和的集積をなしていた。経済的な進歩と緊張の影響は社会的変化の中に現われ、社会の変化それ自体は政治的代表の中に投影され、政治的代表はその見返りに社会と経済に影響を及ぼす、という具合であった。ところが自由貿易が徐々に形づくっていく経済の緊張は、全世界規模で現れるのである。とはいえ、中間的レベルも今のところは感知しうる。それは、フランス人の用語法では大陸〔continental〕レベルと呼ばれ、アングロサクソンの経済学者の用語法では、地域〔regional〕レベルと呼ばれる。国境の開放によってもたらされた貿易の主要部分は、ヨーロッパ経済空間、極東経済空間、北米経済空間を産みだすに至った。しかし社会的空間と政治的空間は、その後に付いていっていない。フランスの政治生活の現在の混迷は、ただ単に、規模を変えていないフランス社会と、ヨーロッパ規模と全世界規模のいずれを採るかで迷っている経済との、地理的遊離に起因するのである。

もちろん遊び半分で、三つの空間の最適な適合化というユートピア的な想像をすることはできる。民主制を救うために、政治的空間を経済的にグローバル化された世界全体にまで拡大してみよう。世界選挙が行なわれ、世界議会が成立し、世界大統領が選ばれる、というわけであるが、これは何とも現実性はない。早い話が、グローバル化の二大立役者、アメリカ合衆国と中国は、全く異なった方向に向かっているからである。グローバル化の当初の主体であったアメリカ合衆国は、己の消費の資金を賄うために全世界の貯金を吸い上げて、全世界規模の寄生者として生きるのに甘んじている。中国の方は、輸出による成長と共産党の独裁を組み合わせている。

全世界規模の民主制はユートピアである。現実はそれと逆に、独裁の全世界化の脅威にほかならない。自由貿易が全世界規模の経済的空間を産みだしたとして、世界規模で考え得る唯一の政治形態は、「ガヴァナンス」である。これは現在構想中の権威主義的システムの遠回しの呼称にほかならない。しかしそれなら、すでに統合が行き届いたヨーロッパという経済的空間が現に存在するのだから、これのレベルにまで民主制を引き上げれば良いではないか。ヨーロッパ諸機構はすでに存在する。後は責任感のある政治エリートたちがこれを奪取して、経済を諸国民にとって好ましい方向に向け直し、諸国民と統一ヨーロッパの融和を図れば良いだけの話ではないか。

ヨーロッパの転用

ヨーロッパは、現在、フランスの指導階級が普通選挙を無力化するために利用する道具の一つと思われている。ブリュッセルは、フランスの議会や大統領のコントロールも経ることなく、フランス市民に押しつけられる指示を産みだすべき機関と見なされている。現実には、フランスの指導階級は、もう長いことブリュッセル「政権」を一種のダミーとして用いているのだ。ブリュッセル「政権」は、彼らが責任者として名指しされないようにしながら、彼らの欲望を実現してやっている。こうしてフランスは、不透明な手続きによって任命された、超高級取りの官僚から、新自由主義的な発想のあれこれの構造改革を実行するよう尻を叩かれることになる。ヨーロッパ諸機構は、もはや自由貿易のパングロス〔『カンディード』の登場人物〕的楽観論の教義を燃料にして突っ走る巨大なマシーンにすぎなくなっている。知的にはブリュッセルは周縁部である、というよりむしろ、ドイツ、フランス、イギリス、その他の周縁の交差するところである。したがってヨーロッパの首都は、周縁地帯の基本的特徴を呈している。言語学者と人類学者によく知られた周縁地帯の特徴とは、遅れ、保守主義にほかならない。

とはいえ、ヨーロッパは、それとは別のものでもあり得るだろう。アメリカ合衆国の衰退から中国の成熟への到達までの間、ヨーロッパは、新たに、そしてなお数十年間、地球上で最も莫大な学者、技師、技術者、熟練工の集中的集積を意味している。政治的には細分化しているが、それでもヨーロッパは、世界最大の経済的総体であり、ユーロの抗いがたい勢力伸張はそれで説明がつく。しかし、ユーロは過大な高値が付いてしまい、そのためヨーロッパは舵の壊れた船のようになってしまった。狂乱ユーロ（強いユーロというよりも）によってヨーロッパは、己自身の経済力を己自身を苦しめるために使うという離れ業を成し遂げているのである。

ヨーロッパは、最も重要な構成諸国が望むのなら、輸入と工場の低賃金国への移転から保護された経済調節空間となる、と決めることもできる。ヨーロッパ保護主義は、ほとんど技術的問題を引き起こさない。ヨーロッパの対外貿易は均衡がとれている。それゆえ、エネルギーと原料を購入する資金を調達するのに何の困難もない。これは、重い貿易赤字を抱えているアメリカ合衆国と大いに異なる点である。『ニューヨーク・タイムズ』紙におけるウルトラ順応主義ジャーナリズムの第一人者であるトーマス・フリードマンは、『フラット化する世界』〔邦訳、上・下巻、伏見威蕃訳、日本経済新聞社、二〇〇六年〕の中で、自由貿易のせいでアメリカが抱え込むあらゆる困難を列挙しているが、結局は、パトリック・アルチュスと同様に、他に解決策はないと結論する。[1] しかしアルチュスとは違って、フリードマンの方は、自分の国について必ずしも間違ったことを言っているわけではない。アメリカ合衆国では工業が非常に弱体化しているため、この国が保護主義に移行するとなると、長期にわたって生活水準の相当な低下を引き起こすことになろう。そうしたことは、ヨーロッパではいささかも恐れる必要はない。この大陸は、いまだすべてを効果的に生産することができるのであるから、ほんのちょっとした割当てなり関税障壁の措置を採るだけで、当該生産部門は、急速に発展するか活況を取り戻すかという結果が得られるだろう。

保護主義の目標とは根本的に、共同体的優先区域の外に位置する国々からの輸入を撥ねつけることではなく、給与の再上昇の条件を作りだすことである。国境が開いている限りは、給与は下がり、内需は縮小せざるを得ない。非先進国の非常に低い賃金の圧力が止まるなら、ヨーロッパの所得は、まず個人所得が、次いで国家の所得も、再び上昇することができる。所得の上昇は、ヨーロッパ規模での内需の振興を伴い、内需振興は輸入の振興をもたらすのである。外需の追求、際限のない給与の縮小、それが生産コストを低下させ、その結果、内需が低下し、外需の追求につながる、等々という、現在の悪夢から抜け出すことが肝心なのだ。

ヨーロッパ経済のこうした方向転換は、大量の計量経済学的作業とヨーロッパ規模の研究所の設立を要求するだろうが、これらの研究所には、金融システムとあまりにも明白な繋がりを持つ経済学者は採用されないようにしなければならない。それは、一世代にわたる事業となるであろう。専門技術的な異論は多々あるだろうが、どれもまともに相手にする必要はない。中国は、ドイツの設備財なしに済ますことはできないし、エアバスや原子力発電所のことを考えるなら、フランスの設備財なしに済ますことさえできない。日本もしくはアメリカ合衆国への、独占的な技術的依存状態に陥るのに甘んじるわけにはいかないからである。ヨーロッパが毅然とした姿勢を示すなら、中国はいかなる報復手段も持たないであろう。

真の困難は、イデオロギー的、社会学的、心理学的なものである。主要な困難は、現在のヨーロッパの個人が集団的に考え、行動することができないという構造的無力性にあり、これは、まさに世紀病と言うべきであろう。自由貿易の優勢が実現したのは、結局は、経済学者の影響の所為であるよりは、人々の行動の「ナルシスト化」の所為なのである。保護主義が技術的には困難なものではないとしても、その実現の条件の中には、ナルシシスト的な心理的姿勢を変えるという前提が含まれる。個人の短期的な利益を自覚的に乗り越えることが要求されるのである。これは、上から一％の超富裕階層においても、全住民の三分の一の、貧困化の過程にある高等教育学歴を有する中産階級においても、言えることである。そのどちらの場合にも、それはまさに人間の意識の質的飛躍を意味するだろう。われわれは、まさに〈歴史〉の新たな局面の始まりに際会することになるだろう。

夢を抱こうではないか。偉大なる感情にではなく、ヨーロッパの経済的力関係の現実を考慮に入れた具体的行動に満たされた夢を。再び真のエリートとなったフランスのエリートが、その社会的責任を引き受けることを決意し、ヨーロッパという旧大陸の産業と社会組織の全面的破壊を避けるために、保護主義に移行する必要性を確信するに至る姿を想像してみよう。右派は、国家国民と国土の防衛という考えを供給するであろうし、左派は、ヨーロッパ諸国の不可欠な協力という国際主義的側面を加えることになるだろう。

フランスの指導者たちは、どのように事を運ぶべきか。まずドイツがヨーロッパの産業の中核であることを認めること。そして、ドイツの指導者たちを説得すれば、それだけでヨーロッパ大陸を保護主義に向かって方向転換させることができるということを認めること。ただし、イギリス抜きのヨーロッパ大陸である。イングランドにとって、自由貿易は国民的アイデンティティの成分であり、しかも比重の軽い成分ではない。ロンドンが態度を変えることがあるとしたら、それは、後になってから、国際通商・支払いシステムの実質的な方向転換が実現してからであろう。

現在のドイツは自由貿易主義である。しかし自由貿易の教義への賛同は、ドイツのアイデンティティに沿ったものではない。政治的存在としてのドイツそれ自体、保護主義的教義の適用から生まれたものである。ドイツ民族の統一を実現するために、プロイセンは関税同盟という共通関税障壁を利用した。保護主義教義の偉大なる理論家、フリードリッヒ・リストは、ドイツ人であった。

イングランドは、自由貿易信仰を守り抜くためには己の産業を犠牲とすることも辞さないが、ドイツは、己の利益が命ずるなら方針転換するだろう。ドイツ連邦共和国は、フランスと同様に、給与の収縮に苦しみ、すでに企業の国外移転にも苦しんでいる。ドイツには中産諸階級の貧困化などないと考えるのは、勝手な思い込みというものである。ドイツの華々しい貿易黒字は、囮にすぎない。己の工業の効率性から引き出した利潤を〔国内の所得水準アップに使うのではなく〕アメリカの金融市場に投資して浪費することもできる、というだけの話なのだ。

ユーロの存在のお蔭で、ドイツは確かにヨーロッパ内で非協力的な政策を行なっても、報復を受ける恐れのない立場にある。ドイツの給与生活者たちは、他の国の給与生活者より、所得の自発的低下を受け入れる余力がある。したがってドイツは、フランス、イタリア、スペインに対して圧倒的に有利な立場にあるのだ。(2) これら諸国は、ユーロで縛られており、為替政策で身を護ることはもはやできなくなっている。ユーロの平価切り下げは、フランスにとっても他の国にとっても、保護の方法としては不完全であろう。それが完全な保護の方法なら、ヨーロッパ内だけでなく、世界規模で、最適の位置取りをすることが可能になるところなのだが。

したがって現実に行動を起こしたいと思うフランスの指導者たちにとって、ドイツとの交渉は次の要素を含むことになるであろう。

――ドイツがヨーロッパの産業の中核であることを認め、フランスが何かを単独で保護することができるかのように振る舞うのを止めること。

――ドイツにとって、中国なり世界なりの外需を際限なく追求するよりは、ヨーロッパ内の需要の振興の方が得るところが多いということを、ドイツに理解させること。

――ドイツ連邦共和国の指導者たちと経営陣に以下のことを警告すること。すなわち、この説得工作が失敗して、ヨーロッパの通商政策を保護主義に転換することが不可能になったなら、フランスはユーロ圏から脱退せざるを得ない。より正確には、それはユーロ圏を破壊せざるを得ない、ということである。なぜなら、狂乱のユーロでフランス以上に麻痺状態にあるイタリアは、フランスに続いて直ちに脱退するからである。ドイツは、支配的な産業大国としての責任を有することを認めなければならず、政治的責任を引き受けることなく経済力を運用するという日本流のやり方、しかもどちらかというと拙劣なやり方にもはや甘んじてはならない。保護主義の問題についてドイツに真っ向から働きかけるのは、攻撃を仕掛けるということではなく、逆にドイツの重要性を認めることであり、ドイツが、己の政治的地位に相応しい行動をし、ヨーロッパについての責任を自覚するよう要求することである。

——こうすればドイツは、己自身が強いユーロや、企業の国外移転や、中産諸階級の崩壊に苦しんでいるのだから、不可避的にヨーロッパ保護主義を選び取ることになるだろう。その選択は、プラグマティックな選択、つまりドイツ自身に利益をもたらす選択であるだろう(3)。

フランスの政治家たちにとって、統治するとは、こういうことなのである。強いユーロとヨーロッパ中央銀行の害悪について無力で時代遅れのお喋りを、しかも一〇年も遅れてするなどというのは、統治するということとはほど遠い。

フランスの指導階級の中では、ドイツに対する経済的劣等感の埋め合わせに、ライン川の彼方のパートナーの教条主義を秘かにせせら笑い、われわれフランス人は、彼らにはない精神の柔軟性と鋭敏さを持っていると己に言い聞かせて胸を撫で下ろすのが、慣例となっている。冗談も程々にしてもらいたい。ジャン゠クロード・トリシェとパスカル・ラミーを考えてみるだけで分かる。国際的に流通し得る、メイド・イン・フランスの精神の硬直性の最も見事なケースにほかならないこの二人を。ドイツが考えを変えるなどあり得ない、と考えるあらゆる人士には、かつては連邦共和国は、〔国籍取得に関する〕血統主義を放棄することは決してないといわれていた時代もあったことを思い出して欲しい。多数の移民が流入して定着するという事態に直面して、ドイツは出生地主義に転じたのである。またイラク戦争の前までは、ドイツは、いつまでもアメリカ合衆国の愛犬ポチであろうと思われていたことも、思い出してもらいたい。

イギリスとロシアの間のヨーロッパ大陸の規模で創始されるヨーロッパ保護主義は、傘下各国の社会が、給与の圧縮、需要不足、際限のない不平等の拡大から長期的に逃れることを可能にする。民主主義を蝕んでいた社会の窒息感は姿を消すだろう。エリートへの告発は意味を失うだろう。普通選挙に対する圧迫は、給与に対する圧迫とともに止むだろう。経済的空間と政治的空間は、再び合致するだろう。こうして作りだされる政治形態は、新しい種類のものであって、そのためには複雑な制度・機構の改変を行なわなければならないだろう。しかしそれが実現した場合、唯一その場合にのみ、こう断言することができる。デモクラシーの後も、やはりデモクラシーであるだろう、と。

代国王と，共和制樹立以来の歴代大統領という，フランス国家の元首たちに思いを馳せているわけである。

（＊2）**国防準備招集の日**　1998年に，徴兵制の廃止に伴い，その代替措置として創設された制度で，16歳から18歳の青年男女が義務的に参加する1日の催し。フランス語の能力のテストを含む，さまざまな講習が行なわれる。参加者は修了証を交付されるが，この修了書は，バカロレア受験の条件となっている。

（＊3）**連帯民事契約制度**　婚姻外の異性ないし同性のカップルに，婚姻に準ずる権利を認める制度で，1999年に施行された。

第9章

（＊1）**パトリック・ヴェイユ**　1956年生。ユダヤ系歴史学者・政治学者。パリ第一大学教授。フランスにおける移民問題の専門家。閣外大臣の官房長や移民・統合関係の各種委員会に加わっていたが，2007年5月18日に，他の7人の大学人とともに，サルコジによる「移民・国民アイデンティティ省」の創設に抗議して，辞任した。

（＊2）**簡略化された条約**　2005年5月のヨーロッパ憲法条約の批准反対を承けて，2006年2月にサルコジが提唱した憲法条約。「簡略化された条約」ないし「ミニ条約」と呼ばれるが，リスボン条約として調印された後，その批准は，国民投票にかけられることなく，2008年2月に，国民議会と上院の合同会議で可決された。

事業も多く,「アフリカの帝王」とも称される。

(＊4)**フランソワ・ピノー**　「グッチグループ」を傘下に置く「ＰＰＲグループ」の所有者。現在，世界一のコレクターとも言われる大富豪。

(＊5)**まるでキュリアス三兄弟のように……**　ローマの伝説に材をとった，17世紀フランス古典主義文芸の巨匠，コルネイユの悲劇『オラース』の物語。永年戦争状態にあるローマとアルバは，それぞれ3人の代表を立てて行なう決闘によって，決着を付けようとする。ローマの代表はホラティウス（オラース）三兄弟，アルバの代表はクリアティウス（キュリアス）三兄弟。決闘では，最初，オラースの2人が討たれるが，最後のオラースは逃げると見せて，敵を1人ずつ倒していく。

(＊6)**無為王たち**　怠惰で後宮生活に溺れ，若死にすることが多かったクロタール2世（584-628）以降のフランク王国の王たち。

(＊7)**アラン・マンク**　1949年生。ENAを主席で修了したENA出身のオピニオン・リーダーの典型。サルコジとも近い。1995年の大統領選挙に向けての保守陣営内での立候補争いでは，バラデュール陣営の中心的知識人と目されていた。これに対して，トッドが(誤って)シラクの守護神(グル)と目されていたことは，周知の通り。『民族の復讐』,『フランス改造計画——知識人による行政改革実践論』,『メディア・ショック——「第四の権力」を解剖する』等，和訳されている著書も多い。

(＊8)**バルナーヴ**　(1761-1793）1789年，三部会に当選以来，フランス革命の立役者の1人。ジャコバン・クラブ創設に参加し，指導権を握るが，やがて立憲君主制を主張し，フゥイヤン派に加わり，反革命の罪で処刑される。彼の『フランス革命論序説』(93年）は，ブルジョワ革命理論の先駆として，高く評価されている。

(＊9)**「われわれはみなアメリカ人だ」**　9.11の同時多発テロの直後の2001年9月13日付『ル・モンド』紙に掲載された社説（署名はジャン=マリ・コロンバニ）のタイトル。タイトルが示すように，このテロ攻撃の被害者たるアメリカ人との全面的連帯を表明し，テロとの戦いへの支持を表明した。

(＊10)**「ポーランド人配管工」**　2005年春のヨーロッパ憲法条約をめぐる論争の中で，この条約が発効すれば，低賃金の旧東ヨーロッパ諸国の労働者が大量に流入してフランス人の給与水準にダメージを与えるとする議論の具体例として，ポーランド配管工という語が登場し，これが象徴的に流通するようになった。

第8章

(＊1)**ランスでの聖なる戴冠**　メロヴィング朝フランク王国の創始者クローヴィスは，カトリックに改宗し，496年にランスにて戴冠式を行なった。これ以後，歴代のフランス王の戴冠式はランスで行なわれることが慣行となり，例えばジャンヌ・ダルクは，北フランスを制圧して，王太子シャルルをランス大聖堂にて戴冠せしめた。トッドはここで，フランク王国以来の歴

1972年に，ノーベル経済学賞受賞者ジェームズ・トービンが提唱した税制度で，投機目的の短期取引を抑制するため，国際通貨取引に課税をする，というもの。

（＊2）**ヘクシャー＝オリーン定理**　エリ・ヘクシャー（スウェーデンのユダヤ系経済学者。1879-1952）とバーティル・オリーン（ヘクシャーの弟子。1977年にノーベル経済学賞を受賞。1899-1979）が構築した次のような定理。すなわち「各国は，相対的に自国に豊富に存在する生産要素を集約的に使用する財に比較優位を持つ。相対的に資本の豊富なA国は，資本集約的な重工業に比較優位性が働いている。相対的に労働の豊富なB国には，労働集約的な軽工業に比較優位性が働く」。

（＊3）**ローラン・ファビユス**　1946年生。大統領に当選以前から，ミッテランの経済顧問。ミッテラン大統領下で，閣僚を歴任し，1984年に37歳で首相に就任（86年まで）。その後，国民議会議長，社会党第一書記，ジョスパン内閣で蔵相，などを務め，2007年の大統領選挙に出馬の意思を表明したが，2006年11月の社会党大会で，ストロース＝カーンとともに，セゴレーヌ・ロワイヤルに敗れる。2005年のヨーロッパ憲法条約の国民投票に際しては，反対の態度を表明した。

（＊4）**「セゴレーヌ・ロワイヤルと……」**『環』28号（2007年冬号）に翻訳掲載されたトッドへのインタビュー，「仏大統領選をめぐる偽りの二者択一」（拙訳）は，2006年8月もしくは9月に行なわれている（«La France n'est pas fichue : elle est vivante et en colère», *La Revue pour l'intelligence du monde*, No4, Sept./oct. 2006）。この『ル・パリジヤン』紙のインタビューと内容的にきわめて近いと考えられる。

（＊5）**ドミニック・ド・ヴィルパン**　1953年生。1995年，シラクにより抜擢され，大統領府官房長官，次いで2002年にラファラン内閣での外務大臣，イラク戦争の直前，2003年2月14日，国連安保理事会で行なった，イラクへの武力行使反対の演説は，歴史に残る名演説となった。内務大臣を経て，2005年5月，ラファランの跡を襲って首相に就任したが，2005年に郊外の暴動が起き，2006年3月には，自らが主導した初回雇用契約（CPE）で若者の反乱を引き起こした。2007年大統領選挙をめぐっては，保守の有力候補であったが，結局，立候補を断念する。

第7章

（＊1）**マルタン・ブイグ**　電話会社「ブイグ・テレコム」やテレビ局「ＴＦ１」を所有する企業グループの総帥。サルコジ夫妻の息子の洗礼に立ち会った代父でもある。

（＊2）**ベルナール・アルノー**　「モエ・ヘネシー・ルイ・ヴィトン」「クリスチャン・ディオール」のＣＥＯ。「ファッションの法王」とも称される。

（＊3）**ヴァンサン・ボロレ**　メディア関連企業を始め多くの系列会社を傘下に置く「ボロレ社」会長。2007年，サルコジに，豪華ヨットを始め，地中海のマルタ島での「贅沢なヴァカンス」を提供したとされる。アフリカでの

第5章

（＊1）**8月4日の夜**　1789年8月4日から5日にかけての夜の間に，国民議会は「封建制の廃止」を決議した。この出来事には，貴族と第三身分の平民との階級的融和と友愛の熱狂的雰囲気の中で実現した場面というイメージがある。

（＊2）**ラドヤード・キップリング**　(1865-1936) 有名な『ジャングル・ブック』の作者。インドで生まれ，青年時代もインドで生活する。帝国主義的風潮に応えて人気を博し，ノーベル文学賞を受賞した（1907年）。

（＊3）**ラシダ・ダティや、ラーマ・ヤードや、ファデラ・アマラ**……　いずれも女性。ダティは，モロッコ人の父とアルジェリア人の母から生まれた移民2世，ヤードは，セネガル人（したがって黒人）で，高等教育はパリで受けた。つまり彼女は移民2世ではない。アマラはカビール人（アルジェリアのカビリア地方に居住する少数民族で，アラブ人ではなく，アラブに対して一線を画す分だけ，フランスには近い）移民2世。つまり，フランスが抱える移民の三大要素が，この3人によって代表されている。

（＊4）**ダニエル小母さん**　1990年上映のフランス映画『ダニエル小母さん』の主人公。嘘つきで，気まぐれで，口が悪く，手癖の悪い，まことにおぞましい老婆。

（＊5）**ロストック**　ロストックは，旧東ドイツのバルト海沿岸の都市。2007年6月，近接のハイリゲンダムを会場とするサミットに対して行なわれた反グローバル化デモの際，ロストックではデモ隊が8万人規模に膨らみ，全身黒ずくめの暴徒が，警官隊に石や火炎瓶を投げ，車両に放火をし，警察官に400人以上の負傷者を出した，といわれる。

（＊6）**プージャード主義**　ピエール・プージャードを指導者とする，小商店主，手工業者の政治運動。1954年より反税闘争として始まり，56年の国民議会選挙では19%の票を獲得し，53人の議員を出したが，内部分裂を起こし，早くも次の選挙（58年）では消滅してしまう。

（＊7）**社会的付加価値税**　付加価値税の税率を引き上げ，増税分の一部を社会保障に充て，企業の社会補償費の負担を軽減することで，企業の国外移転を阻止するという提案で，「社会的付加価値税」と名づけられた。

（＊8）**またと見出しがたい議会**　ブルボン復古王制下の最初の国民議会選挙は，「王よりも王党的」といわれたユルトラが大勝したが，ルイ18世はこれを「またと見出しがたい議会」と呼んだ。つまり政府与党が圧倒的多数を占める議会の謂いである。

第6章

（＊1）**ＡＴＴＡＣ**　「市民援助のための金融取引課税期成協会」。トービン税の導入と，それを貧困国援助に用いることを目的とする運動体。1997年に『ル・モンド・ディプロマティック』紙上でイニャシオ・ラモネがこの着想を提唱したのを承けて，翌98年にフランスで結成。その後，世界各国に広がった。反グローバリズムの運動の中心勢力の1つ。トービン税とは，国的教育制度の完成と考えられている。フランソワ・ギゾーは，1830年の7月革命で成立した立憲君主制，7月王制の初期に文相を務め，33年，初等教育法を定めた。

第3章

（＊1）**「社会的断層」** 1995年の大統領選挙で，保守の候補としてバラデュールに対して劣勢にあったシラクは，この言葉をキャッチフレーズに採用して，逆転勝利した。この際，エマニュエル・トッドが果たした役割については，『移民の運命』の「訳者解説」（559頁）を参照のこと。

（＊2）**シラクの国民議会解散……** シラクは，1997年に，任期を1年前倒しして，国民議会を解散した。与党の不人気を挽回するためであったが，結果は左派の勝利に終わり，シラクのもくろみは潰え去った。

（＊3）**バカロレア＋2** バカロレア取得後2年間は高等教育の第1段階で，これを終えると，大学生はDEUG（Diplôme d'étude universitaire général 大学一般教育免状），工業短期大学生はDUT（Diplôme universitaire de technologie 技術大学免状）を取得する。これが高等教育修了の最低限の水準とされている。

（＊4）**『北の国へようこそ』** 原題はBienvenue chez les Ch'tis. ダニー・ブーン監督の映画。南仏のとある町の郵便局員が，北部の町に転属となり，閉鎖的で不親切と言われる北部人の中に投げ込まれる，という設定。2008年に発表され，空前の大ヒットを記録，42年ぶりにフランス映画の観客動員数の記録を塗り替えた。ダニー・ブーンは俳優として，『戦場のアリア』，パトリス・ルコント監督の『僕の大切な友だち』などで好演。2006年には，自ら脚本と演出をつとめてヒットした劇を映画化。『北の国へようこそ』は監督としての2作目になる。

第4章

（＊1）**とくに後者は……** 2007年2月25日，ヴィリエ＝ル＝ベルで，ミニバイクに乗っていた2人の若者がパトカーと衝突し，死亡したことをきっかけとして，警官に反発する若者を中心に暴動が発生した。

（＊2）**ＫＧＢ** ソ連の秘密警察は，革命当時のチェカーから，名高いGPU（国家保安部），さらにMGB（国家保安省）を経て，1954年からはKGBへと改称・再編を繰り返した。

（＊3）**左翼党** 旧西独系のWASGと旧東独系の「左翼党・民主社会党」が2007年に正式に合併して生まれた政党。

（＊4）**合流（ラリマン）** 第3共和国の成立以来，共和国とカトリック教会は対立してきたが，ローマ教皇レオ13世が出した2つの回勅，「レールム・ノヴァールム」（1891年5月15日）と「インテール・ソリシテュディネース」（1892年2月20日）で示した政策転換は，一般に「ラリマン」と呼ばれる。特に後者は，教会と王制の結びつきを解除し，信徒が共和制を受入れるべきことを許した。

ークスマン的存在。

（＊8）**フィリップ・セガン**　1943年生。1997年から99年まで，ド・ゴール主義政党「共和国連合」（RPR）の総裁を務める。2002年に，RPRが解消し，大統領多数派連合（現在の「民衆運動連合」UMP）が結成されたとき，政界を引退。

（＊9）**陰の領域の専門技術者**　ジョルジュ・ポンピドゥー（1911-1974）は，ド・ゴールの政界復帰とともに，ド・ゴールの下で官房長官，次いで首相を務める以前，ロスチャイルド銀行の頭取であった。

（＊10）**ド・ゴールの辞任の……**　ポンピドゥーの死を承けて大統領に当選したジスカール・デスタン（1926年）は，ド・ゴール派ではなく，中道の独立共和派の領袖として，ド・ゴールには距離を置いており，ド・ゴールが68年5月後の態勢の立て直しを図った69年の国民投票にも，ジスカール・デスタン派は批判的だった。

（＊11）**デカルトが……パスカルが……**　デカルトは，完璧でない人間存在が「完璧」の観念を有するのは，「完璧な存在」としての神があることの証明であるとした。パスカルは，神があるかないかは証明できないとした上で，神があることに賭けることによって，無限の利益が得られると説いた。

第2章

（＊1）**何の成績評価点も……**　成績評価点（mention）は通常，20点満点中16点以上が「秀」（Très bien），14点以上が「優」（Bien），12点以上が「良」（Assez bien），10点以上が「可」（Passable）であり，それ以下は「成績評価点なし」となるが，それで合格する場合もあるようである。

（＊2）**単一思考**　20世紀末からフランス政治界・メディア界の支配的な思潮として批判される思考傾向。おおむね，共産圏の崩壊による社会主義的熱望の退潮と，ヨーロッパ統合の推進を支えるネオ・リベラリズムの興隆を背景として，これまでの左右の対立軸が消失した結果，左派も右派もともに共有するようになった，単一の多数派的・体制順応主義的イデオロギー，というほどの意味か。この傾向は，数次にわたった保革共存（コアビタション）によって助長された。ただし，「単一思考」として批判される思想の定義そのものは，批判者によって異なるという曖昧性が残る。

（＊3）**『コーラス』**　2004年に大ヒットし，フランス映画観客動員記録1位を記録した作品。第2次世界大戦直後の1949年に，フランスの片田舎の孤児院のような寄宿制の学校に赴任した音楽教師が，コーラスを組織することによって子供たちの心を捉え，癒していく。2009年，日本でも公開されている。

（＊4）**グローバリゼーションと……**　英語のGlobalizationは，これまでフランス語ではMondialisation（世界化）と訳されてきた。

（＊5）**フェリィより重要である……**　設立初期の第3共和国をリードしたジュール・フェリィは，1882年に，教育の無償化・義務化・世俗化を規定した法律（ジュール・フェリィ法）を制定したが，これはフランス的な共和

クスプレス』誌,『ル・モンド』紙などを経て,『ヌーヴェル・リテレール』誌編集長（1977年)。次いで『エヴェヌマン・デュ・ジュディ』誌（1984年),『マリアンヌ』誌（1997年）を創刊。2007年に同誌編集長を退くとともに,引退。

第1章

（＊1）**国民戦線は、結局のところ……**　国民戦線は,党首のル・ペンが,2002年の大統領選挙第1回投票において16.9%で得票率第2位となって,決選投票に進み,フランス人を痛切な危機感の中に陥れたが,これをピークに,急速に勢力を減退させている。

（＊2）**ＣＦＤＴの宗教色の払拭**　フランス・キリスト教労働者同盟（CFTC）は,共産党系の労働総同盟（CGT）に対抗する有力な労働組合連合体であったが,1964年に,綱領からキリスト教的規定を削除し,「フランス民主主義労働同盟（CFDT）」と改称した。

（＊3）**新社会党**　1971年,フランス社会党（SFIO）はエピネーで党大会を開き,フランソワ・ミッテランを書記長に選出すると同時に,これまで党外にあったさまざまの潮流を糾合し,党の名称を,従来のSFIO（労働者インターナショナル・フランス支部）から「社会党」(Parti Socialiste）に改めた。この時,統一社会党（PSU）とその若手リーダーのミッシェル・ロカールも,これに加わった。新社会党は,共産党との接近を図り,翌72年には社共共同綱領が締結され,これにより74年の大統領選挙で,左派統一候補,ミッテランは,50.81%対49.19%の僅差でジスカール・デスタンに敗れたものの,次の81年の選挙で,ジスカール・デスタンを破って,大統領に当選する。

（＊4）**正統王朝主義**　大革命で打倒されたブルボン朝絶対王制（ナポレオン失墜後の王制復古で政権に復帰するが,1830年の7月革命で再び打倒される）の復活を望む政治運動。これに対して,7月革命で王位に就いたオルレアン家のルイ＝フィリップのブルジョワ王制を支持する王党派は,オルレアニストと言う。

（＊5）**82.2%に達する得票率で……**　第2回投票は,右派のシラクと極右のル・ペンの決戦となったため,極右の候補が大統領になるのを阻止するため,左派は右派のシラクに投票するという苦渋の選択を強いられることになった。その結果,シラクの表面上は凄まじい「圧勝」が実現したわけである。

（＊6）**エドゥアール・バラデュールと……**　この時は結局,リオネル・ジョスパンが左派の候補として健闘し,第2回投票は,右派のシラクと左派のジョスパンの対決となった。この選挙戦に際して,エマニュエル・トッドが果たした役割はよく知られている。第3章訳註（1）参照。

（＊7）**オリヴィエ・ブザンスノ**　1974年生。2002年,27歳の若さで,トロツキスト政党「革命的共産主義者同盟」(LCR）の候補として大統領選挙に立候補し,フランス大統領選挙史上最年少の候補として話題を呼び,120万票を獲得。2007年の大統領選挙にも立候補し,150万票を得た。2009年に結成された新政党「反資本主義新党」(Nouveau Parti Anticapitaliste）のスポ

訳　註

序　章

（＊1）**彼の挑発は、フランス国中の……**　2005年11月のいわゆる「郊外の暴動」は，パリ北郊のクリシーで，警官の職務尋問を振り切ったマグレブ（北アフリカ）系の若者2人が変電所に逃げ込み，誤って感電死したことをきっかけに，ブール（マグレブ系2・3世）や黒人系の若者による暴動が広がった事件であるが，この際，当時内相であったサルコジが，自動車を燃やした若者たちとにらみ合った際，「お前たちのような社会のくずは叩き潰す」と暴言を吐き，それが若者たちの反発の火に油を注いだと解釈されている。

（＊2）**大特権者たちに税制上のプレゼントを……**　所得税率の上限の引下げ，中小企業に投資する者への財産税の軽減，相続税の大幅削減，住宅ローンの利子課税の廃止，等を含む，総額150億ユーロの減税措置。

（＊3）**停年退職特別規則**　危険ないし労苦を要求する労働に従事する者に適用される，通常とは異なる退職規則。例えば，フランス国鉄，パリ市交通公団，電力ガス公社の労働者，鉱山労働者，船員，等がこれに当たる。例えば鉄道労働者の場合は，停年退職年齢が，通常は60歳のところ，55歳（運転手については50歳）というように短縮され，年金積立期間も短縮される。フランスでは基本的に，停年後の生活は年金で保障されているため，停年が早いことは優遇を意味する。

（＊4）**ベルナール・クーシュネール**　1939年生。外務ならびにヨーロッパ担当大臣，「国境なき医師団」の創設者の1人。

（＊5）**ジョレス、ブルム**　ジャン・ジョレス（1859-1914）は，フランス社会主義運動の統一者，新聞『ユマニテ』の創刊者，兇弾に倒れた殉教者でもある。レオン・ブルム（1872-1950）は，ジョレスの後継者で，社会党党首，人民戦線内閣が成立したとき首相となる。いずれもフランスの左派の歴史を代表する象徴的人物。

（＊6）**ギィ・モケ**　17歳の共産党員，ギィ・モケは，大戦中のドイツによる占領下のパリでレジスタンスのビラ配布中に逮捕され，1941年10月22日，ドイツ軍将校が殺害されたことへの報復として，26人の同志とともに射殺された（ドイツ軍は，殺害されたドイツ人1人に対して複数のフランス人拘留者を処刑する規則を公示していた）。サルコジが，死を前にしたモケが家族に宛てて残した手紙を，愛国心のモデルと評価し，リセで朗読するよう指示したことから，「教育への介入」として反発が強まり，サルコジがモケの母校を訪問しようとする予定に対して，同校前で反対デモが行なわれるなど，大いに議論を呼んだ。

（＊7）**ジャン＝フランソワ・カーン**　1938年生。ジャーナリズムの大御所。『エ

アールとの論争。

(7) E. Todd, *L'Illusion économique*, *op.cit.*, p.227.〔『経済幻想』藤原書店 , 259 頁〕

結　論

(1) T. Friedman, *The World is Flat*, Penguin Books, 2005, 2006.

(2) X.Timbeau, « Comment le projet européen s'égare », *Le Débat* n°141, septembre-octobre 2006, p.154-163.

(3) 世界をとるかヨーロッパをとるかで迷っているドイツのためらいについては，2008 年 3 月 17 日のシンポジウム « Commerce extérieur allemand, l'Allemagne au sommet de l'Europe? » と，とりわけエドゥアール・ユッソンの基調報告の報告を掲載した，レスプブリカ財団の報告書を見よ。

(13) A.Barnave, *Introduction à la Révolution française*, Armand Colin, 1960. 初版の発行は1843年であった。
(14) Ph. Cohen et L.Richard, *La Chine sera-t-elle notre cauchemar ?* Mille et Une Nuits, 2005.
(15) G.Chaussinand-Nogaret, *La Noblesse au XVIIIe siècle*, Editions Complexe, 1984, p.48-49.

第8章

(1) F.Denord, *Néolibéralisme, version française. Histoire d'une idéologie politique*, Démopolis, 2007.
(2) André Glucksmann, *La Cuisinière et le mangeur d'hommes. Essai sur les rapports entre l'Etat, le marxisme et les camps de concentration*, Le Seuil, 1975.
(3) Bernard-Henri Lévy, *La Barbarie à visage humain*, Grasset, 1977.
(4) ヨーロッパ諸国の出生率については，次の網羅的概観を見よ。Alain Monnier, *Démographie contemporaine de l'Europe*, Armand Colin, 2006, chapitre 6.
(5) *INSEE Première* n°1089, juillet 2006.
(6) D.Méda, *Le Temps des femmes*, Flammarion 2001, réédition, Champs, 2008.
(7) J.-P. Rivière, *Illettrisme*, *op.cit.*, p.5.
(8) R. Pferfferkorn, *Inégalités et rapports sociaux. Rapports de classes, rapports de sexes*, La Dispute, 2007.
(9) この部分は，家族システムの起源についての未発表の研究に関連する。
(10) コーランには，女性に半人前の分け前を与えるという規則が見えるが，それは実際は，アラブの農村共同体には適用されていない。

第9章

(1) セゴレーヌ・ロワイヤルの選挙キャンペーン・チームに見られる，世論調査の強迫観念のこの上ない例については次のものを参照せよ。R.Bacqué et A.Chemin, *La Femme fatale*, Albin Michel, 2007, p.115-126.
(2) F.Neumann, *Béhémoth, structure et pratique du national-socialisme*, Payot, 1987. 増補版の翻訳は1944年。初版は1942年。シュミットについては，p.62. および p.77. を見よ。
(3) 例えば次のような素晴らしい著作を見よ。Jean-Claude Monod, *Penser l'ennemi, affronter l'exception. Réflexions critiques sur l'actualité de Carl Schmitt*, La Découverte, 2006.
(4) D.Demonpion et L.Léger, *Cécilia, la face cachée de l'ex-première dame*, Pygmalion, p.224.
(5) T.Frank, *What's the Matter with America? The Resistible Rise of the American Right*, Secker and Warburg, 2004. これはイギリス版のタイトルであり，アメリカ版のタイトルは *What's the Matter with Kansas ?* である。
(6) *Le Nouvel Observateur*, n°2229, 26 juillet au 1er août 2007. ジャック・ジュリ

national d'économie politique, réédition, Gallimard, coll.« Tel », 1998.
(15) Eve Charrin, *L'Inde à l'assaut du monde*, Grasset, 2007.
(16) D.Smith, *The Dragon and the Elephant*, Profile Books, Londres, 2007. p.80.
(17) 同前，p.90.
(18) H.El. Karoui, *L'Avenir d'une exception*, Flammarion, 2006.
(19) *Le Monde*, 6.12. 2006.
(20) アンリ・ゲノの本来の思想については，H.Guaino, *L'Etrange Renoncement*, Albin Michel, 1998. を見よ。大統領候補時代のサルコジの演説と，大統領になってからの演説を比較すること。

第 7 章

(1) 1994 年 11 月。この報告は以下の報告集に収録されている。*Les Notes de la Fondation Saint-Simon. Une expérience intellectuelle* (1983-1999), Calmann-Lévy, 1999.
(2) Le Débat n°60, mai-août 1990. のちに以下のものに再録。*La Démocratie contre elle-même*, Gallimard, coll.« Tel », 2002, p.207-228.
(3) R.Reich, *L'Economie mondialisée*, Dunod, 1993, p.17, 285 (アメリカ版は 1991 年に *The Work of Nations* の表題で刊行); J.K.Galbraithe, *La République des satisfaits*, Seuil, 1993 (英語版は *The Culture of Contentment*, Penguin Books, 1992, p.14); C. Lasch, *La Révolte des élites*, Climats, 1996, édition de poche, Champs-Flammarion, p.44 (アメリカ版は *The Revolt of the Elites and the Betrayal of Democracy*)
(4) T.Piketty, *Les Haut Revenus en France au XXe siècle. Inégalités et redistribution, 1901-1998*, Grasset, 2001. C. Landais, « Les hauts revenus en France (1998-2006): une explosion des inégalités », Ecole d'économie de Paris, juin 2007.
(5) 所得中央値は，それ以上の所得の者が 50%，それ以下の者が 50% という具合に，所得を 2 つのグループに分割する値である。
(6) INSEE, *Les Salaires en France*, 2007 年版 , p.14, 85, 91, 93.
(7) 同前，p.38.
(8) 同前，p.87.
(9) R.Rieffel, *Sociologie des médias*, Ellipses, 2005, p.121. イギリスについては P.Osborne, *The Triumph of the Political Class*, Simon and Schuster, 2007, p.254. を見よ。
(10) ジャーナリズムという職業の変遷については，P.Cohen et E.Lévy, *Notre métier a mal tourné*, Mille et Une Nuits, 2007. を見よ。
(11) *International Herald Tribune*, 15. 4. 2008, p.9, 11.
(12) A.Routier, *L'Ange exterminateur : la vraie vie de Bernard Arnault*, Albin Michel, 2003 ; L.Mauduit, *Petits conseils*, Stock, 2007 ; J.Bothorel, *Vincent Bolloré, une histoire de famille*, Jean Picollec, 2007. 概観の方が個別ケースよりはるかに退屈しないが，それについては以下のものを見よ。M.Villette, C.Vuillermot, *Portrait de l'homme d'affaires en prédateur*, La Découverte, 2005, 2007.

Laffont, 1979; nouvelle édition, Gallimard, collection « Tel », 2000. 原題は *Hitler's Social Revolution.*

(6) これはフランス本国のみに関わることである。アルジェリアでは，第三共和制は，「領主民族の民主制」の地方的形態を採用した。この地における「ヨーロッパ人」は，社会的・政治的観点からすると，南アフリカの白人に大変似ていた。

(7) 以前，国民戦線を支持していたが，第一回投票から「共和制右派」の候補に投票した，ヴァール県のある有権者は，彼がサルコジに惹かれたのは，サルコジが「ル・ペンよりワルだった」からだと，私に告白した。

(8)TNS ソッフル の「出口」調査，『フィガロ』4 月 24 日付に掲載。

第 6 章

(1)E.Izraelewicz, *Quand la Chine change le monde*, Grasset, 2005.

(2)*Flash*, n° 2004-53, CDC IXIS Capital Markets.

(3)*Flash*, n° 2005-08, IXIS, Corporate & Investment Bank, Groupe Caisse d'Epargne.

(4)*Flash*, n° 2005-193, IXIS, Corporate & Investment Bank, Groupe Caisse d'Epargne.

(5)P.Artus, *Les Incendiaires. Les banques centrales dépassées par la globalisation*, Perrin, 2007.

(6)P.Artus, M.-P.Virard, *Globalisation. Le pire est à venir*, La Découverte, 2008. 2008 年 6 月 8 日付 *Libération* 掲載のインタビューも見よ。

(7)Collection « Folio actuel », 1999, Gallimard.

(8)J.M.Keynes, « National Self-Sufficiency », *Collected Writings*, vol.XXI, p.233-246.〔ケインズ「国家的自給」，本書巻末に収録〕

(9)P.A. Samuelson, « Where Ricardo and Mill Rebut and Confirm Arguments of Mainstream Economists Supporting Globalization », *Journal of Economic Perspectives*, vol.18, n°3, 2004 年夏 , p.135-146.

(10)J.-L.Gréau, *L'Avenir du capitalisme*, Gallimard, 2005.

(11) 労働要素と資本要素の相対的比率を，国際通商の一概念の特殊化に連結したヘクシャー＝オリーンの法則の陳腐さについては，E.Todd, *L'Illusion économique*, *op.cit.*, p.217,〔トッド『経済幻想』藤原書店，205-206 頁〕を見よ。

(12) この国外販路のテーマは，マルクス主義的問題系から出て来たものであるが，1966 年に刊行された Henri Denis, *Histoire de la pensée économique*, Presses universitaires de France の中で中心的テーマとなっていた。それが現在，まことに切実な現代性を帯びるようになっている。

(13) 経済的「自由放任《レッセ・フェール》」の起こり得る結果としての戦争については，次のものを見よ。Keynes, *Théorie générale de l'emploi, de l'intérêt et de la monnaie*, Payot, 1969, p.374.

(14) 歴史や諸国民から切り離された経済学に対する，古くからの，しかし決定的な批判については，次の古典的著作を見よ。Friedrich List, *Système*

第 4 章

(1) P.Laslett, *The World We Have Lost*, Methuen, 1965. ピーター・ラスレットは2001年に他界したが，私がケンブリッジで博士論文を書いた時の指導教授だった。

(2) A.Macfarlane, *The Origins of English Individualism*, Blackwell, 1978. アラン・マクファーレンは，私の論文審査官2人のうちの一人だったが，歴史家にして人類学者である。歴史家としては，チューダー朝とスチュアート朝時代の魔術に関する博士論文を書き，人類学者としては，ネパールのグルン族に関する第二博士論文を著している。彼は家族と社会構造ないしイデオロギー構造との関連に関する素晴らしい主張を，イングランドとその個人主義で留めてしまい，その先へ広げようとはしなかった。ある種の大英帝国的な島国根性に捕われており，ヨーロッパよりインドに関心があり，おそらくドーヴァー海峡の彼方の大陸では，すべての農民は似たようなものだと考えていた。イングランドのみが違っていると考えるとなると，イングランド的差異はある形での自民族中心主義につながり得るものである。

(3) J.-L. Viret, *Valeurs et pouvoirs : la reproduction familiale et sociale en Île-de-France. Écouen et Villiers-le-Bel (1560-1685)*, Presses de l' Université Paris-Sorbonne, 2004, p.51.

(4) P.Rosanvallon, *Le Sacre du citoyen, op.cit.*, p.256.

(5) ロシアと中国の家族制度の発生年代と微妙な差異については，私が刊行予定の著作『家族制度の起源』（*L'Origine des systèmes familiaux*）を参照せよ。

(6) もちろんイングランドにも微妙な差はある。しかし差異の激しさは，フランスで観察されるものとは，桁違いに微弱である。イギリス全体を考えてみるなら，最も重要な差異は，スコットランドにかなり直系家族が支配的であるという点である。しかし国中どこを探しても，明確に平等主義的な人類学的システムを見出すことはない。

第 5 章

(1) Tocqueville, *De la démocratie en Amérique*, *op.cit.*, t.1, p.55-56.

(2) M.Lind, *The Next American Nation, The New Nationalism and the Fourth American Revolution*, The Free Press, New York, 1995. しかしアメリカ「黒人」女性の混交婚率は，非常に緩慢に上昇するのみであり，2006年前後でわずか2.5%に達するのみである。もし独身の母の数を計算に組み入れるなら，大幅に2%を下回ることになる（*Statistical Abstract of the United States*, 2008, p.52）。

(3) 私は民主的排除と人種主義の問題を，『移民の運命』（*Le Destin des immigrés*, Seuil, 1994）の特に第二章「差異主義とアメリカ民主主義（1630-1840）」で詳細に論じている。

(4) P.van den Berghe, *Race and racism, A Comparative Perspective*, John Wiley, New York, Londres, 1967.

(5) D.Schoenbaum, *La Révolution brune. Une histoire sociale du IIIe Reich*, Robert

おけるブルジョワ・エリート層のアンシャン・レジーム起源については，p.135. を見よ。

(27) National Statistics, *Social Trends 2007*, p.30. *Annuaire statistique de la France 2007,* p.222.

第3章

(1) G. Hermet, *L'Hiver de la démocratie ou le Nouveau Régime*, Armand Colin, 2007, p. 200.

(2) トックヴィル主義の勢力伸張については，次の素晴らしい本を見よ。Claire Le Strat et Willy Pelletier, *La Canonisation libérale de Tocqueville,* Syllepse, 2005.

(3) G. Coq, *La démocratie rend-elle l'éducation impossible ?,* Parole et Silence, 1999, p. 13.

(4) M. Fleury et P. Valmary, « Les progrès de l'instruction élémentaire... », *art.cit.*, p. 6-7.

(5) L. Stone, « Literacy and Education in England », *op.cit.*, p. 69-139, p. 138.

(6) L. Stone, « The Educational Revolution in England, 1560-1640 », *Past and Present,* n°28, juillet 1964, p. 41-80, p. 68.

(7) M. Fleury et P. Valmary, « Les progrès de l'instruction élémentaire... », art.cit., p. 86.

(8) A.Burns, « Athenian Literacy in the Fifth Century B.C. », *Journal of the History of Ideas,* vol. 42, n°3, juillet-septembre 1981, p. 371-387.

(9) M. Gauchet, *L'Avènement de la démocratie*, t. II : *La Crise du libéralisme*, Gallimard, 2007; E. Gellner, *Nations et nationalisme*, Payot, 1989.

(10) P. Rosanvallon, *Le Sacre du citoyen. Histoire du suffrage universel en France*, Gallimard, 1992.

(11) E. Maurin, *La Nouvelle Question scolaire. Les bénéfices de la démocratisation*, Seuil, 2007.

(12) A. Kriegel, *Les Communistes français. Essai d'ethnographie politique*, Seuil, 1968.

(13) Rémi Lefebvre et Frédéric Sawicki, *La Société des socialistes*, Editions du Croquant, 2006.

(14) *Ibid.*, p. 185-186.

(15) *La Culture du narcissisme*, Climats, 2000. このアメリカ版の初版は1979年刊行。私はこれのフランス語訳を，Georges Liébert との共訳で，1981年に *Le Complexe de narcisse* のタイトルで Robert Laffont 社より出している。

(16) OECD, 2005.

(17) 労働者階層における婚姻家族と親族の役割の詳細かつ微細な分析としては，次のものを参照。O. Schwartz, *Le Monde privé des ouvriers*, Presses universitaires de France, 1990.

(7) 同前，p.99.

(8) V.Troger et coll., *Une histoire de l'éducation et de la formation*, Editions Sciences Humaines, 2006, p.252. ministère de l'Education nationale(文部省編), *L'Education nationale en chiffres* 2006-2007, 並びに *Le Monde*, 15.3. 2008.

(9) J.-C.Emin et P.Esquieu, « Un siècle d'éducation », *Données sociales*, INSEE 1999, p.40-48. 特に p.45-46. を見よ。

(10) A.Finkielkraut, *La Défaite de la pensée*, Gallimard, 1987 ; P.Muray については，例えば次のものを参照；*Désaccord parfait*, Gallimard, 2000, 並びに *Après l'Histoire*, Gallimard, 2007. この2作は，いずれも « Tel » 叢書に属するが，以前に Belles Lettres から刊行されたテクストを再録している。

(11) J.-C.Michéa, *L'Enseignement de l'ignorance*, Climats, 1999.

(12) N.Baverez, *La France qui tombe*, Perrin, 2003.

(13) F.Lenglet, *La Crise des années 30 est devant nous*, Perrin, 2007.

(14) « La République des Idées/ Le Seuil »

(15) M.Cohen, *Histoire d'une langue, le français*, Hier et aujourd'hui, 1947, p.188-192.

(16) M.Fleury et P.Valmary, « Les progrès de l'instruction élémentaire de Louis XIV à Napoléon III d'après l'enquête de Louis Maggiolo (1877-1879) », *Population*, 1957, vol.12, n°1, p.71-92. また次のものも参照。F.Furet et J.Ozouf, *Lire et écrire. L'alphabétisation des Français de Calvin à Jules Ferry*, Editions de Minuit, 1977.

(17) Statistique générale de la France. Résultats statistiques du recensement général de la population effectué le 5 mars 1911, Imprimerie nationale, t.I, p.45.

(18) 機能的文盲とは，単語を解読することはできるが，すらすらと読むことができない者。絶対的文盲とは，アルファベットの文字を知らない者。

(19) C.Lelièvre, *Histoire des institutions scolaires, 1789-1989*, Nathan, 1990, p.129.

(20) *De la démocratie en Amérique*, t.I, Gallimard, coll.« Folio histoire », p.51.

(21) 同前，p.40.

(22) C.M.Cipolla, *Literacy and Development in the West*, Penguin, Harmondsworth, 1969, p.99. この本は不可欠な古典である。

(23) R.D.Mare, « Changes in Educational Attainment ans School Enrollment », in R.Farley et coll., *State of the Union. America in the 1990s*, vol.I, Russel Sage Foundation, New York, 1995, p.164, 並びに *Statistical Abstract of the United States 2007*, p.143.

(24) *Statistical Abstract of the United States 2007*, p.166.

(25) R.S. Schofield, « Dimensions of Illiteracy in England, 1750 - 1850 », in H.J. Graff et coll., *Literacy and social Development in the West*, Cambridge University Press, 1981, p. 201-213, p.205 及び p.207 の図。

(26) L.Stone, « Literacy and Education in England, 1640 - 1900 », *Past and Present*, n°42, févr. 1969, p.69-139. フランスとイングランドの比較と，フランスに

原　註

日本の読者へ

(1)Friedrich List, *Système national d'économie politique*, Gallimard, 1998. 序文，エマニュエル・トッド〔フリードリッヒ・リスト『政治経済学の国民的体系』正木一夫訳，勁草書房，1965年〕。

第1章

(1)T.Tackett, *La Révolution, l'Eglise, La France*, Editions du Cerf, 1986, p.70.
(2) この動向の詳細な分析は，以下のものに見られる。Emmanuel Todd, *La Nouvelle France*, Seuil, 1988, au chapitre 3.
(3)André Siegfried, *Tableau politique de la France de l'Ouest sous la troisième République*, Paris, 1913; Slatkine Reprints, Genève-Parisè-Gex, 1980.
(4)F.-A.Isambert et J.-P.Terrenoire, *Atlas de la pratique religieuse des catholiques en France*, Presses de la Fondation nationale des sciences politiques et Editions du CNRS, Paris, 1980.
(5)*Le Monde*, 10.01. 2007.
(6)B.Delanoë, *De l'audace*, Robert Laffont, 2008.
(7) 本書247頁を参照。
(8)Samuel P.Huntington, *Le Choc des civilisations*, Odile Jacob, 1997 ; *The Clash of Civilisations and the Remaking of World Order*, Simon and Schuster, 1996.
(9)M.Gauchet, *Le Désenchantement du monde*, Gallimard, Paris, 1985.
(10)M.Gallo, *Fier d'être français*, Fayard, 2006; Le Livre de Poche, p.22.

第2章

(1) ウィキペディア，2008年6月18日に閲覧。政治家の生涯のあまり模範的とは言えない部分について信頼できる情報を得ることは難しい。近年の伝記は，大抵は美化的か論争的か拙速的で，実際は修了証書に関してはウィキペディア・サイトの伝記的記述より正確さで劣る。ウィキペディア・サイトは，絶対的に確実とは言えないまでも，いかなる貢献志願者にも開かれた，一種不断の調査と言うべきものとなっている。その標準化された様式は，「学業」項目を含んでおり，対象についての情報を呼びかけている。
(2) 同前。
(3) 同前。
(4) つまり，閣外大臣を数に入れない，ということである。
(5) ウィキペディアによれば，100人中95番。
(6)J.-P.Rivière, *Illettrisme, la France cachée*, Gallimard, Folio, 2001, p.63-106.

〈資料〉ケインズ「国家的自給」を読む

〈はじめに〉

第一次大戦以前のジョン・メイナード・ケインズ（John Maynard Keynes, 一八八三―一九四六）は、まさに正統派の経済的国際主義者であり、自由貿易を支持するだけでなく、英国の海外投資についても、それが英国の輸出産業の繁栄を支え、世界の金融センターとしてのロンドンの利益とも調和していると主張していた。しかし大戦後の世界経済の激動のなか、現実主義者のケインズは、次第に自らの見解を変えていく。

一九二三年、ケインズは保守党政権の保護主義政策は批判したが、同時に過大な対外貸付は英国経済の利益に反すると指摘し、以降、一九世紀的な行きすぎた海外投資―輸出産業型ではなく、バランスのとれた国内投資―国内産業型の経済構造を新しい英国経済像として提示し続ける。とりわけ、一九二五年の旧平価による金本位制復帰後、英国は金本位の維持に不可欠な高金利政策を余儀なくされたために、輸出産業を中心とするポンド高不況は全般的不況の様相を呈するようになる。

このようなかケインズは、『ロイド・ジョージはそれをなしうるか』（一九二九年）において、政府による公共的投資の必要性を強く訴え、具体的な提案を行なったが、それは、国内貯蓄を海外から国内へ振り向けることによって資本収支を改善させるだけでなく、不況を克服し、さらには多大な社会的利益（それが生み出す公共的サービス）をもたらすからである。しかし三〇年代に入って世界的な大不況が進行、英国も金本位制の維持が困難になると、ケインズは、緊急かつ一時的な非常手段であると断りながらも、収入関税を提案する。そして英国が一九三一年九月に金本位制を離脱、ポンド安が進むと直ちにケインズは、収入関税案を撤回する。

しかし現実には、ポンド安が続いているにもかかわらず、英国政府は次々と輸入制限策をとり、三二年三月に輸入関税法が成立し、恒久的な保護政策への転換がはかられるが、後にこの政策は「英国経済史の未決の謎」と言われることになる。

前言通りにケインズは、収入関税案を撤回したが、すでに述べたバランスのとれた経済構造への転換という長期的なヴィジョンと自由貿易の現実的な利害得失の判断から、農業・鉄鋼・自動車などの特定分野について、保護主義の必要性を以前から指摘していたことを見逃してはならない。また、この時期、ソ連やイタリア、そしてドイツなどの国家的な計画経済の実験が、経済的ナショナリズムの高まりのなかで始まっていたこと、米国ではスムート＝ホーレー関税（一九三一年）の成立によって保護主義の傾向が強まり、英国もブロック経済化を進めるなど、世界的な「反経済的国際主義」の流れがケインズに一定の影響を及ぼしたことは間違いない。

一九三三年七月、ケインズは、同年の四月一九日のダブリン大学での講演をもとにした論文「国家的自給（National Self-sufficiency）」を、*The New Statesman and Nation* 誌に、二回に分けて（8 and 15 July 1933）掲載するが、本稿では、この論文の全訳を行なうことにしたい（*The Collected Writings of John Maynard Keynes*, vol.XXI, pp.233-246）。

国家的自給という大胆な論文タイトルゆえにケインズ研究者の注目を集めた本論文は、一部ではケインズの「保護主義派への転向宣言」と解され、あるいは逆に「ロンドン世界経済会議（一九三三年）の失敗に対する落胆と反動」の表われともみなされた。しかし、本論文の一部を訳出して引用するのではなく、全部を邦訳して通読してみるならば、その衝撃的なタイトルと異なり、その内容は、大筋においてそれまでのケインズの見解に沿っており、大きく逸脱しているものではないことがわかる。

そこで本論文を訳出する前に、注目すべき見解をまず列挙しておくことにしたい。

①大量生産型の工業製品に関していえば、生産費の差による自由貿易の利益は大きくない。また先進国の国民のニーズは、工業製品から住宅や個人サーヴィス、地域的な楽しみなどの非貿易財へ比重を移す傾向がある。

②所有と経営の分離による株主の大衆化は、短期的な国際間の資本移動（たとえば「資本の逃避」）を引き起こし、国際的な不均衡と対立を生む。

③一九世紀型の経済的国際主義は、世界平和の実現と維持に成功しなかった。

④各国で試行されている政治経済的実験には、各国それぞれの政策の自由裁量が不可欠である。その場合、国家的自給は、それ自体が目標なのではなく、最適な政策を実行するための環境の創造を意味しており、例えば貿易と資本移動の適切な規制のもとでのみ、国内経済の均衡化に必要な低金利政策が可能となる。

⑤公共資本の社会的な有用性が私的な金銭収支計算を超えていることを政策当局は理解しておらず、それが英国の公共投資を抑制している。

⑥ソ連やドイツなどが経済的国家主義と国家的自給を進めているが、そこには愚かさ、性急さ、そして不寛容と弾圧という三つの危険が生じている。

松川周二

J・M・ケインズ「国家的自給」

I

私は、ほとんどの英国人と同様に、自由貿易は、理性的で教養のある人間ならば疑ってはならない経済学上の教義であり、かつ道徳律であるとして尊敬すべきものと教え育てられてきた。また私は、自由貿易からの離脱は愚行であると同時に非道であるとみていたために、ほぼ一〇〇年の間、維持され続けてきた英国の揺ぎない自由貿易の信念は、経済学において最高の正義であると考え、人々に説明してきた。実際、私は一九二三年に次のように述べていたのである。「自由貿易は、二つの基本的な真理にもとづいているのであるが、これらの真理は、適当な修正をほどこして表現される場合には、言葉の意味を正しく理解できる人なら、それに異議を唱えることはできないものである (J.M.K. vol.xix, p.147)」。

今日、再びこの基本的な真理を読み返してみても、それらへの反論を見い出せないが、私の思考の方向が変化したのである。そして、この変化は他の多くの人々とも共有している。その背景にあるのは、経済理論の修正である。現在、私は、一九二三年に書いたように「最も粗雑な形の保護貿易論の誤りの犠牲者」としてボードウィン (S.Baldwin) 氏を非難することはできない。なぜなら彼は、既存の条件の下では関税はある程度、失業を減らしうると信じていたからである。しかし私が自らの見通しを変化させたのは、それとは別の、旧世代とは異なる世界中のこの世代と共有する希望、恐れ、そして関心によってである。戦前の一九世紀の思考習慣から抜け出すには大変時間がかかるのである。しかし、いまや二〇世紀も三分の一が過ぎようとしており、われわれの多くも一九世紀から脱しつつある。そして二〇世紀の中頃までには、われわれも各国の人々がそれぞれの先祖とは異なっているように、一九世紀的な思考様式や価値観とは違っているだろう。それゆえ、この思考の変化の本質は何かを発見するために、分析と診断を試みることは有益であろう。

ほとんどが理想主義者で公正無私な人たちであった一九世紀の自由貿易論者は、自由貿易が何を成し遂げたと考えていたのだろうか。

おそらくそう言うのが公平だと思うが、まず第一に彼らは、自分たちは賢明で、かつ自分たちだけが明晰であり、労働の理想的な国際分業に干渉する政策は、常に自己的な無知による結果であると信じていた。第二に彼らは、世界全体で資源と能力を最大限生かすように配分することによって貧困の問題を解決してきたし、解決しつつあると信じていた。

さらに彼らは、自由貿易は経済的な最適性を実現するだけでなく、個人の創意の追求や才能開花の自由、発明、そして特権や独占の力に抗する束縛されない精神の多様さなどを生み出してきたと信じていた。

最後に彼らは、自らが平和と国際協調と経済的正義の友であり保証人であり、進歩がもたらす利益を広げた人々でもあったと信じていた。

そして、もし当時の詩人〔アルフレッド・テニスン――一八〇九―一八九二、ヴィクトリア朝時代のイギリス詩人〕のもとに、貿易商人の決して来ない最果ての地をさまよい、野生の山羊の毛を掴んで捕らえたいという奇妙な感情が時として訪れたとしても、確信に満ちた心地よい反動もまた訪れたのだ――

我、額狭き者〔東洋人〕と群れをなす、我らの輝かしき進歩も欠き、
快楽少なきこと獣のごとく、苦痛少なきこと獣のごとき〔者と〕！

II

われわれは自由貿易にどのような欠点を見い出すのだろうか。表面的にみるかぎり、何の欠点もない。しかしわれわれの多くは、実際の政策理論としては、これに満足していない。何が誤りなのか。

平和の問題から始めよう。われわれは今日、強い信念をもった平和主義者であるから、もし経済的国際主義者がこの点で説得的ならば、彼らはわれわれの支持を得るだろう。しかし、経験と洞察によれば、これとは全く逆であると主張する方が容易である。なぜならば外国貿易の獲得に国家的な努力を集中していること、外国の資本家の資力と影響力によって一国の経済構造が支配されていること、そして外国の変化する経済政策によって自国の経済生活が大きく左右されることなどが、国際平和を守り保証しているとは思えないからである。一国の既存の海外権益の保護、新市場の獲得、経済帝国主義の進展などは、所有権がどこにあるのかを問うことなく、国際的な分業・特化の極大化と資本の地理的拡散の極大化をめざす機構のほとんど避けがたい特徴の一部となっている。

たとえば、もし「資本の逃避」として知られている現象が止められるならば、賢明な国内政策を立案することは容易になる。資本の所有と経営責任の分離は、企業の株式会社化の結果として、所有が名もなき大衆の間に分散化され、彼らが知識と責任を欠いたままで、今日買い、明日売るようになるとき、国内では事態は重大となる。さらに同じ原理が国際的に適用されるならば、非常時には耐え難いものとなる――私が所有するものに私は責任がなく、私が所有する企業を預かる経営者は私に対して責任がないのである。

一般に、貯蓄された資金は地球上のどこに投資するのが最高の資本の限界効率、あるいは利子収入を得ることができるかについて、金銭の収支計算がなされる。しかし、そこでもし資本の所有とその運用者が遠く離れているならば、それは、人間関係に災いをもたらし、長期的には金銭計算を無にしてしまうような緊張と敵意を醸成することを経験が示している。

それゆえ私は、国家間の経済的な紛糾を最大化する人々よりも、最小化する人々を支持する。思想・知識・芸術・歓待・旅行――これらはその性格上、国際的であるべきである。しかし、財については合理的で便宜上可能ならば常に国内生産にしよう。そしてとりわけ、金融は何よりまず国家的にしよう。しかし同時に、経済的な紛糾から脱却しようとするならば、決して急がず用心深くなければならない。それは、根を絶ち切るような問題ではなく、植物を好みの方向に向け、ゆっくり育てていくような問題でなければならない。

このような強い理由から、私は、移行期が終わった後には、一九一四年に存在していた以上に国家的自給と国家間の経済的な非依存が進み、それは、戦争ではなく平和の大義に役立つことになるという信念に傾いている。とにかく、経済的国際主義の時代は戦争を避けるという点では成功しなかった。そして、もし経済的国際主義者の友人が、その成功の不完全さゆえに公平な機会が与えられなかったからだと反論するならば、将来より大きな成功がみられる見込みはほとんどないと指摘するのが妥当である。

そこでわれわれは、それぞれが自分の意見を持つために判定が難しい問題から、より純粋な経済学の問題に転じよう。一九世紀、経済的国際主義者は、正当にも、その政策は世界をより豊かにし、経済的進歩を促すこと、そしてもし政策を逆転させるならば、自らも、そして隣国も貧しくなると主張したのである。それゆえ、このことは経済的利点と非経済的利点のバランスという容易には決められない問題を提起する。貧困は大悪である。経済的利点は真の利益であり、これが犠牲にされるべきではない。

私は、一九世紀には、経済的国際主義の利益がその不利益を凌駕するような二つの条件が存在していたと確信している。当時、大規模な移民が新大陸に向かうとき、彼らは旧大陸の技術の成果と資金を新大陸に持ち込んだ。英国の貯蓄は鉄道事業に投資され、鉄道は英国人の技術者によって建設され、その鉄道が英国人の移民を農地や牧場へと運んだのであり、節約し貯蓄した人々は、それに応じて収益が還元されたのである。そして、これはその本質において、ドイツの大企業がシカゴの投機家によって、またリオデジャネイロ市の公共事業が英国の独身女性の貯蓄によってファイナンスされるような、今日の経済的国際主義とは似て非なるものである。第二に、各国の間で産業化や技術的訓練の機会の程度に大きな差異がある時には、国家間での高度な特化の利益は非常に大きい。

しかし私は今日、労働の国際分業の利益が以前と同じように大きいという主張には納得できない。合理的な世界において、かなりの程度の国際的な特化が必要なのは、風土、天然資源、国民性、文化の程度、人口密度などで広範な相違に支配されているような場合においてである。工業製品、おそらく農産物においても、国家的自給の経済的コストが、国内での生産と消費へと序々に進めていくことの利益よりも大きく上回っているという主張に私は疑いを持ち始めている。近代的な大量生産のプロセスの大部分は、ほとんどの国や地域においてほぼ同じ効率で行なえることを経験が証明しつつある。さらに富の増大とともに、住宅、個人サーヴィス、地域での楽しみのような国際的な交易の対象とならないものに比べて、一次産品や工業製品は、国民経済の中で相対的に小さい役割しか果さなくなり、その結果、国家的自給の進展に伴うコストの適度な増加は大きな問題とならないのである。要するに、国家的自給は、多少コストはかかるけれども、われわれがそれを望むならば、手に入れることができる贅沢品となっていくだろう。それを望む十分な良い理由はあるのだろうか。

国際的であるが退廃した個人主義的な資本主義は、しばしば戦争を経験したことから見ても成功したとはいえない。それは知的でも美しくもない。それは正しくなく有徳でもない。そして期待にこたえない。要するに、われわれはそれを嫌悪し軽蔑し始めている。しかし、その代わりがあるのかを考えると、われわれは極度に困惑してしまうのである。

近年、世界ではさまざまな政治経済的実験が始まっており、異なったタイプの実験がそれぞれの国民性と歴史的環境に訴えている。世界は、競争的な資本主義と法の強制力によって守られた不可侵の個人間の契約の自由を基礎に組織され、局面での違いはあるものの共通した目的をもつ一つの型に収束していくと、一九世紀の自由貿易論者は仮定していた。したがって、一九世紀における保護主義は、効率性と自由貿易の図式の中での一つの汚点ではあったものの、それは、経済社会の基本的な性格に関する一般的な仮定を修正するまでには至らなかった。

しかし今日、各国は相次いでこれらの仮定を捨てている。ロシアは、すでに独自の実験を行なっているが、古い仮定を捨てているのはロシアだけではない。イタリア、アイルランド、ドイツが新しい政治経済のモデルに注目している。そしてまもなく、さらに多くの国々が新しい経済の神を求めて追随するだろう。英国や米国のような国でさえも、主要には古いモデルで一致しているものの、水面下では新しい経済計画を求めて努力している。結果がどうなるか分からないが、私はわれわれが多くの失敗をするだろうと予想している。実際、どの新しい体制が最善なのかを誰も言うことはできない。

しかし、現在の私の議論のポイントはここにある。われわれにはそれぞれ自分の夢がある。われわれは、すでに救われたとは信じていないので、それぞれ自らの救済策を案出することに努力したい。それゆえわれわれは、自由放任の資本主義と呼ばれるような理想の原則に基づく同一の均衡を実現しようとする世界の力の意のままにされたくない。依然として古い考えに固執している人々はいるが、今日、いかなる国においても、それは重要な力とみなされてはいない。少なくとも当面の間、そして現在の過渡的な実験的な局面が続くかぎり、われわれは自らが主人であり、外部世界の干渉から可能なかぎり自由であることを望む。

この視点から見るならば、国家的自給という政策は、それ自体が目標なのではなく、他の理想が安全かつ適切に追求できる環境の創造を目指すものと考えるべきである。

一つの例をあげよう。それは、この例が近年私の心のなかで、大きな比重を占めている考えと関連しているからである。私は中央からのコントロールを別にすれば、経済の細部については、可能なかぎり個人の判断、そして事業心を守ることに賛成である。しかし、私は次のように確信するに至った。すなわち、以前よりも相当に低い利子率を実現しなければ、私企業の構造を守ることと、技術的進歩が可能にしている物的な豊かさとは両立できないということである。実際、私が望ましく描いている社会の変容は、次の三〇年間に、ゼロの近くまで低下した利子率を必要としているかもしれない。しかし、危険を考慮した後の利子率が世界で同一水準になるように金融的な諸力が働く体制のもとでは、利子率がゼロに近づくということは最も起こりそうもないことである。ここではこれ以上論及できないが、複雑な理由により、貿易される財のみならず資本と貸付資金の自由な移動を容認する経済的国際主義は、次の一世代の間に、別の体制下で達成されえたものよりもずっと低い物的な繁栄にこの国を陥れてしまうかもしれないのである。

しかしこれは単なる例示にすぎない。ポイントは、次の世代に一九世紀のような世界的な均一の経済体制が形成される見込みはないということである。われわれが必要としているのは、将来の理想社会に向けての実験を有利に進めるために、そしてそれが過大な経済的コストを伴わずに成し遂げられる範囲内で、国家的自給と経済的分離を進めるために、できるかぎり外部での経済的変化に干渉されないようにすることである。

Ⅳ

われわれの思考を、新しい方向に向わせているもう一つの理由がある。一九世紀という長期間、人々は個人や団体の資金運用の望ましさの評価基準を、短期の金銭収支の結果に求めてきた。すなわち、生活の運営が会計士のある種の真似ごとになったのである。すばらしい都市の建設のために多くの資材や技術などの資源を用いる代わりに、彼らはスラムを建設した。彼らがスラムの建設を正しく望ましいと考えたのは、個別事業の評価基準からみると、それが「ペイ」するからである。これに対して、すばらしい都市の建設は、金融界の慣用句で言う「将来を抵当に入れる」ようなばかげた贅沢と考えられたのである。実際、どのようにして今日の偉大で栄光ある建設的事業が、誰も見ることができない将来のわれわれを貧しくするのか、不適切な会計上の技術の誤った類推に陥っている間は、分からないにもかかわらずである。

今日でさえわれわれは、もし失業者や遊休している機械が多くの必要な住宅の建設のために用いられるならば、間違いなく豊かになると国民を説得するのに――半分はむなしく半分は成功していると認めなければならないが――時間を使っている。なぜなら、この世代の人々の思考は、前述した偽りの金銭収支計算によって依然として曇らされているので、その運用がペイするのかどうかという金銭勘定と違った結論を信用できないのである。われわれは貧しくなければならない。なぜならば豊かになることはペイしないからである。われわれは粗末な家に住まなければならない。それは立派な家を建てられないからではなく、その余裕がないからである。

このような自滅的な金銭収支計算と同じ考え方は生活のあらゆる分野に及んでいる。われわれは田園の美しさを破壊するが、それは自然のすばらしさは何の用途もなければ経済的に無価値だからである。われわれは太陽や星を遮断できる。それらは配当を出さないからである。ロンドンは文明の歴史の中でも最も豊かな都市の一つであるが、住民がなしうる最高水準を実現する余裕がない。なぜならそれはペイしないからである。もし今、私に力があるならば英国の主要都市を、実現可能な最高水準の芸術と文明の付属物で装飾することに着手するが、それはこのように使われたお金は失業手当よりも好ましいからだけではなく、それを不必要にすると信じるからである。大戦後に支出された失業手当をもってすれば、英国の各都市を人類の最高の作品にすることができたであろう。

また、もしわずかに安くパンを手に入れることができるならば、われわれは最近まで農村を荒廃させ、農業に付随する人類の伝統を破壊することがわれわれの道徳的な義務であると考えてきた。このMoloch（犠牲を要求する神）とMammon（富の神）に生け贄を捧げるのは、われわれの義務以外の何ものでもなかった。なぜならわれわれは、これらの神を崇拝することが貧困という悪に打ち勝ち、複利の力をもとに次の世代を経済的な平和に導くと心から信じていたからである。

今日われわれは幻滅を味わっている。それは以前よりも貧しくなったからではなく、それどころか少なくとも英国では、かつてない程の高い生活水準を享受している。したがってわれわれが幻滅を感じているのは、別の価値が犠牲にされた、それも全く不必要に犠牲にされたと感じているためである。なぜならば、実際われわれの経済体制の下では、技術進歩によって可能となる経済的富を最大限まで引き出すことができない、いや遠く及ばないからであり、別のより満足できる方法で余剰を使い尽くした方がましだったと感じるようになっている。

しかし、われわれがいったん会計士的な利益計算から自由になるならば、われわれの文明は変化し始める。

そしてわれわれはそれを、意識的に注意深く行なわなければならないが、それは普通の金銭計算を保持するのが賢明な広範な分野があるからである。その基準を変更する必要があるのは、個人よりも国家である。捨てるべきなのは、大蔵大臣の株式会社の会長のような基準である。もし国家の機能と目的がこのように拡大されるならば、一般的に言って何を国内で生産し、何を外国と交換するのかの決定は、政策の目的の中で最高順序に位置づけられなければならない。

V

国家の望ましい目的に関する考察から、私は現代の政治の世界に立ち戻る。今日、多くの国が国家的自給に向かっている時に、その衝動を支えている思想を正しく理解し評価しようとするならば、われわれは一九世紀に獲得した価値の多くをあまりにも安易に捨てつつあるではないのかを、注意深く考察しなければならない。国家的自給の主導者が権力を得た国々では、私の判断では例外なく、数多くの愚行が行なわれているように見える。

ムッソリーニは知恵の力を得つつある。しかしロシアは、行政の無能さと生活する上で価値のあるすべてを犠牲にしたことにおいて、これまで経験した、恐らく最悪の例を示している。ドイツは解き放された無責任のなすがままの状態である――ドイツの達成能力を判断するには早すぎるけれども。経済的なコストの圧縮を除くと、国家的自給にとって経済単位が小さすぎるアイルランド自由国も、実行されれば破滅しかねない計画を議論している。

その間、古いタイプの単純な保護主義を維持あるいは採用しているこれらの国々は、若干の目新しい計画を追加してはいるものの、理性では擁護できない多くのことを行なっている。それゆえ、世界経済会議が関税の相互引き下げや地域的取り決めを用意できていたならば、それは心から賞賛すべきことだったであろう。というのは、今日の政治的世界で経済的国家主義の名でなされていることのすべてを私が支持しているとはみなされたくないからであり、私の言いたいことは全く別である。しかし、私が指摘しようとしていることは、われわれが不安ながら向かっている世界はわれわれの父たちの理想とした経済的国際主義とは全く異なっており、そして現代の政治は以前の教義の格言にもとづいては評価できないということである。

私は経済的国家主義と国家的自給に向かう動きのなかに三つのきわだった危険を見ている。

第一は愚かしさ——空論家の愚かさである。真夜中の大仰な話しぶりから、突然、実行に移るような動きに、愚かしさを見い出すことに何の不思議もない。最初われわれは、人々の同意を得るための言葉のレトリック（修辞）的な部分とメッセージの真実の単調な内容を区別しない。移行期には、不真面目なものなど何もない。言葉は当然ながら多少荒々しい。なぜなら、彼らは思想をもって無思想を攻撃しているからである。しかし権力と権威を手中にしたならば、詩的な型破りはなくすべきである。逆に雄弁家が嫌うことではあるが、われわれはコスト計算をしなければならない。実験的社会が安全に生き延びようとするならば、古い既存の社会よりも、はるかに効率的でなければならない。

第二の危険は性急さであり、それは愚かさよりも悪質である。ヴァレリー（Paul Valéry）の警句——「政治的な争いは、重要なことと急を要することの区別についての人々の意識を歪めかつ乱す」は引用に値する。社会の経済的移行は緩慢でなければならない。われわれが議論してきたのは、突然の革命ではなく、永続的なトレンドの方向である。われわれは今、その必要がないにもかかわらず狂ったように急ぐ、恐しいロシアの例を見ている。移行期の犠牲と損失は、もしスピードを強いられると膨大になり、とりわけこれは国家的自給と国内の計画経済を指向する移行期に当てはまる。なぜならば、経済の進歩は時間をかけて根づく性質があるからである。急激な移行は多くの富の破壊を伴うので、最初の段階では古い時代よりも経済は悪化し、そのため壮大な実験の信用は失われるだろう。

第三の危険——三つの中で最悪なのが、公平な批判に対する不寛容と弾圧である。新しい運動は、通常、暴力や準暴力の局面を経て権力を手に入れる。そして彼らは、反対派を説得するのではなく打倒してしまう。宣伝活動を利用し言論機関を手中にするのが近代的な方法であり、時代遅れの思想に対し無効を宣言し、人々の精神的な働きを麻痺させるために権力のすべての力を用いることは、賢明かつ有益と考えられる。なぜなら、権力を奪取するためにはいかなる手段も必要であると知った人々にとって、破壊をもたらした危険な同じ手段を、建設という大義のために用い続けるという誘惑は、抗しがたいものだからである。

再びロシアは、批判を拒絶することによる大失敗の実例をわれわれに提供している。戦争中に常に見られる無能さは、軍隊制度が高度に命令的であるために比較的批判を免がれることによって説明できるかもしれない。私は政治家を過度に賞賛するつもりはないが、彼らは批判の渦巻く中で育ってきたという意味で軍人たちよりもはるかに優秀である。革命は、軍人に反対する政治家によって指揮される場合にのみ成功する。政治家に反対する軍人たちが指揮して成功した革命が、これまでにあっただろうか。しかし、われわれは皆、批判されることを嫌うものである。確固たる信念だけが、自ら進んで批判を受け入れるようにわれわれを仕向けるであろう。

われわれが、まごつきながら向かっている新しい経済様式は、その本質において実験である。われわれは予め正確に何を望んでいるのかについて明確な考えをもっていない。われわれは進みながら発見するであろうし、経験を重ねて形づくっていかなければならないだろう。いまこのプロセスにとって、大胆で、自由で、かつ痛烈な批判が、究極的な成功の必要条件である。われわれは、時代の輝く精神の共同作業を必要としている。スターリンは、すべての自由な批判的精神を、たとえ一般的に見て好意的であっても排除した。彼は、精神の進行を退化させる環境をつくりだして、脳の機能を停止させたのである。拡声器によって増幅された叫び声が人間の抑制された声にとって代わった。宣伝の大声は、野の鳥や獣たちさえも麻痺させている。スターリンの試みを、実験を行なおうとするすべての人々にとっての恐ろしい教訓としよう。

いずれにせよ、私は、今日それぞれの適切な目的のために変えようとしている遺産を創出した古い一九世紀の思想にやがて再び戻ることになるだろうと思っている。

（松川周二訳）

●**松川周二**（まつかわ・しゅうじ）　一九四八年生。立命館大学経済学部教授。専門はケインズ経済学。著書に『市場と発展の経済学』『近代経済学の基礎』『ケインズ経済学――その形成と展開』（いずれも中央経済社）などがある。

＊付記　本稿は、『立命館経済学』（第五五巻・第四号）に「ケインズ雑誌論文を読む（2）」として掲載されたものに、若干修正を加えたものである。ケインズによる本論文は、本書第六章の原註（8）で言及されているもので、読者の便宜を図り、ここに「資料」として掲載した。本書への掲載をご快諾下さった松川周二氏に感謝申し上げる。

（編集部）

訳者解説

二一世紀の開始を告げる九・一一同時多発テロの一周年に当たる二〇〇二年九月に刊行されて、世界に衝撃を与え、奇しくも二〇〇三年四月、イラク戦争勃発の直後に、その翻訳が拙訳により日本で刊行された『帝国以後』から六年（この間、二〇〇七年九月に、ユセフ・クルバージュとの共著で『文明の接近』を出しているが）、二〇〇八年一〇月にエマニュエル・トッドが再び世に問うた本書のタイトルは、*Après la démocratie*（デモクラシー以後）という、まことに衝撃的なものである。

『帝国以後』は、唯一の世界帝国となったアメリカ合衆国の帝国としての崩壊を予言した書であり（アメリカはもはや帝国にあらず）、その予言は、まさに昨年（二〇〇八年）九月から始まった世界恐慌によって、万人の目に見える現実となった。アメリカ帝国は、まさにトッドが分析した通りの構造を露呈し、トッドが予言した通りのシークエンス（「前代未聞の証券パニックに続いてドルの崩壊が起こる」）をたどって、世界中の大小の富裕者を巻き込みながら、崩壊の一途をたどっているように見える。これについて、昨年十月末に行なわれたインタビューの中で、トッドは「証券パニックは起こりました。ドルの崩壊はまだです」と述べている（「アメリカ覇権という信仰の崩壊」『環』三六号所収）。そして、いまやドルの崩壊をなんとか食い止めようとしているのは、世界そのものなのだ、と指摘する。アメリカが、そのあるがままの姿を露呈させたとき、世界は中心を失い、無秩序な混乱に突入する。それを恐れる世界、つまりアメリカという中心を必要とする世界が、必死にドルを支えているわけである。しかし、ドルの崩壊という事態は、不気味な現実性をもってわれわれに迫っている（本書一九八頁も参照のこと)。いずれにせよ、トッドの予言は、またしても的中したわけである。では今度の予言は、どうなるのだろうか。それは果たして「デモクラシーの崩壊」の予言なのだろうか。

自由貿易批判、柔軟な保護主義の提唱

トッドはまず、ニコラ・サルコジの大統領当選という、現在のフランスの状況から始める。端的に言えば、「何でサルコジのような男がフランスの大統領に当選するなどということが、可能になったのか」という問いから出発するのである。フランスという、大革命以来、その自由と平等の理念で世界をリードしてきた国、第二次世界大戦後も、アメリカの一極的世界支配に常に対抗軸を突きつけ続けてきた誇り高い国、フランスの大統領に……。おそらく二〇世紀の最後の年に、アメリカ人の半数が自らに突きつけた「なんであんな男が大統領に……」という問いと同じ問いを、いまや大多数のフランス人を代表して、トッドが自らに発しているわけである。サルコジという男、自分の愛情生活まで公衆の面前にさらけ出す露出狂、郊外の若者や、普通の労働者や農民・漁民に対して、まるで街の与太者のような態度と口調で悪態をつく男、フランスの歴史始まって以来初めて出現した、「普通の市民より価値があるわけではないように振る舞う国家元首」が……。

とはいえ、これはサルコジ一人を批判すれば済むことではない。トッドは、これを現在の世界とフランスが追い込まれた袋小路を顕現する一つの有力な症候として捉え、これを手掛かりに分析を進める。この袋小路は、まず何よりも、グローバル化による自由貿易の進展によって、富裕な者はますます富裕化すると同時に、大多数の者には給与水準の低下とほとんど絶対的貧困化ともいうべきものが進行する、という具合に格差が拡大し、民主主義の基盤としての国民＝市民団の平等性が崩壊しつつあることを意味している。二〇世紀の後半に存在していた、国民の二〇％を占める大衆エリート層さ

えいまや分解し、国民の一％の超富裕層がますます富裕化していく。なぜそうなるかというと、国民経済の一体性が保たれている時は、労働者への賃金は製品への需要の要因として配慮されるのに対して、基本的に自由貿易の下では、国民経済の枠が取り外され、経営者は労働者への賃金を純然たるコストと考えるものだからであるが、いまやヨーロッパないしフランスの給与は、工場の国外移転によって、中国やインドといった新興国の低賃金との競争にさらされている。

このような事態から脱出するには、かつてのような国民経済の枠組みを取り戻すほかはないが、それを可能にするのは、唯一、保護主義を採用するしかない。現に、フランスでの世論調査では、保護主義への賛同が大差で多数となっている。しかしフランスのような国にとって、いまや一国規模での保護主義は、実際上不可能である。ドイツというパートナーを説得して（イギリスは除外して）、ヨーロッパ大陸規模での保護貿易圏をつくり出すしかない。それによって初めて、デモクラシーの後もやはりデモクラシーであることが可能になる。

本書冒頭の「日本の読者へ」の中で正確に示されるように、彼の提唱する保護主義は、絶対的・固定的なものではなく、必要に応じて保護主義を採用し、給与水準の上昇と内需拡大が達成されたところで再び自由貿易に転じる、という具合に、柔軟で機動的な解決策であり、また、国際協調の基盤の上に、ゆっくりと施行すべきものである。彼は当面、全世界がいくつかの「保護主義圏」に分かれることを想定するようだが、それによって、フランス＝ヨーロッパだけでなく、北アメリカも中国もそれぞれ、自由貿易の猖獗によって破壊され、歪められた国民経済としての均衡を回復することができると考えるからにほかならない。

思えばトッドの最初の本格的な経済学的著作『経済幻想』が刊行されたのは一九九八年であるが、この同じ年に、彼は、一九世紀ドイツの経済学者、フリードリッヒ・リストの『政治経済学の国民的体系』を、長い序文を附して刊行している。保護主義の教典とされるこの本の研究が、トッドの経済学への「進出」の足がかりとなっていることが分かる。その意味では、本書は、トッドの経済学研究の集大成と言えるであろう。

その点、本書に示されたトッドのケインズ評価は注目に値する。「早くも一九三三年に、彼は、情勢によっては自由貿易が誤りとなり得ることを認めた論文を発表している」(一九二頁、第6章原註(8))として、ケインズの論文「国家的自給」が挙げられているが、この際、編集部と相談の上、またトッド自身の賛同を得て、松川周二氏による本論文の全訳を巻末に収録することにした。これを読むと、トッドの言う「協調的保護主義」とケインズの考えが極めて近いものであることが分かる。トッドの提案が、経済的合理性にかなった政策プログラムであることが裏付けられるのではなかろうか。経済学者の皆さんの反応を楽しみにしたいところである。もっとも、本書やケインズの論文には、まさに正統派経済学者を自認する者ほど、保護主義の観念に抵抗を示すことが描かれているのではあるが。

昨年秋の世界恐慌勃発は、世界の様相を一変させてしまい、新自由主義的経済政策の旗ふりをしていた経済学者の中には、それをきっかけとして、「転向」し、深く自己批判した者もあるようである(もちろんその自己批判の誠実さは大いに評価すべきであろう)。ところが本書を読んで改めて驚かされるのは、本書が世界恐慌勃発以前に執筆されたにもかかわらず、全く「古さ」を感じさせないという点である。ここに描き出された世界は、完全にアクチュアルな今日の世界である。しかしそれも当然で、昨年秋以降の世界とは、トッドが記述し分析した事態が、誰の目にも明らかに現実化した世界にほかならないのである。

またトッドは、すでに久しい以前から、フランス政治界の有力な行為者であり、彼を評価し、彼に助言を仰ぐ政治家も数多いと推測される。本書は、フランス政治界の舞台裏でのトッドの活動の様子なども伝えている。例えば、時の首相、ド・ヴィルパンがトッドを招待した昼食会のエピソードなど、いずれもまことに興味深い。

民主主義の逆説

経済学についてだけでなく、本書はトッドのこれまでの思索と研究の集大成であると言えよう。彼はこれまでの研究者としての歩みのすべての成果に則って、分析と叙述を進める。それゆえ読者は、ある意味では、これまでのトッドの研鑽の成果をすべて一挙に享受することができるわけだが、しかし一方では、とくに初めての読者にとっては、叙述・推論にやや飛躍が多く、補足的説明がなければやや難解と思われる箇所も少なくないだろう。

そこでまず、民主制に関して、トッドの重要な概念について補足的解説を試みたい。

まず識字化について。トッドの愛読者には今さら言うまでもないことであろうが、これは彼の基本的概念である。トッドにとって、識字化（つまり識字率の上昇）とは人類の発展の推進力であり、同時に発展の尺度でもある。経済的発展は、識字化の進展の結果であって、決してその原因ではない。また発展と言う時、彼は経済発展ではなく、まず何よりも文化的発展つまり識字化の進展を問題とするのである。読み書き能力を身に付けると、人々は個人としての自意識に目覚め、伝統的慣習に疑問を抱くようになる。そこで識字率がある水準を越える、つまり多数の住民が識字化されると、平穏な前近代との訣別、すなわち近代化が始まる。イングランドで、フランスで、そしてロシアと中国で、革命を引き起こしたのはこの識字化であり、おおむね男性の過半数が識字化したところで、こうした革命的な断絶が起こり、イデオロギーが発達し、暴力と狂信が支配することになる。こうした局面をトッドは「**移行期危機**」と呼ぶが、ドイツのナチス政権、日本の軍国主義支配も、移行期危機の例にほかならない。

また女性の識字化は、女性を個人としての自意識に目覚めさせ、その結果、出生率（合計特殊出生率）の低下を引き起こす。女性は、ひたすら子供を産むための「機械」であることに甘んじなくなるわけである。出生率の低下は、トッドにとって、識字化（識字率の上昇）と並んで、近代化の指標である。とりわけ『文明の接近』では、イスラーム諸国の近代化の度合を測る尺度として、もっぱら出生率が援用されている。ちなみにトッドは、いわゆるイスラーム原理主義とは、現在の先進国でかつて革命や狂信的独裁政権（ナチスや日本軍国主義）を引き起こした、あの近代化の開始における狂信的痙攣＝移行期危機の一種と捉えている。ナチスや軍国主義以後のドイツや日本のように、イスラーム諸国もいずれ近いうちに平穏な近代化の道を辿り始めるはずであることは、出生率が示すところである（例えばイランの合計特殊出生率は二であり、アメリカ合衆国のそれを下回る）。「文明の衝突」ではなく、「文明の接近」（ランデヴー）が起こりつつあるというトッドの確信は、ここに由来する。

識字化はまた民主主義の発達の要因でもある。大衆識字化によって、大衆がビラやパンフレットを読めるようになったことが、イデオロギー時代の条件であり、国民の大多数が平等に文書を読む能力を有するという点で、平等な市民からなる同質的な国民が成立したことが、民主主義の順調な作動を可能にした。しかし識字化がさらに進展すると、読み書きの習得（つまり初等教育）のレベルを越えて、高等教育に進む者の率が増大し、国民の同質性は破綻する。教育による階層分化が進展し、寡頭制への傾向が強まることになる。本書でトッドが記述する民主制の危機は、こうした下部構造的な要因を、自由貿易という上部的環境がさらに助長した結果である、ということになるだろう。

もう一つの鍵となる概念は、「領主民族の民主制」（Herrenvolk democracy）である。これはピエール・

ファン・デン・ベルへが提唱した概念であるが、Herrenvolk とは、一つの民《たみ》の構成員が Herr（主人）であるということ、つまり主人（奴隷主・領主）たちからなる国民＝民族を意味する。南アフリカ共和国とアメリカ合衆国という、人種差別の上に成立した民主主義の分析の中から、彼が練り上げたこの概念を、トッドは『移民の運命』の中で取り上げ、さらに展開した。民主主義のモデルと考えられるアメリカ合衆国の政体が、なぜあのような黒人に対する人種差別を許容していたのか、それは白人たちが潜在的にはいずれも奴隷主であり、一人一人が被差別の黒人に君臨する領主であるからに他ならない。そのような尊厳な支配者としての資格を有する者として白人は互いに平等であり、等しく発言権と参政権を行使し、享受するのである。

これは実は歴史的に民主制というものの誕生に関わる重大な秘密なのである。民主制の誕生とは、言うまでもなく古代ギリシアのアテネで起こったことであるが、アテネの民主制は、かなりの数の奴隷と、やはり多くの外国人とに対する参政権の拒否の上に成立していた。つまり人間（人類）の平等という観念とは無縁なところで成立したのである。通常われわれが抱くアテネ民主制についての観念は、奇跡的に完璧な民主制であるが、奴隷を排除したという点で「不十分」「未発達」なものであった、というものであろう。つまり「改善可能な」欠点を持っていた、ということである。ところが、そのような「欠点」こそ、民主制の成立の条件であったかも知れないのである。アテネの民主主義という美しいイメージの影に潜むくらい出生の秘密——何とも衝撃的な逆説ではないだろうか。

したがって民主主義は、基盤となる市民共同体の定義の前提としての「非市民」排除のメカニズムを伴うものである。イギリスが民主主義を完全に受け入れたのは、ヴィクトリア朝下で、イギリスが七つの海にまたがる「帝国」を築き上げた時である。その時、「帝国」臣民たる植民地人の上に君臨する本国人として、等質的イギリス国民が成立した、とトッドは言う。この原則は、パリ盆地の平等主義的心性を基盤とするフランス民主主義にも当てはまり、フランス人は、第三身分を「すべて」であると定義して、貴族階級を排除することによって、排除を前提とする国民の形成を行なった、と解釈できる。したがって、他の民主制が、「異民族・異人種」を排除の対象とする「民族的」なものであったのに対して、フランスの場合は、「階級的」なものということになるが、大革命当時、フランス貴族階級は、ガリア人に対する、征服者フランク人の末裔と称していたから、こうした貴族の排除に「民族的」な色合いが皆無であったわけではない。いずれにせよ、本書において民主制の「民族化」という用語が意味するのは、形式的民主主義を採りながら、民族的少数派を不可蝕賤民として排除することによって、同等な市民共同体を確保しようとする動きである。

トッド人類学のアウトライン——人類学的基底

家族構造の研究を中心とするトッドの人類学の成果についても、基本的な説明は必要であろう。トッドは世界中の家族構造を七つ、ないし八つの型に分類し、それぞれを定義しているが、そのうち本書に関連するものとして、ヨーロッパに分布する①**直系家族**、②**平等主義核家族**、③**絶対核家族**、④**（外婚制）共同体家族**と、アラブ圏に分布する⑤**内婚制共同体家族**、以上五つの家族型について、簡単に説明しておこう。トッドの家族構造の定義の要件は、親子関係と兄弟（姉妹）関係である。息子が成人に達し結婚した時、父親の家を出て独立するなら、父親の権威は強くなく、親子関係は自由主義的と判断される。兄弟関係は、遺産相続において平等原則が存在すれば、平等主義的である。

そこで①**直系家族**は、兄弟のうち一人だけが家に残って遺産を相続し、他の者は家を出る、という家族制度で、権威主義と不平等主義を組み合わせており、ヨーロッパ内ではドイツやスウェーデン、フランス中南部などが、その分布地域であるが、全世界的には日本と韓国・朝鮮にも分布する。極めてヨーロッパ的な家族制度と言える。

逆に②**平等主義核家族**は、親子関係は自由主義的で、遺産相続が極めて平等主義的な家族制度で、ちょうど直系家族の正反対をなしており、パリ盆地を中心とする北部フランス、北部を除くスペイン、イタリアの北部と南部などに分布する。フランスは平等主義核家族が支配的成分をなす国であり、全国的に直系家族の地域であるドイツとは、まさに対蹠的である。

プロテスタント宗教改革は、神の絶対的権威と救済の不平等を主張し、権威主義と不平等主義がそのイデオロギー的基盤であるが、自由主義と平等主義を基盤とする平等主義核家族の地域は、それに対して頑強な対抗宗教改革を展開した。しかしヨーロッパで脱キリスト教化を真っ先に実行したのもこの地域で、その中で識字率の高い文化的先進地帯に属する北フランスでは、近代イデオロギーの最初の発現たる大革命が起き、やがて強固な世俗主義(政教分離主義)が形成される(『新ヨーロッパ大全』参照)。

③**絶対核家族**は、イングランドやオランダに分布する家族制度で、子供は早くから独立し、親子関係は自由主義的だが、遺産相続は遺言によって行なわれ、兄弟間の平等には無関心である。

④**(外婚制)共同体家族**は、結婚して妻帯の兄弟が父親の家に住み続ける、というもので、遺産相続は平等原理で行なわれる。権威と平等の原理に基づくこの家族制度は、ロシア、中国、ヴェトナムなど、ユーラシアの大半を占める地域に広がっているが、西ヨーロッパでは、イタリア中部などのわずかの地域に分布するにすぎない。

⑤**内婚制共同体家族**は、これと同じ家族構造を持つが、内婚(**いとこ同士の結婚**)の率が極めて高い。つまり父親の立場から言えば、息子は姪と結婚し、娘は甥の許に嫁入りするわけで、同族婚の大家族が形成される。これはアラブ・イスラーム圏に典型的な家族制度で、パキスタンでもこの傾向が強い。

さて平等主義核家族の分布する地域の住民は、兄弟間の平等の原則から由来する、人間の平等と同質性、さらに諸国民の平等と同質性についての先験的確信を抱いており、基本的には異民族を本質を同じくする人間として受け入れる傾向がある。**混淆婚**が促進され、混血が進むのはそのためである。トッドによれば、ローマ帝国がすでに平等主義核家族を基盤としており、ローマが大帝国を築き、傘下の諸民族が融合したのは、そのためである。フランスと同様、スペインとイタリアも平等主義核家族を主成分とする国であり、移民に対してはローマ・モデル、ラテン的軌道をたどることが予想される。それに対してヨーロッパ北部は、不平等を当然とする直系家族か、平等に無関心な絶対核家族によって占められており、人間と諸国民の不平等と異質性の確信を基盤とするため、ラテン的軌道とは正反対の反応が産み出されることになる（『移民の運命』参照）。

こうした家族構造の分布地図を前にした時、最も目につくことの一つは、フランスという国の例外的な特異性であろう。この国の国土の中には、ヨーロッパの四つの家族類型がすべて収容されている。ブルターニュの一部に分布するのみの絶対核家族を措くとしても、パリ盆地という国の中心部と地中海岸を占める平等主義核家族と、中央山塊から大西洋岸までの広大な地域を初めとする国の周縁部は、直系家族地帯である。その上、中央山塊一帯には、外婚制共同体家族も広範に分布し、これがかつてのフランス共産党の金城湯池をなしていた。こうした複合性がフランスという国のイデオロギー的布置を決定している。まず、パリ盆地のフランスは「人間はみな同じ」と考える平等主義から派生する普遍主義（世界中どこにも同じ人間がいる）の祖国であるが、これが直系家族地帯を支配下に起き続けたことによって、フランスという国家が存続・発展し得た。つまり秩序と序列を重んじる差異主義の直系家族地帯の人間が、国家機構を支えたのである。普遍主義だけでは、国家を発展させるにはあまりにも拡散的であっただろう。これをトッドは「普遍に仕える差異主義」と呼ぶ（『移民の運命』

第九章参照)。

また大革命以降、フランスのイデオロギーとしては、平等主義のフランスでは、右の自由軍国主義(ボナパルティスムからド・ゴール主義に至る)、左の無政府社会主義(フランス共産党)、直系家族地帯では、右のカトリック教=正統王朝主義、左の社会民主主義、という四つの勢力が拮抗したが、やがて脱キリスト教化が直系家族地帯で進行するとともに、カトリック勢力が、穏健中道右派(ジスカール・デスタンからバイルに至る)へと変貌した。

最後に「**人類学的基底**」について。これは『新ヨーロッパ大全』では、近代以前の家族構造と農地制度を組み合わせたものであり、この基底が含む価値観が、住民の心性と、やがては近代イデオロギーの性格を決定する、とされていたわけだが、やがてトッドは、近代が進行して、かつての農民的家族構造が消滅したと思われる場合にも、それらの心性の違いが見られるのはなぜか、という問題に直面し、その場合にも、かつての家族構造の中で培われた心性は、学校や企業などの社会的諸組織における慣行や行動様式の中に保存されている、との説明を提起している。本書第8章では、フランスにおいて、平等主義を産み出す人類学的基底が健在であるのかどうか、フランスは果たして貧富の差に抵抗する平等主義の基盤を失ったのかどうか、が検討されるのである。

宗教的空虚

それにしてもトッドの描き出すフランスの現状は、なんとも惨憺たるものではないか。これまでフランスの政治生活を構造化していたイデオロギー・システムはすっかり崩壊した。まず最もイデオロギー的な側面の強い共産主義が崩壊したのに続いて、フランス平等主義地帯で、共産主義の好敵手だったド・ゴール主義も、国民(ネーション)の理念を捨て去って、いまやヨーロッパ主義イデオロギーに埋没するばかりか、ド・ゴール主義の担い手の後継者たるUMPの領袖たるサルコジが、臆面もなく親米・親ブッシュの姿勢を露呈して憚らない。社会党の指導者たちの新保守主義ないし新自由主義へのすり寄りは、今に始まったことではないが、統一大統領候補たるセゴレーヌ・ロワイヤルが、「正しい秩序」という右派顔負けのスローガンを掲げ、選挙後は、サルコジの「左への開放」の策謀に乗って、社会党のリーダーたちが次々に政権に取り込まれる。

一つにはそれは、高等教育の発達によって説明される。高等教育によって産み出された「教育のある」人間たちは、それぞれが自分で考え、意見表明をしようとして、かつてのようなイデオロギーという集団的信仰を持ち得ない。この状況を、トッドは、「アトム化」と「ナルシスト化」という語で総括する。ナルシシスト化が、大統領の露出症に恰好の代表を見出すとすれば、アトム化は、高学歴の若者だけでなく、かつての支配階級の中でも進行していく。支配階級は、もはや国民を指導する者としての自覚さえ失った「漂流階級」になると同時に、その内部でも果てしなく細分化していく。国民の一%、さらにはそれ以下の、超富裕層の出現が、その結果である。このような空虚と混迷は、最近の日本の状況とも完全に符合するのではなかろうか。

このイデオロギー的無秩序化を、トッドは「宗教的空虚」という語で要約しようとする。あたかも、宗教の完全な消滅は、空虚と混迷を残した、とでも言うように。『新ヨーロッパ大全』では、脱キリスト教化こそ、ヨーロッパが近代性を創設した主要な要因であった。そして近代イデオロギーは、宗教の崩壊のあとに、理想の王国を地上に建設しようとする試み、として描かれていた。しかし、自分たちを縛り付ける蒙昧な桎梏として批判し、攻撃し続けた、宗教の最後の残滓も消え失せたいまとなって見ると、「勝利者の不幸が始まる。勝利者たちは、あらゆるものから解放されてしまうと、自分は何者でもない、せめて何らかの意味を持つものでさえないということを、確認することしかできない。」

（五四頁）

これは、例えば、ソ連の崩壊によって最終的に解放された資本主義がたどった運命のような、強力な対抗物を失ったときに起こる堕落と変質という一般的現象とも言えるだろうが、このような指摘に接すると、あらためて「神の死」の意味について、自問を促されざるを得ない気にもなる。いささか勝手な思い込みかもしれないが、上に引いた文は、何やらサルトルを念頭に置いている気配が感じられるし、例えばこの件の近くに見える「永遠の生と不合理なものへの飛躍」（五五—五六頁）は、カミュの『シーシュポスの神話』からそのまま抜き出したようでもある。ひとまずは、一九五一年生まれのトッドの、フランスでのリセ時代の多感な読書の痕跡がはしなくも露呈したのだと、しておこう。

訳語について

以下に、訳語について、二、三触れておきたい。

「民主制」「民主主義」　周知の通り、民主主義と民主制は、ともに démocratie の訳語である。語感としては、「民主制」は、現実の制度、「民主主義」は、政治的理念というニュアンスが強い。一般に、-isme という語尾は理念や教義を表し、-cratie という語尾は制度を表すものであるとするなら、この語は「民主制」と訳されるべきであろう。しかし、例えば「資本主義」はあくまで capitalisme であるなど、一概に言えない。私としては、現実の制度のニュアンスを強調して「民主制」とするのが妥当であると考えるが、例えば「危機に瀕している、守るべき制度」ということになると、「民主主義」も捨てがたいし、「民主主義」の方が圧倒的に馴染まれている。そこで本書では、この二つを等価なものとして、いささか無差別に共存させることにした。またタイトルには、その二つを超越する形で

「デモクラシー」を用い、ほかの数カ所でもこれに倣っている。

「**左派**」「**右派**」　フランスは政治上の右と左の観念が強く、例えば「保守・革新」という語は用いられず、「右・左」がごく普通に用いられる。これを従来はおおむね「右翼・左翼」と訳してきたようだが、今日的語感からすると、やや強いと思われる（例えば日本では「右翼」は、フランス的分類での「極右」ないしそれ以上のものに対応するだろう）ので、本書では「右派・左派」とすることにした。

「**事務労働者**」　社会職業的カテゴリーの訳語については、ピエール・ブルデュー『ディスタンクシオン』（石井洋二郎訳、藤原書店）の訳語を参考にさせて頂いたが、「事務労働者」（employé）は、給与生活者のうち、いわゆる「肉体労働者」（工場、鉱山、運輸労働者）を除いた者に該当する。つまりオフィスで働く「事務労働者」と、商店で販売に当たる「商店労働者」が含まれる。

「**イングランド**」　いつものことだが、Angleterreは、「イングランド」と訳し、Royaume-Uni（連合王国）とGrande-Bretagne（大ブリテン）は、「イギリス」と訳してある。いずれにせよ私としては、England, Angleterreを「イギリス」と訳すのは、そろそろ止めにしてもらいたいと考えている。

「**グランド・エコール**」　フランスには、高等教育機関としては、大学（Université）の他に、グランド・エコール（Grande Ecole＝高等専門学校）があり、前者はバカロレア（大学入学資格）を持つ者を無試験で受け入れるのに対して、後者はそれぞれ難しい入学試験を課しており、その入学試験準備のための特別課程を設けているリセもある。有名なのは高等師範学校文科系入学試験準備課程で、通称で、一年次課程は「イポカーニュ」（hypocagne）二年次課程は「カーニュ」（cagne）と呼ばれ、すでにこれ自体が、優れた教員による上質な教育の場となっていた。例えば、『プロポ』で知られる哲学者、アランは、パリのリセ〈アンリ四世〉の教師で、そこのカーニュで多くの俊英を育てている。

グランド・エコールとしては、フランス革命期に創設された理工科学校や高等師範学校等の伝統校が有名であり、とくにパリ高等師範学校は、これまで幾多の学者、大知識人（ベルクソン、アラン、サルトル、ポール・ニザン、レイモン・アロン、メルロー＝ポンティ、ルイ・アルチュセール、ミッシェル・フーコー、ピエール・ブルデュー、ジャック・デリダ、ベルナール＝アンリ・レヴィ）を輩出したが、政治の世界では、第二次世界大戦後にド・ゴール臨時政府下の一九四五年に創設された国立行政学院（ENA）が名高い。ここの出身者には、ジスカール・デスタン、ジャック・シラクという二人の大統領、首相経験者としては、ローラン・ファビユス、ミッシェル・ロカール、エドゥアール・バラデュール、アラン・ジュペ、リオネル・ジョスパン、ドミニック・ド・ヴィルパン、さらに、ジャック・アタリ、アラン・マンクといった知識人もいる。またパリ政治学院は、一八七二年創立の私立の「自由政治学校」が、やはり一九四五年に国有化されたもので、これはENA入学の準備課程のようになっている。パリの高等商業学校（HEC）は、一八八一年創立で、パリ商工会議所が経営する。ヨーロッパ随一のビジネス・スクールと評価されている。

なお、グランド・エコールは、往々にして「グランドゼコール」と訳される。これはこの語の複形であり、この訳にも一理あるが、本書では「グランド・エコール」とした。

本書の日本での翻訳について、トッドには最初、躊躇いがあったようである。『帝国以後』などと違って、専らフランスのことが主題になっている、というのがその理由であったようだ。それを押して、翻訳出版を決断されたのは、藤原書店社長、藤原良雄氏であり、今回もまた私としては、氏の出版人としての見識と志の高さに、改めて感じ入った次第である。本書が、格差の拡大、給与水準の低下から始まって、統治者（首相）の品格と素養のなさまで、そのまま日本の現状に通じる事例は、枚挙に遑がない。改めて氏に、敬意と感謝の意を表するものである。

日本語版の序文の代わりとして、インタビューに答えてくれたトッドには、もちろんであるが、浅利誠氏夫人、イザベル・フランドロワ女史にも、改めて御礼申し上げたい。女史からはこの間、何度か貴重なご教示を戴いた。

また編集部の西泰志氏には、すっかりお世話になった。いつもながら、氏の主体的・積極的なお仕事ぶりには、感服させられる。ご自身フランス語に堪能な氏は、拙訳のゲラなどにも知と心の限りを打ち込んで取り組んで下さり、時には厳しくも妥当なご意見をお寄せ下さり、訳註についても、進んで情報をお寄せ下さった。実は勤務校でいわゆる「激務」にある私が、比較的短期間でこの翻訳を仕上げることができたのは、何よりも氏の督励とご支援の賜と考えている。ここに満腔の謝意を表する次第である。

二〇〇九年六月六日

石崎晴己

著者紹介

エマニュエル・トッド（Emmanuel Todd）

1951年生。歴史人口学者・家族人類学者。フランス国立人口統計学研究所（INED）に所属。作家のポール・ニザンを祖父に持つ。L・アンリの著書を通じて歴史人口学に出会い、E・ル=ロワ=ラデュリの勧めでケンブリッジ大学に入学。家族制度研究の第一人者P・ラスレットの指導で、76年に博士論文『工業化以前のヨーロッパの7つの農民共同体』を提出。

同年、『最後の転落』で、弱冠25歳にして乳児死亡率の上昇を論拠に旧ソ連の崩壊を断言。その後の『第三惑星——家族構造とイデオロギー・システム』と『世界の幼少期——家族構造と成長』（99年に2作は『世界の多様性——家族構造と近代性』として合本化）において、各地域における「家族構造」と「社会の上部構造（政治・経済・文化）」の連関を鮮やかに示す、全く新しい歴史観と世界像を提示。

『新ヨーロッパ大全』（90年）では多様性に満ちた新しいヨーロッパ像を提示、『移民の運命』（94年）では家族構造が各国の移民問題に決定的な影響を与えていることを分析し、『経済幻想』（98年）では家族構造に基づく経済構造の多様性の認識から、アングロ・サクソン型個人主義的資本主義を唯一の規範とするグローバリズムを批判し、金融に過剰依存するアメリカ経済の脆弱さをいち早く指摘。

「9・11テロ」から1年後、対イラク戦争開始前の02年9月に発表された『帝国以後——アメリカ・システムの崩壊』では、「米国は唯一の超大国」といった世界の一般的な対米認識に反して、「アメリカの問題は、その強さにではなく、むしろその弱さにこそある」と、アメリカの衰退、とりわけその経済力の衰退を指摘し、アフガニスタン攻撃に始まる米国の軍事行動を、自らの覇権を演劇的に世界に誇示するための「演劇的小規模軍事行動」と断定。28カ国以上で翻訳され、世界的大ベストセラーとなり、とりわけ独仏を中心とする、対イラク戦争反対の理論的支柱となった。

『文明の接近——「イスラーム vs 西洋」の虚構』（07年）では、『帝国以後』でのイスラーム圏分析をさらに深化させ、出生率の下降と識字率の上昇を論拠に、「イスラーム原理主義」の表層的現象ばかりに目を奪われる欧米のイスラーム脅威論に反して、着実に進むイスラーム圏の近代化を指摘。

08年秋刊行の最新著『デモクラシー以後』では、サルコジ大統領誕生に体現されたフランス社会とデモクラシーの危機を分析し、「エリートが自由貿易体制に疑義を呈さないことが格差拡大、金融危機につながっている」と、需要を掘り起こし、ヨーロッパのデモクラシーを守る最後の手段として、均衡のとれた保護主義を提唱している。

2009年2月28日に放映されたＮＨＫ—ＢＳ１「未来への提言　人類学者エマニュエル・トッド〜アメリカ“帝国”以後の世界を読む〜」は大反響を呼んだ。

訳者紹介

石崎晴己（いしざき・はるみ）

1940年生まれ。1969年早稲田大学大学院博士課程単位取得退学。現在、青山学院大学総合文化政策学部長。専攻フランス文学。訳書に、ボスケッティ『知識人の覇権』（新評論、1987）、ブルデュー『構造と実践』（藤原書店、1991）『ホモ・アカデミクス』（共訳、藤原書店、1997）、トッド『新ヨーロッパ大全Ⅰ Ⅱ』（Ⅱ共訳、藤原書店、1992-1993）『移民の運命』（共訳、藤原書店、1999）『文明の接近』（トッドとクルバージュとの共著、藤原書店、2008）、レヴィ『サルトルの世紀』（監訳、藤原書店、2005）、コーエン=ソラル『サルトル』（白水社、2006）、カレール=ダンコース『レーニンとは何だったか』（共訳、藤原書店、2006）など多数。編著書に、トッドほか『世界像革命』（藤原書店、2001）トッド『自由貿易は、民主主義を滅ぼす』（藤原書店、2010）など。

デモクラシー以後《いご》——協調的《きょうちょうてき》「保護主義《ほごしゅぎ》」の提唱《ていしょう》

2009年 6月30日 初版第1刷発行 ©
2011年 3月30日 初版第3刷発行

訳 者 石 崎 晴 己
発行者 藤 原 良 雄
発行所 株式会社 藤 原 書 店

〒162-0041 東京都新宿区早稲田鶴巻町523
電 話 03（5272）0301
ＦＡＸ 03（5272）0450
振 替 00160 - 4 - 17013
info@fujiwara-shoten.co.jp

印刷・製本 中央精版印刷

落丁本・乱丁本はお取替えいたします
定価はカバーに表示してあります

Printed in Japan
ISBN978-4-89434-688-8

トッドの最新発言集——「民主主義か、自由貿易か、いずれかを選ばなければならない」

自由貿易は、民主主義を滅ぼす

エマニュエル・トッド
石崎晴己編

米ソ二大国の崩壊と衰退を予言したトッドは、大国化する中国と世界経済危機の行方をどう見るか？——「経済危機の原因は、自由貿易によって引き起こされた世界規模の需要不足にこそあった。しかし驚くべきことは、G8やG20に集まった各国指導者たちが、危機の原因を認めようとせず、むしろ『保護主義に走ることこそ脅威である』『保護主義だけは避けなければならない』と異口同音に唱えていることだ。」

（寄稿者）青木保／片山善博／加藤出／佐伯啓思／辻井喬／冨山太佳夫／平川克美／堀茂樹／松原隆一郎／三浦信孝／三神万里子／御厨貴／脇祐三

四六上製　三〇四頁　二八〇〇円
（二〇一〇年一二月刊）
◇978-4-89434-774-8

グローバリズム経済批判

経済幻想

E・トッド
平野泰朗訳

「家族制度が社会制度に決定的影響を与える」という人類学的視点から、グローバリゼーションを根源的に批判。アメリカ主導のアングロサクソン流グローバル・スタンダードと拮抗しうる国民国家のあり方を提唱し、世界経済論を刷新する野心作。

四六上製　三九二頁　三二〇〇円
（一九九九年一〇月刊）
◇978-4-89434-149-4

L'ILLUSION ÉCONOMIQUE
Emmanuel TODD